邻避治理：参与传播中的竞合之道

公丕钰 著

天津大学出版社
TIANJIN UNIVERSITY PRESS

广东省哲学社会科学“十三五“规划项目《参与传播视域下我国邻避冲突治理机制研究——以中广核核电项目为考察对象》（项目编号：GD17CXW02）

图书在版编目（CIP）数据

邻避治理：参与传播中的竞合之道 / 公丕钰著 . --
天津：天津大学出版社，2022.7
ISBN 978-7-5618-7248-2

Ⅰ . ①邻… Ⅱ . ①公… Ⅲ . ①大众传播一研究 Ⅳ .
① G206.3
中国版本图书馆 CIP 数据核字（2022）第 128272 号

出版发行	天津大学出版社
地　　址	天津市卫津路 92 号天津大学内（邮编：300072）
电　　话	发行部：022-27403647
网　　址	www.tjupress.com.cn
印　　刷	北京盛通商印快线网络科技有限公司
经　　销	全国各地新华书店
开　　本	169 mm×239 mm
印　　张	11.75
字　　数	237 千
版　　次	2022 年 7 月第 1 版
印　　次	2022 年 7 月第 1 次
定　　价	45.00 元

前　　言

进入21世纪，邻避冲突现象在我国呈现出快速增长的势头。作为环境风险的典型代表，邻避冲突多由与城镇化发展相关的设施建设所引发。这些设施往往是社会整体所需的，但设施的负外部性后果却由周边居民承担。在这个充满争议的场域中，整体利益与局部利益短兵相接，政府、企业、公众各主体间的关系呈现出高度紧张的态势。邻避冲突是新时代我国政治、经济、社会和生态发展面临的严峻课题，其表现出的破坏性、矛盾性、复杂性和价值悖论值得关注和研究。

从欧美国家和地区的情况看，邻避冲突从初期相对单纯的环境风险议题，发展成为杂有民主权利、种族正义等的社会风险议题。在我国台湾地区，邻避冲突往往演变为政治势力操弄选票的机会，更增添了相关议题的复杂性。我国大陆地区的邻避冲突是随着网络社会的发展而加剧的。今天，新媒介技术已经成为一种典型的公众社会资本，并通过技术赋权在社会动员中发挥着重要作用。因此，作为承载相关利益主体话语争夺的网络媒介是考察我国邻避冲突的关键因素之一。

作为一个理论范式，参与传播是大众传播时代发展传播学的阶段性产物，强调借助媒体主动赋权公众，使其在传播过程中处于能动地位，充分体现其主体性，促使公众能够参与到社会发展的各类决策过程中，从而促进所在地区的现代化进程。如果说大众传播时代的参与传播实践存在媒介近用的技术性障碍，那么随着数字媒介技术的广泛应用，受众的传播能动性和主体地位获得空前的凸显，参与传播理论的内涵和外延也随着实践的丰富有了新的拓展。

邻避冲突是观察国家和社会关系的窗口，也是考察政府治理能力和公众参与能力的入口。从媒介角度看，邻避冲突生成了一个特殊的参与传播场域，相关主体借助各种媒体渠道，通过各类话语形式进行权力博弈和利益争夺。从近年来我国发生的各类邻避冲突的治理情况看，公众参与以抗争和合作两种模式贯穿整个进程，既成为邻避冲突发生的动力性因素，也成为化解邻避冲突的关键性因素。

在邻避冲突爆发期，公众参与表现出高度的抗争性，各类社会舆情对政府形成了挤压态势。特别是在网络时代，新媒介技术所催生的舆论膨胀效应，使得公众参与带有强烈的互联网色彩，话语呈现出高度非理性特征，使得这一阶段的抗争参与更为复杂。从参与传播的视角看，这一阶段的抗争参与围绕权利展开，此时公众追求的环境正义凸显其公共身份特征，为公众最终能参与到邻避冲突治理的决策过程提供了可能性。

邻避设施所牵涉的整体利益是化解邻避冲突的正向因素,也是邻避冲突治理的伦理基础。在我国,政府是人民利益的维护者,同时公众参与也具有公共性特征。这两个因素成为公众与政府对话的伦理基础,也为公众合作参与提供了可能。参与传播理论以受众是否参与决策,以及参与决策的程度为其实践价值的标准,为考察公众合作参与的成效提供了研究尺度。邻避冲突治理最终需要公众和政府间的合作来实现,建立在协商民主基础之上的公众参与和沟通是推动合作治理的关键环节。

邻避冲突导致的实践后果往往是设施的迁址或取消,造成了巨大的社会资本和公共资源的浪费。迎臂效应是指邻避设施获得公众认可并得以顺利建设的情况,是邻避冲突治理机制建设的理想方向和目标。从参与传播的角度看,可实践的邻避信息公开机制、全流程的舆情工作机制、全方位的邻避风险沟通机制和协商性的邻避决策参与机制为实现邻避冲突的有效治理提供了理论和实践路径选择。

目　录

第一章 绪论

第一节 问题缘起及选题意义

一、问题缘起

在现代化的道路上，我国[①]已经来到城镇化高速发展的阶段，同时也不知不觉步入了乌尔里希·贝克（Ulrich Beck）所说的“风险社会”中。安东尼·吉登斯（Anthony Giddens）将风险区分为外部风险（External Risk）和人造风险（Manufactured Risk）。他认为人造风险是“由我们不断发展的知识对这个世界的影响所产生的风险”[②]，而核电站、PX项目、垃圾处理设施、火葬场、污染性的化工企业，甚至公路、高铁、医院、小区变电站等邻避设施正是其所谓的人造风险。2007年6月，厦门市民在厦门市政府门前聚集，通过和平而坚定的方式，迫使在厦门附近兴建的PX项目迁至漳州古雷半岛。厦门市民反PX项目的成功产生了明显的示范效应，随后兴起环境抗争群体性事件中公众开始大量借鉴、扩散、升级厦门经验，从此邻避冲突在我国渐成气候。

（一）高速工业化催生环境风险

人类社会的工业化虽然只有二三百年的历史，但所创造的物质财富大大超过以往各个时代的总和，而中国的工业化仅仅用短短几十年时间就走过了发达国家几百年的历程。自工业革命以来，人类的工业理性与生存理性之间便展开了日趋激烈的争夺。正如约翰·S. 德莱泽克（John S. Dryzek）所言：“自由主义、保守主义、社会主义、马克思主义和法西斯主义，无论它们的政治分歧和意识导向是何等

---

① 若无特殊说明，本文中的“我国”均指中国大陆地区。

② 安东尼·吉登斯. 失控的世界：风险社会的肇始 [M] // 薛晓源，周战超. 全球化与风险社会. 北京：社会科学文献出版社，2005.

的水火不容,但是这些意识形态都信奉同一个原则,那就是坚定不移地为工业主义开路。"① 但是,等到物质财富积聚到一定程度,受"后物质主义"影响的人类对于生存理性的重视又逐渐得到增强,致使工业主义面临越来越严重的合法性危机。在我国,此种境况集中体现在以邻避冲突为标志的环境群体性事件中。

现代化是由工业化驱动的现代社会变迁过程,工业化是经济现代化的典型特征。改革开放以来,我国政府与公众不约而同地将经济发展作为主要价值追求,以工业理性为内核的发展主义成为主导我国现代化进程的经济意识形态。近年来遭到严厉批判的 GDP 崇拜亦长期主导着各级政府的工作思路。发展主义或 GDP 主义高速推进经济现代化进程的同时,所制造的另一个后果就是令人瞠目的环境污染问题。我国环境部门的调查显示,大气、水和土壤是我国环境污染问题最为集中的,而与之相关的工业项目设施建设亦不断引发公众的反对和抗议。据中国社会科学院的统计,2016 年上半年,规模较大的环保类群体性事件至少有 52 起,其中千人以上规模的就有 12 起②。

工业化是以劳动力为支撑的,具有鲜明的人群积聚效应。随着我国的城镇化进程的加速,大量农村人口涌入城市。国家统计局网站资料显示,1979 年至 2001 年,我国城镇人口从 1.72 亿增加至 6.9 亿,城镇化率从 17.92% 提升到 51.27%,年均增长率 3.24%;进入 21 世纪以来,城镇化进程加快,年均增长率达到 4.31%③。联合国经济和社会事务部人口司在其所发布的《世界城镇化展望(2009 年修订版)》(*Word Urbanization Prospects*, 2009 *Revision*)指出,中国是世界上城镇化速度最快的国家,预计 2025 年中国城镇化率将达到 59%④。

城镇化培养出经济收入稳定、有一定知识的中产阶层,同时也要求建设大量为社会生产和居民生活提供服务的设施。在这些设施中有一些具有明显的负外部性(Negative Externalities)特征,比如核能发电厂、垃圾焚烧厂、燃煤发电厂、化工厂、化学废物处理中心等。这些设施是居民生活必需的,但同时又具有各种各样的风险。周边居民拒绝承担此类设施带来的负外部性风险,不愿为整体利益放

---

① Dryzek J S. The Politics of the Earth: Environment Discourse [M]. New York: Oxford University Press, 2005: 3.

② 邻避效应有解吗?从日本垃圾焚烧厂选址谈起 [N/OL].http://huanbao.bjx.com.cn/news/20170413/819922.shtml.

③ 许明金委员:提高城镇化居民整体素质 [N/OL].http://news.163.com/13/0312/10/8PORUM3400014JB5.html.

④ Yang P J, Yusuf Shahid, Saich Tony. China Urbanizes: Consequences, Strategies, and Policies [J]. American Journal of Chinese Studies, 2009, 16(Special Issue):108-109.

弃个人利益，从而产生各种类型的抗议事件，以达到阻止该类设施建设的目的。西方国家发展的实践证明，当生存理性在与工业理性较量中占据上风时，工业理性所产生的环境风险很可能向政治风险、经济风险、社会风险转化，使得风险的复杂性陡然提升。

（二）网络技术革命引发信息风险

美国小说家唐·德里罗（Don DeLillo）曾言，技术一边创造对不朽的渴望，一边威胁着毁灭世界。自20世纪90年代以来，网络技术的迅速发展引发人类社会各领域的深刻变革，至今没有人能预测网络技术最终带给人类的影响深度。单就媒体领域来讲，网络技术所带来的信息渠道变化，传受主体关系的颠覆以及人与媒介关系的嬗变不断重构着新时代的信息规则、传播景观，带来了所谓后真相时代的困惑等各类传播伦理问题，使得数字媒介场景下的社会结构运行和变迁更为复杂。

网络技术不断释放公众积蓄已久的传播能量，在政治、经济、社会和文化等各个层面持续呈现出与过去时代的信息特征进行决裂的姿态。数字革命之所以称为革命，是因为其本质与权力相关，即信息模式的变迁迫使社会治理的模式进行相应变化。互联网通过技术赋权，使得传统受众掌握了主动传播的媒介手段，意味着他们在一定程度上具备了向公共空间输送信息能量的能力。互联网带有强大外部效应，正不断改写着传播权力结构与政治权力结构之间的微妙平衡。

信息网络一方面通过现实社会的投射，构成了自己虚拟的网络社会；另一方面通过信息网络的渗透，融合了各种已存的社会实体网络，使网络社会成为整个现实社会的结构形态。① 根据中国互联网络信息中心（CNNIC）发布的第49次《中国互联网络发展状况统计报告》，截至2021年12月，我国网民规模达10.32亿，互联网普及率达73.0%；我国农村网民规模已达2.84亿，农村地区互联网普及率为57.6%② 。从数据上看，我国已经进入名副其实的网络社会，并且是网民规模最大的网络社会。

在传统媒介时代，我国的传播权力结构是与政治权力结构基本一致的，政府掌控着传媒资源，控制着传播权力。随着互联网的出现，公众在现实空间之外开辟出更为广阔的表达空间。在传统媒介框架下难以表达或无法充分表达的诉求开始大面积转移到网络空间。在某些情境下，这些表达会形成此起彼伏的社会舆

① 裘伟廷.“网络社会”概念刍议 [J]. 宁波广播电视大学学报，2005(1):1-5.

② 我国网民规模达10.32亿 [R/OL].http://www.gov.cn/xinwen/2022-02/25/content_5675643.htm。

情和舆论浪潮,进而引发了意识形态乱象和社会认同危机。从这个角度看,网络技术在赋予公众表达权利的同时,也带来了政治性的信息风险,并且在一定情境下有可能转化为现实的政治力量。

当前我国网络传播实践中层出不穷的舆论反转事件,更是进一步显现出后真相时代信息风险的加剧趋势。事实在庞杂的信息空间中被遮蔽,有时谣言会成为首先抵达受众的信息。信息平权不仅仅带来了传播权力的民主化,同时也带来了传播内容的准失控状态。人们往往容易接受他们自身愿意接受的信息而非事实本身。这个人性的弱点在网络时代被进一步放大。从这个角度看,网络技术扩大了信息失真的风险。

今天,互联网治理已经成为世界各国政府重要的工作内容,说明网络技术所建构的政治、经济、社会、文化信息空间产生许多亟待解决的问题。从传播学角度看,网络技术发展引发了信息的组合、流动方式及其与公众之间关系的结构性改变。目前,人们对于这种改变仍处于适应期,并没有形成一个相对科学、有效的应对方式。互联网被有些学者称作时代发展的最大变量,而这个变量充满了不确定性的风险。

(三)治理机制落后导致参与风险

从历史上看,信息技术从来都是推动公共行政变革的重要因素。互联网时代,各国政府不断合理化自身在网络社会中的定位,并将其行政管理行为嵌入"数字化时代治理"的政治浪潮。中国共产党十九大报告再次明确将"推进国家治理体系和治理能力现代化"作为我国全面深化改革总目标的主要内容,说明治理理论已经纳入我国的政治话语体系。

我国《宪法》第二条第三款规定:人民依照法律规定通过各种途径和形式,管理国家事务,管理经济和文化事业,管理社会事务。毫无疑问,我国《宪法》规定了公众参与是一种广泛的参与,是一项公众的基本权利。遗憾的是,到目前为止我国各级政府并没有按照法律规定建立一个合理有效的公众参与制度,而公众也没有形成科学理性的参与习惯。治理意味着多元主体的参与,但在我国的国家治理实践中,公众参与往往处于非常尴尬的境地,不但很难发挥出应有积极作用,而且在特殊状态下反而生成了参与风险。

从文化上看,历史上长期的封建专制制度使得我国社会至今缺乏公共精神,进而导致公共领域很难形成。加之西方民主霸权文化的挟持,使得我国公众参与缺乏适合我国国情的实践能力,从而面临更加复杂的局面。在传统与现实、历史与当下、东方与西方的纠结和碰撞中,我国的公众参与长期处于复杂的政治文化困境中。

从制度上看，虽然有《宪法》的文字表述，但是在专门的法律中鲜有关于公众参与的程序性、具体性的规定，导致实践上的参与无序化和非理智化。从目前我国政府对于互联网的管制实践来看，“堵”与“疏”之间，前者仍然是主要的手段。

从市场来看，基于物质化的追求，公众参与往往带有经济利益取向，有时会通过负向参与获取灰色甚至不正当利益。传统媒体的衰落，大量专业水平高的媒体从业者退出，使得上述情况在社交媒体领域表现得尤为突出。以经济利益为指向的微博、微信公众号、网络直播、短视频等新媒介参与实践呈现出极大的情绪化、反智化、虚假化和反伦理化特征。

政府治理走向“善治”的过程，就是政府行政行为不断与公众参与相互调适的过程。在西方学者看来，作为发展中国家，中国的公众参与仍然面临着更大的压力与挑战，甚至有可能变成一种社会危机①。随着网络社会的崛起，日益勃发的网络公众参与进一步促进了国家“统治”向“治理”的转型。但是我国各级政府改革动力不足，治理能力不够，加之没有形成应对当前复杂环境的治理机制，使得当前我国公众参与面临很多挑战，而公众参与本身也产生了诸多风险。

（四）邻避冲突成为国家治理难题

现代性孕育着稳定，而现代化过程却滋生着动乱②。进入工业社会，自然和传统对于人们的控制力已经被科学的、技术的、工业的、制度的力量吞噬殆尽，人得以按照自己的决定和行动来支配自然并改变传统，风险也就跟人的决定和行动紧密联系在一起③。邻避冲突正是此类“人的决定和行动”而形成的风险，横亘在政府与公众之间，成为当前中国的复杂性议题的典型代表之一。

环境风险作为工业主义的伴生物，其出现具有实践上的必然性。面对生存理性的复归，工业理性的空间受到挤压，邻避冲突现象在这个挤压过程中凸显出来。西方国家的城镇化进程先于我国，相关资料显示20世纪60年代美国便开始出现反兴建垃圾填埋设施的公众抗争运动。随着城镇化的加速，我国邻避冲突呈现出快速增长的势头，但其所处时代环境已与西方迥然不同，复杂性也不可同日而语。

信息风险存在于当前整体的传播空间中，我国邻避冲突先期体现出的抗争性往往先出现在社交媒体平台。依托网络传播的即时性、扩散性、匿名性特征，邻避

① 王维国．公民有序政治参与的途径 [M]. 北京：人民出版社，2007：18.

② 亨廷顿．变化社会中的政治秩序 [M]. 王冠华，刘为，等，译．上海：上海人民出版社，2008：31.

③ 刘涛．环境传播：话语、修辞与政治 [M]. 北京：北京大学出版社，2011：2-3.

冲突信息在网络空间一旦出现便呈现出病毒化散播状态,极易导致谣言以及其他极端性言论,严重误导情势,造成政府工作的被动和公众的非理性行为。这也是当前我国面对邻避冲突时不同于西方国家的背景之一。

参与风险是实现我国治理能力现代化的障碍性因素之一。获得公众支持的高质量决策一定是将公众所关心、需要或体现其价值取向的意见融入决策过程而得来的。缺乏公众参与决策的邻避项目一旦被披露,相关利益群体出现抗争概率必然会激增。在我国出现的邻避冲突中,制度性参与不足是导致公众进行抗争的重要原因之一。

在当今中国,邻避冲突困境体现为环境风险、信息风险和参与风险叠加所产生的冲击力和破坏力。从政府层面看,邻避冲突是亟需解决的政治难题;从市场层面看,邻避冲突是阻碍发展的经济难题;从公众层面看,邻避冲突是维护自身利益、实现公平正义的社会难题。邻避冲突牵涉了政府、市场、社会三个主体及其相互间的复杂关系,体现出了所有治理议题所具备的特征。建立科学、公平、高效的邻避冲突治理机制,亟需理论层面的深入探讨和追问。

二、选题意义

邻避冲突涉及政治、经济、社会、生态等多个面向,是当前我国发展面临难题之一。推进国家治理体系和治理能力现代化需要从理论高度将政府、市场、社会三个主体的相互关系论证清楚。在邻避冲突中,上述三个主体在矛盾中存有协商的机遇,在博弈中存有合作的可能,是具有典型意义的治理样本。邻避冲突因邻避设施的负外部性激发出公众参与的抗争性,但由于邻避设施多是为满足公共需求而建的,同时具有正外部性(Positive Externalities),在各个主体的冲突之下同时也内隐着多方合作的强烈需求。从抗争到合作,是邻避冲突治理的实践路径和价值归途,也基本符合当下国家治理现代化的进程要求。本书把抗争作为邻避冲突的研究起点,把合作作为邻避冲突治理的落脚点,试图从参与传播角度构建一个国家治理过程性的理论框架。因此,本书在理论层面和实践层面都有较大的意义和价值。

(一)理论层面

1. 系统阐释参与传播理论体系,以中国实践为研究对象,实现理论在地价值的转化。目前,参与传播在国内的研究相对滞后,相关论文只是将其视为发展传播学的一个理论范式。事实上,参与传播理论涉及媒介、民主、空间、发展、艺术等多个领域,是多学科知识混合研究的理论体系,在目前的国际传播学界广泛应用于社区传播、媒介研究及博物馆研究等。本书将在梳理参与传播理论发展脉络的基础上，厘清各重要概念间的关系，结合国内参与传播实践，建构一个可以分析国内相关议题的传播学研究框架。

2. 用参与传播理论研究我国邻避冲突治理机制建设，拓宽我国治理研究的理论视野。自中国共产党十八届三中全会提出将“推进国家治理体系和国家治理能力现代化”作为全面深化改革总目标以来，传播学在国家治理领域取得的学术成果并不突出。治理是多元主体参与的过程，也是对权力进行合理分配和使用的过程。传播是传受主体共同参与的过程，同样是权力分配和使用的过程。传播与治理有高度相关的理论和实践接合点，两者也通过参与和权力实现了概念连接，为理论创新提供了机会。

3. 系统地归纳邻避冲突中公众参与的模式和关键影响因素。近年来环境群体性事件频繁爆发，使得公众参与成为我国各级政府预防和解决邻避冲突的关键环节。在邻避冲突的抗争环节，本书将各主体的认知、行为和关系纳入参与传播理论视野进行考察；在邻避冲突的治理环节，本书将探索如何通过协商沟通引导抗争参与向合作参与的转化，并由此考察我国新媒介环境中技术赋权、公众参与、政府决策及合作治理的理论关系和实践可能，探索邻避冲突的有效治理机制。

（二）实践层面

1. 本书聚焦邻避冲突中的公众参与，为邻避冲突治理提供实践指导框架。邻避冲突是工业化风险的一种现实表现，而风险往往在决策阶段就已经开始。考察近年来我国邻避冲突的来龙去脉，根本原因之一就是公共参与不足导致决策过程的科学性、合理性和公平性缺失，最终将公众参与的负向能量转移到决策之后的政府控制过程，造成了政府工作的极大被动以及社会公共资源的浪费。本书也将重点论证如何在邻避设施建设的论证、评估、决策、实施、善后等阶段有效解决公众参与的科学性、有序性等问题。

2. 本书将重点研究邻避冲突的舆论规律，为各级政府做好相关舆情工作提供参考。邻避冲突的抗争参与首先集中体现在舆论层面。在新媒介技术带来的信息平权背景下，当前我国邻避冲突面临更加复杂的舆论环境。今天的公众一般借助新兴媒介技术参与传播，实现信息层面的广泛动员，进而再将网络动员实践化、现实化。因此，建立合理高效的舆情应对机制，是解决邻避冲突的关键一环，也是各级政府提高治理能力的重要环节。

3. 本书将在广泛调研的基础上，总结邻避冲突治理案例的经验，为各级政府提供案例参考。本人前期考察了中广核核电项目，通过对政府、企业、社区居民代表的采访、调研,总结我国核项目在处理邻避冲突问题时的经验和不足;专门赴广东省近年来邻避冲突比较集中的地市了解地方政府应对邻避冲突的情况,搜集了客观的一手资料。这些资料将在书中体现出来,借此总结我国各级政府应对邻避冲突的经验和教训,并从中找出前期政府治理过程中的得与失。

第二节 国内外研究现状综述

邻避冲突相关议题研究的学术史基本沿着世界各国城镇化发展的时间顺序演进。先行一步进入城镇化的西方国家首先出现邻避现象,相关学术研究也随之展开;我国台湾地区的学者于 20 世纪 90 年代进行了邻避议题的研究;随着城镇化进程的加快,大陆地区学界在 2000 年之后开始密切关注邻避现象。

一、邻避冲突的概念由来及其内涵

20 世纪 60 年代,美国陆续出现公众反对兴建垃圾填埋等设施的抗争运动。欧海尔(O' Hare)在 1977 年 3 月为美国能源研究和发展管理局撰写了题为"'Not on My Block You Don' t '—— Facilities Siting and the Strategic Importance of Compensation"的报告,详细阐述了有害设施(石油精炼厂、核电设施、输电系统等)的选址与补偿问题。这个报告题目中使用的"Not on My Block You Don' t"意为"不要建在我的街区",而在文中又一次提到了"we need an oil refinery——but not on my block",意为"我们需要炼油厂,但是不要建在我的街区"。国内大量文献认为"NIMBY"是由欧海尔最先提出,这虽然是个错误的判断,但是欧海尔提出的"Not on My Block"无疑与"NIMBY"的意思十分接近。这篇文章发表之后引发了美国学界对于邻避问题的研究热潮[①]。

据牛津英语词典(*Oxford English Dictionary*)确认"NIMBY"最早出现于 1980 年 11 月 6 日在《基督教科学箴言报》(*The Christian Science Monitor*)上名为《有害垃圾》(*Hazardous Waste*)的文章中[②]。记者埃米丽(Emilie T.L.)在文章中描述了当时美国人对于化工垃圾极为警觉和反感的普遍态度[③]。20 世纪 80 年代,时任英

① 陈宝胜.国外邻避冲突研究的历史、现状与启示[J].安徽师范大学学报(人文社会科学版),2013,41(2):184-192.

② NIMBY,https://wordspy.com/index.php?word=nimby.

③ 杨秋波.邻避设施决策中公众参与的作用机理与行为分析研究[D].天津:天津大学,2012:5.

国环境保护国务秘书的英国政治家尼古拉斯·雷德利（Nicholas Ridley）的演讲使得“NIMBY”术语流行起来。当时的英国喜剧演员乔治·卡林（George Carlin）亦将“NIMBY”用在了短喜剧里，说明这个术语已经深入人心。同期的社会科学研究也将“NIMBY”用来表示社区居民对于争议性设施选址和土地使用的抗争。围绕着“NIMBY”先后出现了一些相关术语。1980年12月22日，《福布斯》（*Forbes*）提出了“邻避人群”（Nimbys），用于指代反对开发商建设破坏其邻里生活节奏和方式的人群①。1986年，《经济学人》杂志提出了“邻避主义”（Nimbism）的说法，另外还有“邻避症候群”（Nimbists）等术语出现。

“NIMBY”概念在新闻界、演艺界和学术界中穿梭，说明邻避现象已经成为整个社会关注的议题。除了“NIMBY”之外，有些学者还提出了“LULU”“NIMTOO”“BIYBYTIM”“CAVE”“NIABY”等相关表述（见表1.1）。德语用佛洛里安原则（Florian Principle）表达与“NIMBY”类似的意义，这个名称源于讽刺一些人向基督教人物Saint Florian的祈祷，即“O Holy St. Florian，please spare my house，set fire to another one”，意为“圣佛洛里安，请宽恕我的房子，去烧别人的吧”。后来的这些术语都没有 像“NIMBY”那样受到更多人的推崇和使用。20世纪90年代，我国台湾地区陆续出现反对垃圾处理设施的选址的群体性环境抗争事件，相关学者将“NIMBY”音译为“邻避”，非常贴切地将此类设施的负外部性特征表现出来，随后延伸出邻避冲突、邻避现象、邻避运动、邻避效应、邻避设施、邻避情结、邻避症候群等相关概念。我国学者何艳玲2006年在以某城市垃圾压缩站引发的社区民众抗议为案例的研究论文中使用了邻避冲突的概念②，自此我国关于邻避议题的学术研究逐渐活跃起来。

邻避这个概念准确反映了相关人群对于某些设施负外部性所展现出的态度。维特斯（Vittes）等人总结了邻避的三层含义：一是全面拒绝被认为危害生存权与环境权的公共设施的态度；二是强调以环境价值作为是否兴建公共设施的标准；三是反对的居民不一定需要技术层面、经济层面或者行政管理层面的理性知识，而带有一定情绪性的反应③。从上面的总结我们可以看出，邻避概念强调生存理性，以环境价值为标准，相关利益群体的反对往往是一种本能反应，缺乏科学、整

① 杨秋波．邻避设施决策中公众参与的作用机理与行为分析研究[D]．天津：天津大学．2012：5.

② 何艳玲．“邻避冲突”及其解决：基于一次城市集体抗争的分析[J]．公共管理研究，2006（4）：93-102.

③ Vittes M E，Iii P H，Lilie S A. Factors Contributing to NIMBY Attitudes[J]. Waste Management，1993，13(2)：125-129.

体的判断,带有一定的情绪化和盲目性。

表 1.1　“Nimby”相近术语(根据公开资料综合整理)

序号	简称	全称	中文含义
1	LULU	Locally unwanted land uses	地方性嫌恶土地使用
2	NIABY	Not in anybody' s back yard	不要建在任何人后院
3	BIYBYTIM	Better in your back yard than in mine	最好建在别人家后院而非我家
4	CAVE	Citizens against virtually everything	反对一切建造的居民
5	NOOS	Not on our street	不要建在我的街区
6	NOPE	Not on planet Earth	不要建在地球上
7	BANANA	Build absolutely nothing anywhere near anybody	不要建在任何人附近
8	NIMTOO	Not in my term of office	不要建在我的任期

在我国,由邻避概念所衍生出的邻避冲突、邻避现象、邻避运动、邻避效应、邻避情结等词组在意义上密切相关,内涵也基本一致。本书认为所谓邻避冲突即具有负外部性设施的选址、建设、运行等所引发的相关利益群体抗争性的表达及其行动的总称。在邻避冲突中,公众一般作为抗争性主体出现,政府、企业往往作为因应性主体出现;双方博弈所针对的利益大多具有一定的公共性、公益性特征,但却对部分公众群体的利益产生侵害。从我国近十年的经验看,邻避冲突往往以邻避项目停建或迁址收场,冲突主体间极易陷入无法合作甚至两败俱伤的“囚徒困境”。

二、邻避议题研究发展趋势及学科布局

我国学者陈宝胜将国外邻避冲突研究分为:讨论铁路设施对周边地区风景和环境影响的萌芽阶段,系统探讨各类负外部性设施引发的冲突、治理的成长阶段,以及邻避概念产生后引发美国学界研究高潮的成熟阶段①。笔者通过 Scopus 搜索标题、摘要和关键词中含有“NIMBY”的英文文献,发现 1982—2017 年共有 657 篇相关文献,其中 2012 年 55 篇文献数量达到顶峰,2017 年仍然有 49 篇文献,说明相关研究热度仍然处于高位(见图 1.1)。

① 陈宝胜. 国外邻避冲突研究的历史、现状与启示 [J]. 安徽师范大学学报(人文社会科学版),2013,41(2):184-192.

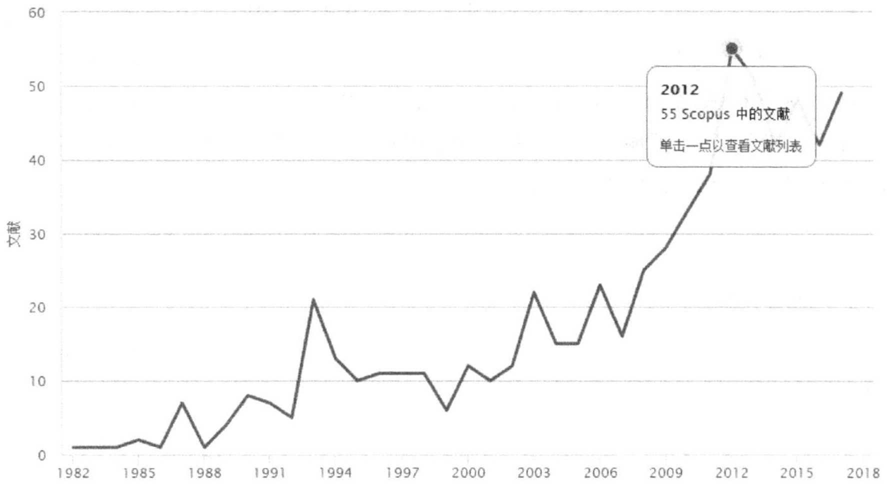

图 1.1 NIMBY 相关英文文献数量走势图(Scopus 数据库)

从论文研究领域来看，NIMBY 主要涉及社会科学、环境科学、地球与行星科学、工程、能源、医学、经济、计量经济学与金融、商业、管理与会计、心理学、化学工程等，其中社会科学与环境科学占了 54.3%。从论文国别数量看，截至 2017 年，美国、英国、澳大利亚、加拿大、中国、意大利等 10 个国家发表了 484 篇文献，占总数的 74.2%，其中美国以 208 篇居首，中国 25 篇排在第 5 位。值得注意的是，中国的 25 篇文章中有 23 篇集中在 2013—2017 年发表，呈现出明显的增长趋势（见图 1.2）。

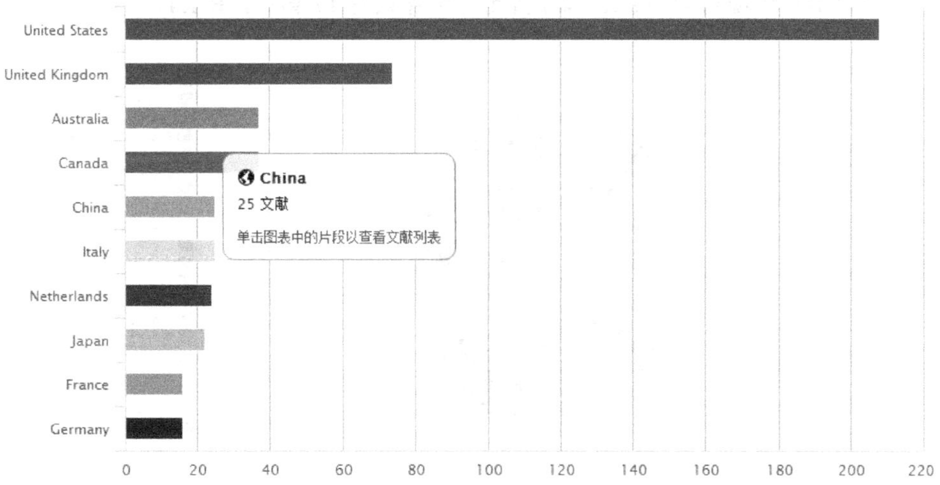

图 1.2 以“邻避”为主题的学术论文数量国别分布(Scopus 数据库)

笔者在中国知网以“邻避”为主题检索到2006—2017年共有中文文献记录1144条,从2012年文献数量突增，2017年是发文量最多的一年,共计445篇（见图1.3）。从学科领域分布看,环境科学与自然利用、行政学及国家行政管理,以及中国与国际政治三个领域的发文量分别以436篇、387篇和148篇排名前三,新闻与传媒领域发文50篇,排名第九位。

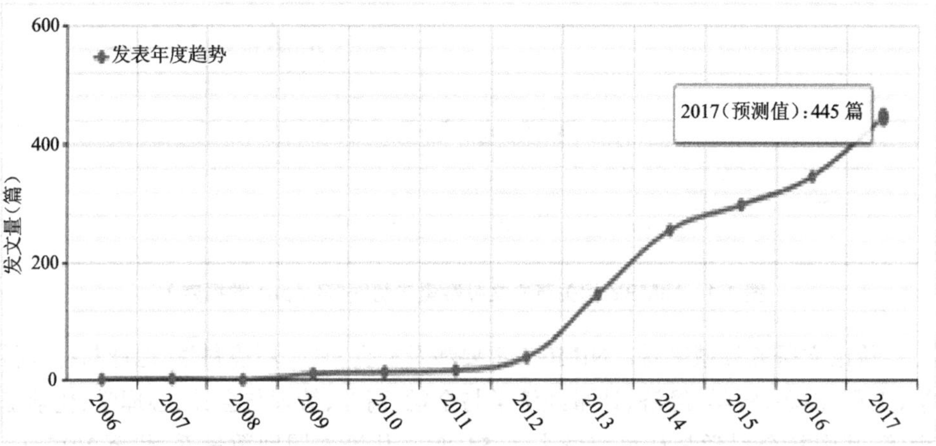

图1.3　以“邻避”为主题中文文献数量走势图(中国知网(CNKI)数据库)

笔者继续在中国知网以“邻避冲突”为主题检索到2006—2017年的中文文献共441条结果,其中2012年以前每年的文献数量停留在个位数,2012年后文献数量突飞猛进,其中2017年达到最高纪录136篇。这些文献的研究学科主要集中在行政学和环境科学,共226篇,新闻与传媒只有17篇(见图1.4)。

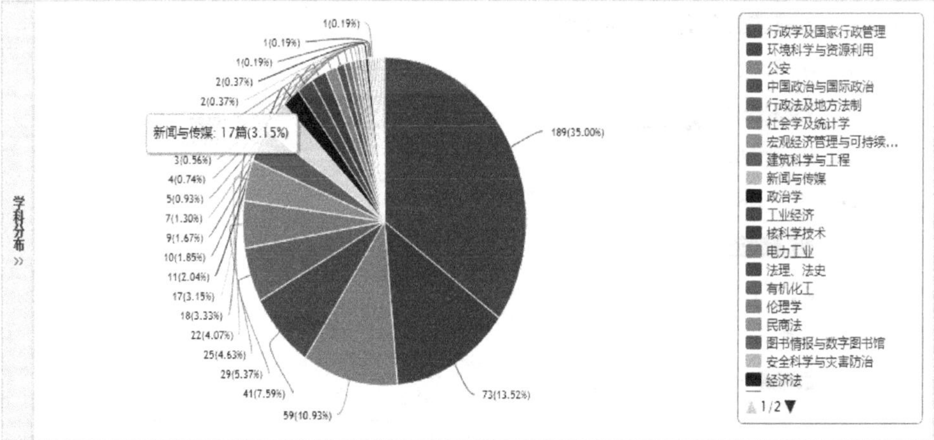

图1.4　以“邻避”为主题中文文献学科领域分布图(中国知网(CNKI)数据库)

笔者继续对这441篇文献进行了聚类分析，在得到的18个关键词中与“邻避冲突”关系度最强前三位的是“邻避设施”“治理”和“公众参与”（见图1.5）。截至2017年，笔者查到国内4本与邻避议题有关的学术专著。《邻避型环保设施环境友好共建机制研究——以生活垃圾焚烧设施为例》一书系统研究“邻避型”环保设施规划选址、建设、运营和闭厂全生命周期中现存的利益冲突及其原因、各主要利益相关者关系、设施风险传导与社会放大机理、生态补偿减缓邻避效应的可行性等关键问题①；《邻避困境》一书从空间理论、风险认知、利益结构、政策过程、危机治理等角度对我国近十年来的邻避困境进行了阐释②；《邻避冲突解析与源头治理》一书从邻避概念出发，详细分析了邻避行动，邻避情结，邻避冲突的实践逻辑、社会学习，邻避治理的基本思路及邻避决策风险评价等③；《邻避冲突治理研究》一书从公众参与、科普教育和风险沟通三个方面对如何治理邻避冲突进行了研究④。

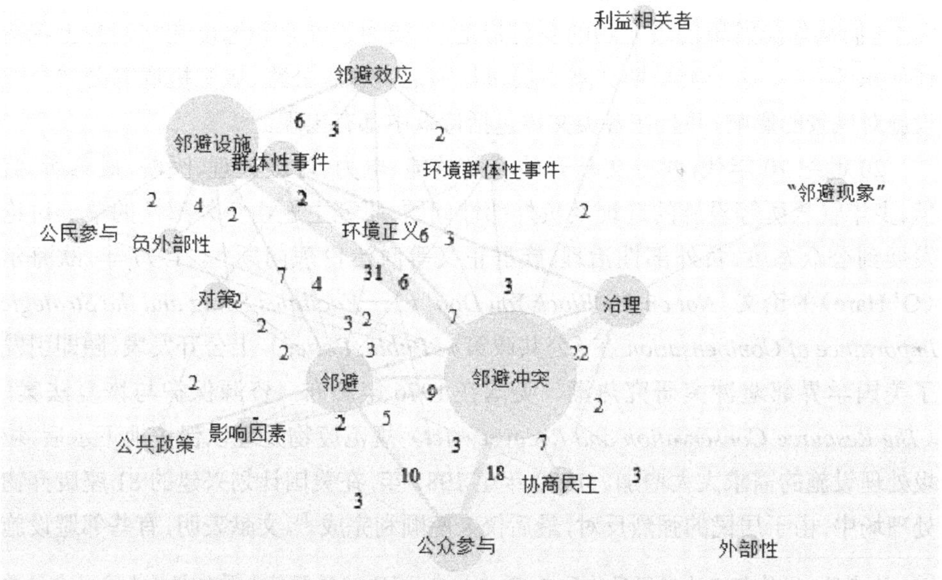

图1.5 邻避冲突相关中文文献聚类分析图（中国知网（CNKI）数据库）

---

① 周丽旋，彭晓春．邻避型环保设施环境友好共建机制研究：以生活垃圾焚烧设施为例 [M]. 北京：化学工业出版社，2016.

② 王佃利．邻避困境 [M]. 北京：北京大学出版社，2017.

③ 张乐．邻避冲突解析与源头治理 [M]. 北京：社会科学文献出版社，2017.

④ 刘智勇，等．邻避冲突治理研究 [M]. 成都：电子科技大学出版社，2017.

三、国内外文献主要研究内容

邻避冲突既是一种社会利益冲突，也是一个复杂的公共管理和公共政策问题，它既涉及经济发展、技术改进策略，又涉及政治、环境伦理①。通过对英文文献和中文文献的考察，笔者在这一部分将梳理邻避冲突的研究历程，国内外学者对于邻避冲突的价值判断及原因解析，以及国内外学者对于邻避冲突的应对、解决及治理议题的研究情况。

（一）邻避冲突研究的历史回顾

19世纪五六十年代，霍尔布鲁克（Holbrook）批评铁路："向美丽的乡村散发混合着火、烟、煤尘以及灰尘等有害物质的恶魔般的毒药。"②面对各种非议，美国在19世纪末建造地铁和电车，英国也积极改善铁路建筑物的审美效果，以减轻铁路设施的负外部性影响。尽管如此，拉斯金（Ruskin）仍坚决反对发展铁路，坚持"把它们从你能发现的最丑陋的乡村带走，不要为了安全和速度在它们身上花费任何东西"③。这一类早期文献主要讨论河运、铁路、公路、航空机场等公共交通设施对风景的影响，并且在各类文体包括诗歌中都有出现。

20世纪70年代，西方文献开始涉及核能、电力、垃圾处理、医院、戒毒所、监狱、少年管教所等设施的选址及负外部性问题，研究主题由负外部性的单一讨论发展到公众态度、负外部性治理、族群正义等政治伦理问题④。1977年，欧海尔（O' Hare）的论文 *'Not on My Block You Don' t '—Facilities Siting and the Strategic Importance of Compensation* 在《公共政策》（*Public Policy*）上公开发表，随即引发了美国学界邻避冲突研究热潮。美国在1976年颁布《资源保护与恢复法案》（*The Resource Conservation and Recovery Act*）规范废物处理以保护地下水后，垃圾处理设施的需求大大增加。1980年至1987年，在美国计划兴建的81座废弃物处理场中，由于居民的强烈反对，最后仅8座顺利完成⑤。文献表明，有些邻避设施

---

① 陈宝胜．国外邻避冲突研究的历史、现状与启示 [J]. 安徽师范大学学报（人文社会科学版），2013，41(2)：184-192.

② Holbrook S. The Story of American Railroads [M]. New York：Crown Publishers，1947：41.

③ Ruskin J. The Seven Lamps of Architecture [M]. London：Smith，Elder & Co.Publishers，1849：111.

④ Siddall W R. No Nook Secure：Transportation and Environmental Quality [J]. Comparative Studies in Society & History，1974，16(1)：2-23.

⑤ O'Hare M H，Bacow L，Sanderson D. Facility Siting and Public Opposition [M]. New York：Nostrand Reinhold Company，1998.

成功落地的案例都导致了收入再分配不公平和暂时妥协后的持续冲突问题①,随之也衍生了少数族群关于族群正义的抗争,从此邻避冲突背后的政治、经济、伦理问题开始凸显。美国的20世纪80年代被《纽约时报》称为邻避时代,邻避主义也被称为当时的大众政治哲学。

除了美国之外,英国、丹麦、瑞典、荷兰等欧洲国家也曾发生过针对核废料储存选址的邻避冲突。20世纪80年代,邻避冲突在日本、韩国及我国台湾地区陆续出现。我国台湾地区当初以"鸡屎拉在我家后院,鸡蛋却下在别人家里"为口号发起邻避抗议。丘昌泰将台湾地区的邻避冲突分为四个阶段:1981—1986年以中小型工厂污染为抗争对象的萌芽阶段;1987—1991年以石化业及核能为诉求焦点的高潮阶段;1992—1996年以工厂选址为抗争议题,并与全球化议题相联系的转型阶段;1997年至今的以电厂和垃圾焚化厂为抗争主题的成型阶段②。我国大陆的邻避冲突产生于2000年左右邻避冲突给政府治理带来了新的挑战,相关学术研究也随即展开。

(二)邻避冲突的本质特征

对于邻避冲突本质的认识,西方有些学者以非理性为框架将其视为邻避设施周边居民非理性、情绪化、自私自利的反应。辉格(Vig)和克拉夫特(Kraft)认为邻避冲突导致很多项目的选址变得不太可能,既限制了地方经济发展,又阻碍了解决邻避设施负外部性影响的技术进步的努力,是一种非理性的、自私的、增加社会成本的行为③。克拉夫特(Kraft)和克拉里(Clary)认为邻避冲突带有强烈的情绪化特征,常常是居民顽固地反对那些他们自认为会带来有害影响的设址建议④。维特斯(Vittes)等将邻避冲突视为一种有害于周边居民生存权与环境权的消极态度,是一项情绪化反应⑤。斯洛维奇(Slovic)则认为公众之所以普遍强烈反对核电

---

① Mumphrey A J, Wolpert J. Equity Considerations and Concessions in the Siting of Public Facilities [J]. Economic Geography, 1973, 49(2):109-121.

② 丘昌泰.从"邻避情结"到"迎臂效应":台湾环保抗争的问题与出路[J].政治科学论丛,2002(17):33-56.

③ Vig N J, Kraft M E. Environmental Policy in the 1990's: Toward A New Agenda [M] //The NIMBY Syndrome: Facility Siting and the Failure Of Democratic Discourse. Washington DC: CQ Press, 1990:233-247.

④ Kraft M E, Clary B B. Citizen Participation and the Nimby Syndrome: Public Response to Radioactive Waste Disposal [J]. Western Political Quarterly, 1991, 44(2):299-328.

⑤ Vittes M E, Iii P H P, Lilie S A. Factors Contributing to NIMBY Attitudes[J]. Waste Management, 1993, 13(2):125-129.

站的建设,是因为他们感知到核辐射风险无法控制、不可预见且内心畏惧[①]。

邻避冲突的丰富实践不断拓展其背后政治、经济、社会、文化价值的外延,也不断为学术研究增添新的视角。1987年,美国北卡罗莱纳州沃伦郡居民在抗议多氯联苯掩埋场的行动中提出了环境正义(Environment Justice)的诉求,迫使政府开始考虑种族、经济程度和环境污染三个变量的相关性。1987年,美国联合基督教会种族正义委员会在《有毒废弃物与种族》的研究报告中指出政府在选择有毒废弃物最终处理点大多处于少数民族居住区,随即引发了抗议事件[②]。随着研究的深入,更多的学者认为邻避冲突是一种影响公共政策的公众参与行为,在政治上是合法的,对其本身的利益关切是合理的,其本质上是公众追求生活环境平等权的环境正义运动[③④],是公众表达关注和影响政府政策的重要方式[⑤]。

丘昌泰等在其著作《解析邻避情结与政治》的前言中写道:“邻避情结是出于自私自利的心理,的确,‘人不为己,天诛地灭’,这种基于自利心理产生的抗争行动原本是可以理解的,问题在于:台湾绝大部分的邻避情况是‘权’与‘钱’两大问题的作祟,前者是指借抗争之名,而行滥权之实的政客,后者是指借抗争之名,而行索取不当回馈之实,使得‘钞票’效应在邻避情结与政治中不断地蔓延起来,着实令人忧心。”[⑥]从中可以看出,邻避冲突在所谓民主社会的我国台湾地区很早就与政治选票和恶意骗补行为联系在一起,使得相关问题的解决更加复杂化。但同时丘昌泰也认为邻避冲突本身也有一定的理性内涵,一是政府决策过程封闭,导致公众缺乏参与渠道以表达其担心和期望;二是相关企业对于环境污染重视不够,进而影响公众的环境权、健康权与生存权[⑦]。何艳玲总结了我国大陆地区邻避冲突的三个特征:抗议行动的规模螺旋式上升,始于个体理性,终于集体非理性;

---

① Slovic P. Perception of Risk from Radiation [J]. Radiation Protection Dosimetry, 1996, 68(3):165-180.

② 丘昌泰.从”邻避情结”到”迎臂效应”:台湾环保抗争的问题与出路[J].政治科学论丛,2002(17):33-56.

③ Bullard D. Environmental Justice for All. Unequal Protection: Enviromental Justice and Communicates of Color [M]. San Francisco: Sierra Club Books, 1994:5-6.

④ Mcgurty E M. From NIMBY to Civil Rights: The Origins of the Environmental Justice Movement [J]. Environmental History, 1997, 2(3):301-323.

⑤ Matheny A R, Williams B A. Knowledge vs. NIMBY: Assessing Florida's Strategy for Siting Hazardous Waste Disposal Facilities [J]. Policy Studies Journal, 2010, 14(1):70-80.

⑥ 丘昌泰,黄锦堂,等.解析邻避情结与政治[M].台北:翰芦图书出版有限公司,2006.

⑦ 丘昌泰.公共设施中邻避情结的成因与因应:以民营电厂为例[J],政治学报,2004(37):37-110.

抗议诉求较为单一，未包含西方国家邻避冲突中夹杂的种族平等、女权主义等多个主题，更多集中在公众的财产、生存、健康利益的主题上；冲突双方难以达成妥协，多以终止设施收场①。

（三）邻避冲突的成因

邻避冲突是个复杂的社会现象，牵涉多方主体的利益，国内外文献从心理、经济、政治、政策、环境等角度对其成因进行了大量讨论。在大量的研究中，设施的负外部性被视为发生邻避冲突的直接原因，马赛尼（Matheny）等认为受负外部性影响，邻避设施周边居民关心他们的财产、健康、安全和环境风险而反对设施的建设或运营②。莫瑞尔（Morell）通过对日本能源类邻避设施选址进行研究，认为居民反对的原因包括担心邻避设施可能对人体健康及其生命财产造成严重威胁，影响不动产价值，以及政府环保配套措施不力等③。

随着研究的深入，在归因负外部性的基础上，学界开始从各个角度向更细节处探索。米特彻尔（Mitchell）和卡松（Carson）认为"当地社区承担成本过高""抗争成本极低"和"成功的可能性较高"等三个原因导致了危险性废物处理设施的邻避冲突④。雷诺伊（Leory）等认为邻避冲突与错误的选址程序有关，如果政府机构和开发商通过公开会议来表达对社区的充分关心，就有可能缓解公众的疑虑⑤。雷克（Lake）认为邻避冲突产生的原因在于社会整体价值判断与社区价值判断的差异，社会与社区的关注焦点及出发点不一致，以及经济增长与环境保护之间的冲突⑥。布劳德本特（Broadbent）研究认为在社会、文化、政治和经济因素的交互作用下，政治进程和环境政策产出最终导致环境品质下降，政府虽然可以通过各种方法努力降低设施给环境带来的负外部性影响，但却无法解决密集都市化和工业集中化等现代经济发展背景下人类自身活动带来的重要环境问题，因而导致邻避

---

① 何艳玲 . 中国式邻避冲突：基于事件的分析 [J]. 开放时代，2009（12）：102-114.

② Matheny A R，Williams B A. Knowledge vs. NIMBY：Assessing Florida's Strategy for Siting Hazardous Waste Disposal Facilities [J]. Policy Studies Journal，2010，14（1）：70-80.

③ Morell D. Siting and Policy in Japan：Energy Siting and Management of Environment Conflict [D]. New York：Conell University，1984.

④ Mitchell R C，Carson R T. Property-Right，Protect，and the Siting of Hazardous-Waste Facilities [J]. American Economic Review，1986（76）：285-290.

⑤ Leroy D H，Nadler T S. Negotiate Way Out of Siting Dilemmas[J]. Forum for Applied Research & Public Policy，1993，8：1.

⑥ Robert W Lake. Planners' Alchemy Transforming NIMBY to YIMBY：Rethinking NIMBY[J]. Journal of the American Planning Association，1993，59（1）：87，93.

冲突[①]。Pong-Wai Lai 等将邻避冲突的影响因素总结为基于社区视角的设施建设必要性、影响管理、风险认知与沟通、信任、公平和公众参与等[②]。李永展将台湾地区邻避冲突归因为经济因素、社会因素、心理因素和政治因素四个方面。黄启煌、王图文在对台湾核电站的风险感知研究中，发现公众认为核电站是极端的高危险设施，并反对以资金补偿方式接受其持续的运行[③]。

我国大陆学者分别从邻避居民心理、社会利益、政府管理和生态价值等方面对邻避冲突原因进行分析。孙静认为当地居民关于邻避设施产生生存与权利上的焦虑，对政府的否认与推脱行为的怨恨、对媒体集体失声的怨恨，使邻避情结累积成一种情感认知模式[④]。王娟、胡志强认为公众对于垃圾焚烧厂的风险认知程度较低，其风险可接受水平较低，易引起公众极度恐慌和忧虑进而引发冲突[⑤]。郭巍青等认为民众关于政府、专家及其经济利益集团之间暧昧关系形成风险感知，通过媒体和网络传播塑造焦虑社群，促使异议和集体行动[⑥]。何艳玲认为我国政治结构相对封闭，邻避设施的"非邻避化"定性，未尊重民众知情权，未建立公众信任机制[⑦]。李晓辉认为政府制定邻避设施选址决策，未考虑当地居民利益诉求，忽视个体利益，否定社会公平[⑧]。娄胜华、姜姗姗认为决策模式为"决定—宣布—辩护"单目标决策，以经济、效率为选址参照原则，忽视公平，忽略环境正义。[⑨] 张效羽

---

① Broadbent J. Environmental Politics in Japan: Networks of Power and Protest [M]. Cambridge: Cambridge University Press, 1998.

② Pong-Wai Lai, Lai-Yan Woo, Kin-Che Lam, et al. Research Monograph. Siting and Community Response to Locally Unwanted Lan Uses: A Literature Review [J]. Centre for Environmental Policy and Research Management, Department of Geograghy and Resource Management, The Chinese University of Hong Kong, 2007.

③ Hung H C, Wang T W. Determinants and Mapping of Collective Perceptions of Technological Risk: the Case of the Second Nuclear Power Plant in Taiwan.[J]. Risk Analysis, 2011, 31(4): 668-683.

④ 孙静．互动与博弈：城市社区"邻避"冲突的情感认知模式：基于 HY 变电站事件分析 [J]. 华中师范大学学报:人文社会科学版, 2013(S1):14-18.

⑤ 王娟，胡志强．公众技术风险认知的实证研究：北京公众对建设垃圾焚烧厂的风险认知调查分析 [J]. 工程研究:跨学科视野中的工程, 2012, 4(4):382-396.

⑥ 郭巍青，陈晓运．风险社会的环境异议：以广州市民反对垃圾焚烧厂建设为例 [J]. 公共行政评论, 2011, 4(1):95-121.

⑦ 何艳玲．"中国式"邻避冲突:基于事件的分析 [J]. 开放时代, 2009(12):102-114.

⑧ 李晓晖．城市邻避性公共设施建设的困境与对策探讨 [J]. 规划师, 2009, 25(12):80-83.

⑨ 娄胜华，姜姗姗．"邻避运动"在澳门的兴起及其治理：以美沙酮服务站选址争议为个案 [J]. 中国行政管理, 2012(4):114-117.

认为政府工作粗暴，产生邻避效应泛政治化，吸引周边以外居民参与并反对选址建设[①]。金艳荣认为未建立有效的重大决策风险评估机制，未能对决策实施带来的可能性社会风险进行正确评估导致邻避冲突[②]。黄汇娟认为垃圾焚烧厂之类邻避设施的兴建，会导致周围环境的污染，并引起居民对健康的担忧[③]。杜建勋认为环境正义的核心关怀是环境损失与利益的分配，若利益分配不均衡，则失去环境正义，易使社会秩序混乱而引发冲突[④]。张向和进行了较为综合的分析，认为邻避冲突的因素包括补偿、设施风险及紧迫性、场地建设决策程序、投资运营商的信益度、公平性、社会压力、公众认知理解度、社会经济等[⑤]。

（四）邻避冲突的治理方式

邻避冲突具有成本或利益高度集中化、高度群众动员性、高度不确定性与高度信息不对称性[⑥]。考察文献，我们可以发现国内外学者主要从经济补偿、政府管理、技术革新、公众参与四个角度探讨邻避冲突的治理模式。

由于邻避设施的负外部性，经济补偿往往成为缓解或解决邻避冲突必须采取的步骤。在邻避冲突解决方案中，最常见的是经济补偿机制，包括货币补偿和实物补偿来减轻周围居民的损失，以降低其情绪上的极端化带来的抗争[⑦]。然而经济补偿涉及受损居民及其程度界定问题，容易引发争议，产生负面效果即为“贿赂效

---

① 张效羽．环境公害设施选址的困境及其化解：以宁波市镇海 PX 项目争议为例 [J]. 行政管理改革，2012（12）:27-31.

② 金艳荣．重大决策社会稳定风险评估功能浅析 [J]. 长白学刊，2013（2）:62-65.

③ 黄汇娟．邻避情结与邻避治理：番禺垃圾焚烧厂设置的个案分析 [J]. 广东开放大学学报，2012，21（2）:99-104.

④ 杜健勋．环境正义：环境法学的范式转移 [J]. 北方法学，2012，6（6）:115-126.

⑤ 张向和．垃圾处理场的邻避效应及其社会冲突解决机制的研究 [D]. 重庆：重庆大学，2010.

⑥ 汤京平．邻避型环境冲突管理的制度与策略：以理性选择与交易成本理论分析六轻建厂及拜耳投资案 [J]. 政治科学论丛，1999（10）:355-384.

⑦ 路超君，罗宏，吕连宏．化工园区环境风险可接受性研究 [J]. 安全与环境工程，2010，17（3）:36-39.

应”[①]。需要分析当地居民真实的风险损失[②],制定合理的区域利益分配方案[③④],才能降低“贿赂效应”。

工科领域学者的研究将科学技术的创新、升级作为缓解邻避设施的负外部性的重要途径。比如,通过垃圾分类和循环利用等技术减少垃圾进入处理设施的量,减少对周边负外部性的影响;[⑤]在垃圾焚烧过程中采用提高燃料条件、喷射无机添加剂等措施,有效控制二噁英污染带来的影响;[⑥]碳捕获和储存技术是近年来新兴的技术,可缓解化石燃料电厂的温室气体排放水平[⑦];基于风险排查技术定量评估油库中原油储罐的风险,以便采取降低风险措施,避免原油泄漏造成重大环境污染和伤亡事故[⑧]。

政府是邻避冲突的主体之一,有学者从政府决策、风险管理的角度对如何治理邻避冲突进行了分析。有学者认为当前政府不能再过分依赖专家辅助决策,而将居民的意见拒之门外[⑨];选址方式应从“决定—宣布—辩护”转向“参与—自愿—合作”[⑩];在实践方面,政府应将各相关主体纳入政策制定过程,构建多样化的

① 李晓晖.城市邻避性公共设施建设的困境与对策探讨[J].规划师,2009,25(12):80-83.

② Pelekasi T, Menegaki M, Damigos D. Externalities, NIMBY Syndrome and Marble Quarrying Activity [J]. Journal of Environmental Planning & Management, 2012, 55(9):1192-1205.

③ Besfamille M, Lozachmeur J M. NIMBY and Mechanism Design Under Different Constitutional Constraints [J]. International Tax & Public Finance, 2010, 17(2):114-132.

④ Laurent-Lucchetti J, Leroux J. Lindahl Prices Solve the NIMBY Problem [J]. Economics Bulletin, 2010, 30(3):2457-2463.

⑤ Pomper D. Recycling Philadelphia V. New Jersey: The Dormant Commerce Clause, Postindustrial "Natural" Resources, and the Solid Waste Crisis [J]. University of Pennsylvania Law Review, 1989, 137(4):1309-1349.

⑥ Gao X, Ji B, Yan D, et al. A Full-scale Study on Thermal Degradation of Polychlorinated Dibenzo-p-dioxins and Dibenzofurans in Municipal Solid Waste Incinerator Fly Ash and Its Secondary Air Pollution Control in China [J]. Waste Manag Res, 2017, 35(4):437-443.

⑦ Kraeusel J, Möst D. Carbon Capture and Storage on Its Way to Large-Scale Deployment: Social Acceptance and Willingness to Pay in Germany [J]. Energy Policy, 2012, 49(1):642-651.

⑧ Shuai J, Han K, Xu X. Risk-based Inspection for Large-scale Crude Oil Tanks [J]. Journal of Loss Prevention in the Process Industries, 2012, 25(1):166-175.

⑨ 路超君,罗宏,吕连宏.化工园区环境风险可接受性研究[J].安全与环境工程,2010,17(3):36-39.

⑩ Saha R, Mohai P. Historical Context and Hazardous Waste Facility Siting: Understanding Temporal Patterns in Michigan[J]. Social Problems, 2005, 52(4):618-648.

自下而上的参与方式[①]；每个社会群体都有平等享受洁净环境资源的权利，政府在决策时必须要考虑环境正义，才能真正符合社会正义原则[②]；政府决策者需要改变单一的邻避风险补偿方式[③]；建立设施风险可接受标准，以便对企业进行风险管理，降低居民对设施安全性的担忧[④]。总体来看，各路学者认为政府需要在决策模式上做出改变，健全风险管理制度，提高公众的风险可接受水平，并考虑邻避设施造成的居民在环境、健康和空间利益上的损失，有效地缓解利益冲突。

邻避冲突过程中，相关公众是利益受损方，也是最重要参与主体之一，因此大量学者从公众参与的角度研究邻避冲突的治理问题。隆内（Looney）结合麦迪逊式的产权观及杰斐逊式的小规模民主（Small-scale Democracy）观念，提出了邻域治理（Neighborhood Governance）的冲突管理原则，希望通过公众对土地使用政策与反歧视政策的讨论，来追求环境正义，并解决邻避冲突[⑤]。瑞比（Rabe）强调邻避设施的决策责任应交付给承担利益与成本的公众，主张通过民主对话的方式进行决策[⑥]。李永展针对台湾地区邻避冲突提出了风险减轻方案（安全保证与环保标准、环境监测、环保协定）、补偿回馈方案（金钱补偿与回馈补偿）和公众参与方案（信息提供、问卷调查或民意访谈、举办听证会、协商）[⑦]。克拉夫特（Kraft）和科莱

① Devine-Wright P. Public Engagement with Large - scale Renewable Energy Technologies: Breaking the Cycle of NIMBYism[J]. Wiley Interdisciplinary Reviews Climate Change, 2011, 2(1):19-26.

② 杜健勋．环境正义：环境法学的范式转移 [J]. 北方法学，2012，6(6):115-126.

③ Devine-Wright P. Public Engagement with Large - scale Renewable Energy Technologies: Breaking the Cycle of NIMBYism[J]. Wiley Interdisciplinary Reviews Climate Change, 2011, 2(1):19-26.

④ Meyer E A, Shaw S, Dweck J, et al. Criteria Regs Reduce NIMBY Safety Fears[J]. Oil & Gas Journal, 2006, 104(34):18-20,22-23.

⑤ Morell D. Siting and Policy in Japan: Energy Siting and Management of Environment Conflict[D]. NY: Conell University, 1984.

⑥ Rabe B G. Beyond Nimby : Hazardous Waste Siting in Canada and the United States[J]. Journal of Health Politics Policy & Law, 1994, 11(4):91-96.

⑦ 李永展．邻避设施冲突管理之研究 [J]. 台湾大学建筑与城乡研究学报，1999(9):33-34.

瑞(Clary)①、迪尔(Dear)②、科荣夫特(Crowfoot)和文都莱克(Wondolleck)③等认为公众参与是破解邻避困境的关键性路径之一。总体来看,学者们大致有三类观点。第一类认为公众参与决策很有必要。政府在决策开始阶段应从封闭性模式向开放性模式转变,吸纳公众参与,维护其知情权,防止利益分配不公导致冲突的激化④⑤。第二类认为需要进一步加深公众的参与程度。选址过程中,公众的参与程度应随着设施选址阶段的深入而逐渐加深,保持信息公开、透明,达到有效消除邻避效应⑥⑦。第三类认为公众参与要适度,过多的参与只会进一步加剧邻避效应,导致持久的反对和政治僵局⑧。综上,公众参与可以有效改善居民与政府之间的信任危机,但是具体参与形式、方法、程度等都有待更细致的探讨。

四、研究现状评述

从国内外研究成果看,邻避冲突的特征、根源等议题已经基本讲清,目前的研究焦点和难点集中在如何实现有效治理上。从实践逻辑上看,公众参与是邻避冲突产生的必要条件,同时也是解决邻避冲突的着力点。在不同国家和地区,公众参与的环境、途径都会有所差别,因此在邻避冲突的治理上也呈现出不同的景观和效果。

杨秋波认为公众参与已成为邻避设施决策成功的关键因素,但同时也存在着诸多矛盾,一是多数选择与正义原则之间存在冲突,特别是邻避设施决策中的环

① Kraft M E, Clary B B. Citizen Participation and the NIMBY Syndrome: Public Response to Radioactive Waste Disposal [J]. Western Political Quarterly, 1991, 44(2):299-328.

② Dear M. Understanding and Overcoming the NIMBY Syndrome [J]. Journal of the American Planning Association, 1992, 58(3):288-302.

③ Crowfoot J E, Wondolleck J M. Environmental Disputes: Community Involvement in Conflict Resolution [M]. Washington DC: Island Press, 1990.

④ 范少虹. 论"邻避冲突"中的政府依法行政 [J]. 暨南学报(哲学社会科学版), 2013, 35(3):47-52.

⑤ Pol E, Masso A D, Castrechini A, et al. Psychological Parameters Tounderstand and Manage the NIMBY Effect [J]. Revue Europeenne De Psychologie Appliquee, 2006, 56(1):43-51.

⑥ 刘佳佳, 黄有亮, 张涛. 邻避设施选址过程中公共参与方式选择研究 [J]. 建筑经济, 2013(2):29-32.

⑦ 乔艳洁, 曹婷, 唐华. 从公共政策角度探析邻避效应 [J]. 郑州航空工业管理学院学报(社会科学版), 2007, 26(1):93-94.

⑧ 汤汇浩. 邻避效应: 公益性项目的补偿机制与公民参与 [J]. 中国行政管理, 2011(7): 111-114.

境正义；二是个人理性与集体理性之间存在冲突，邻避现象源于公众的理性或非理性抗争，若赋权公众参与邻避设施决策，则小群体的社区公众可能会因为邻避冲突中的公众参与有许多矛盾之处，而追求自身利益、牺牲公共利益；三是公众参与中平等与霸权的矛盾，强势的利益团体可能假借公众参与的名义，利用知识等方面的优势，操纵参与过程，制造社会压力，迫使弱势团体让步或被收买，达到合理化其诉求的目的；四是公众参与的无限扩张导致决策效率低下甚至无法决策；五是公众物质欲望的高涨和参与热情的萎缩等，形成了明显的悖论[①]。

邻避冲突极易导致生态民粹主义，从而导致公共利益受损。豪威尔（Howell）认为授权公众参与的前提，必须确保参与者的自我节制以及参与的质量，否则易被煽动的公众将以盲目的热情淹没理性的政策论述[②]。汤京平将公众参与在邻避设施决策中的矛盾角色称为参与困境，一方面邻避设施附近居民因利益相关性强，有着非常强烈的动机参与设施决策过程；另一方面，邻避设施决策活动涉及复杂的技术、法规、预算等专业因素，而当地居民却缺乏相应的专业训练、相关知识以及各类实证信息，无法进行理性的诉求表述，也难以争取外界认同其主张的适法性[③]。从我国的情况看，公众参与能力不足导致公众缺乏自信，极易导致其放弃体制内的参与而选择体制外的抗争行动；政府引导公众参与能力的缺乏同样造成了治理能力严重不足，而习惯性采取传统的弹压式管理模式，使得冲突升级，最终导致两败俱伤的局面。因此，在体制内推动有序公众参与是破解邻避冲突困境可尝试的路径之一。

邻避冲突是今天复杂性社会的一个典型的复杂性议题，要求我们要借助多学科理论视角对其进行分析。新闻传播学科对于邻避冲突议题的研究大多集中于邻避冲突过程中信息扩散[④]、舆情应对[⑤]、新闻范式[⑥]等领域。我国已经进入移动

---

① 杨秋波．邻避设施决策中公众参与的作用机理与行为分析研究[D]. 天津：天津大学，2012：22.

② Howell D J. Scientific Literacy and Environmental Policy：the Missing Prerequisite for Sound Decision Making[M]. Westport：Quorum Books，1993.

③ 汤京平，翁伟达．解构邻避运动：国道建设的抗争与地方政治动员[J]. 公共行政学报，2005(14)：114-118.

④ 曾繁旭．环境抗争的扩散效应：以邻避运动为例[J]. 西北师范大学学报（社会科学版），2015(3)：110-115.

⑤ 何筱媛．新媒体环境下我国邻避型群体性事件的信息传播机制研究[D]. 上海：上海交通大学，2014.

⑥ 白红义．环境抗争报道的新闻范式研究：以三起邻避冲突事件为例[J]. 现代传播（中国传媒大学学报），2014，36(1)：45-50.

互联社会,传统的受众已经从原来被动的信息消费者变成积极信息生产者,在诸如邻避冲突这类的社会抗争实践中成为信息传播的关键一端。参与传播是当代重要传播理论之一,它将传播视为权力争夺和利益平衡的场域,强调普通受众在决策过程中的参与的方法、途径和价值。因此,在参与传播视域下探讨邻避冲突的治理机制将是一个有新意、有价值的研究方向。我们将在本书第二章对参与传播理论及其数字化、在地化内涵进行专门论述。

第三节 研究方法和逻辑结构

本书在考察国内外文献的基础上,从参与传播理论出发,分析我国邻避冲突中公众参与在抗争层面的展演和规律,进而研究邻避冲突所内隐的公众参与在合作层面的要求与可能。梳理当前邻避冲突中政府信息公开、风险沟通、舆情工作及公众参与的现状,探讨邻避冲突中政府、企业、公众三个主体合作的机会和可能,最终从学理层面探讨我国邻避冲突的治理机制,为实现邻避冲突向迎臂效应的转化提供新闻传播学科的思考。

一、研究方法

自 2007 年厦门 PX 项目群体性事件以来,我国邻避冲突进入显性频繁爆发阶段,为理论研究提供了实践观察的入手。参与传播理论是典型的交叉学科理论碰撞的结果,对于当前我国的治理实践有较强的诠释能力,为邻避冲突治理机制的建设提供了理论观察的入口。本书将从上述实践和理论入口,探讨我国邻避冲突的动力机制、演变机理、媒介图景与治理机制等,主要采取质性研究方法展开研究。

1. 文献探讨法。行政管理、环境科学、政治学、经济学、社会学等学科已经对邻避冲突进行了较为深入的研究,特别是国外已经积累较为可观的文献,我国台湾地区在邻避冲突方面也积累了许多较有价值的学术研究成果。这些都为本研究提供了丰富的参考资料,可以结合我国大陆地区的实践展开更为深入和本土化的研究。本书主要从参与传播理论角度进行探讨,同时也参考了风险社会、环境正义、公共领域、协商民主、公众参与、赋权理论、话语理论、媒介行动主义、新物质主义等理论,为更加全面地分析我国大陆地区邻避冲突提供了理论资源保障。故本研究将采用文献探讨路径,收集国内外相关书籍、期刊论文、研究报告和新闻报道,并对此进行归纳整理。

2. 参与观察法。笔者有九年政府工作经验，对于中国政府部门内部运行机制和实际治理能力有总体了解。就邻避冲突议题，笔者亦专程到一些政府、企业、社区走访调查，对于目前邻避冲突三个行为主体的理念、态度、动机和行为方式有一定的认知。本书将在参与观察的基础上，始终坚持实践立场，确保研究最大程度上反映我国邻避冲突的真实情况，为得出更加科学的结论打下基础。

3. 深度访谈法。笔者已经就邻避冲突相关议题采访了广东省、福建省的一些政府、企业、居民代表，获得了第一手资料。特别是对于政府目前面临的邻避冲突舆论、沟通和公众参与困境，以及公众在接受搬迁、补偿后面临的实际境况有直接的感性认知。这些将有利于本书在理论探讨层面尽量避免过于理想化的论述，以确保研究的落地能力。

4. 个案研究法。核电设施是典型的邻避设施，在选址、建设、运行过程中长期处于邻避冲突的可能性中。在我国大陆地区，核废料处置的设施建设已经出现邻避冲突导致项目停建的案例。核电建设是我国的战略产业，目前中广核在国内外都有核电项目在建，任何与之有关的邻避现象将会造成不可预估的影响。笔者将在此研究中将我国中广核集团的核电项目作为考察对象，目前已经走访了部分核电站并采访了相关人士，掌握了该企业应对邻避冲突的经验性资料。

二、逻辑结构

1. 选题背景及研究现状。在绪论部分，本书首先交代了我国邻避冲突的背景性因素，即高速工业化催生环境风险、网络技术革命引发信息风险以及治理机制落后导致的参与风险。环境风险是邻避冲突爆发的基础性因素，信息风险加剧了邻避冲突的复杂性，参与风险是邻避冲突治理过程中始终伴随且亟需解决的问题。三个风险的叠加使得我国的邻避冲突既有共性，又有个性。在这个部分，本书对国内外邻避冲突相关议题的学术研究进行了梳理和分析，使得本研究能够立足前人研究的成果上努力实现创新。

2. 参与传播的理论脉络及中国价值。本书基于参与传播的理论视角，研究中国的邻避冲突治理机制建设问题。参与传播曾经作为发展传播学的理论范式受到推崇，但随着发展传播学的衰落，参与传播理论发展受到限制。随着网络技术对传播领域影响加深，参与传播有了新的实践基础，同时其理论来源也得到了延伸和扩展。在这一部分，本书通过民主和参与、空间和参与、发展和参与、文化和参与、媒介和参与等五对关系的梳理，厘清了参与概念与其他学科相关概念的交叉地带，从权力、技术、身份、组织、质量五个维度探讨了参与传播的内涵和外延，并且探讨了参与传播作为国家治理研究新向度的理论价值,从而论证清楚参与传播作为本书理论支撑的科学性。

3. 邻避冲突的治理参与传播向度。本部分主要目的是探讨参与传播与邻避冲突的理论结合点,建立本书理论视角与研究对象的对接。本书将邻避冲突视作参与实践、传播场域和治理典型。在这个参与传播场域中,公众在政治上被动地实现了一定程度的公共身份转变,甚至形成了有执行能力的维权组织体系,并作为能动的传播主体与政府、企业形成的利益联盟进行话语权力争夺。在这个过程中,公众采取抗争参与获得信息近用(Access)、交互(Interaction)的机会,借助不同媒介形式进行权利表达、利益诉求,甚至参与决策,争取合作参与的机会和可能。

4. 邻避冲突的抗争参与。本部分聚焦我国邻避冲突中公众的抗争参与实践,将其放入新社会运动的范畴进行考察,回顾了我国环境运动的发展历程,梳理了我国邻避冲突十年发展的状况;从环境正义、媒介赋权和利益自保三个角度分析了邻避抗争参与的动力结构;围绕我国各级政府应对邻避冲突舆情的现状,考察邻避抗争参与的媒介使用结构和媒介化规律,探讨了邻避冲突的跨媒介叙事、意见领袖的网络动员形式和邻避谣言的舆论膨胀效应,进而实现抗争话语到抗争实践的转变。

5. 邻避冲突的合作参与。邻避设施所牵涉的整体利益是化解邻避冲突的现实因素,也是邻避冲突治理的伦理基础。政府是人民利益的维护者,同时公众参与也具有公共性特征。这两个因素成为公众与政府对话的伦理基础,也为公众合作参与提供了可能。本部分以合作理论为研究支撑点,探讨邻避冲突中所内隐的公众合作参与的可能、合作规定性及其善治价值;从共识理论入手分析了邻避合作参与的障碍因素、法律基础和合作形式,突出政府、企业主动进行信息公开、风险沟通的重要性和必要性;以中广核为考察对象,探讨了风险沟通在邻避冲突合作治理中的价值。

6. 从邻避冲突到迎臂效应。治理是多元参与的过程,可以是强制性的,但更多是协商性的。治理是一种政治行为,体现出一定的政治价值,但更多体现出一种工具理性。邻避冲突是一种主体间关系的紧张状态,而邻避冲突的有效治理则是追求从抗争到合作的过程。本部分将继续沿着参与传播的理论路径,探讨我国邻避冲突治理的可实践的邻避信息公开机制、全流程的邻避舆情工作机制、全方位的邻避风险沟通机制和协商性的邻避决策参与机制。

三、研究路线图

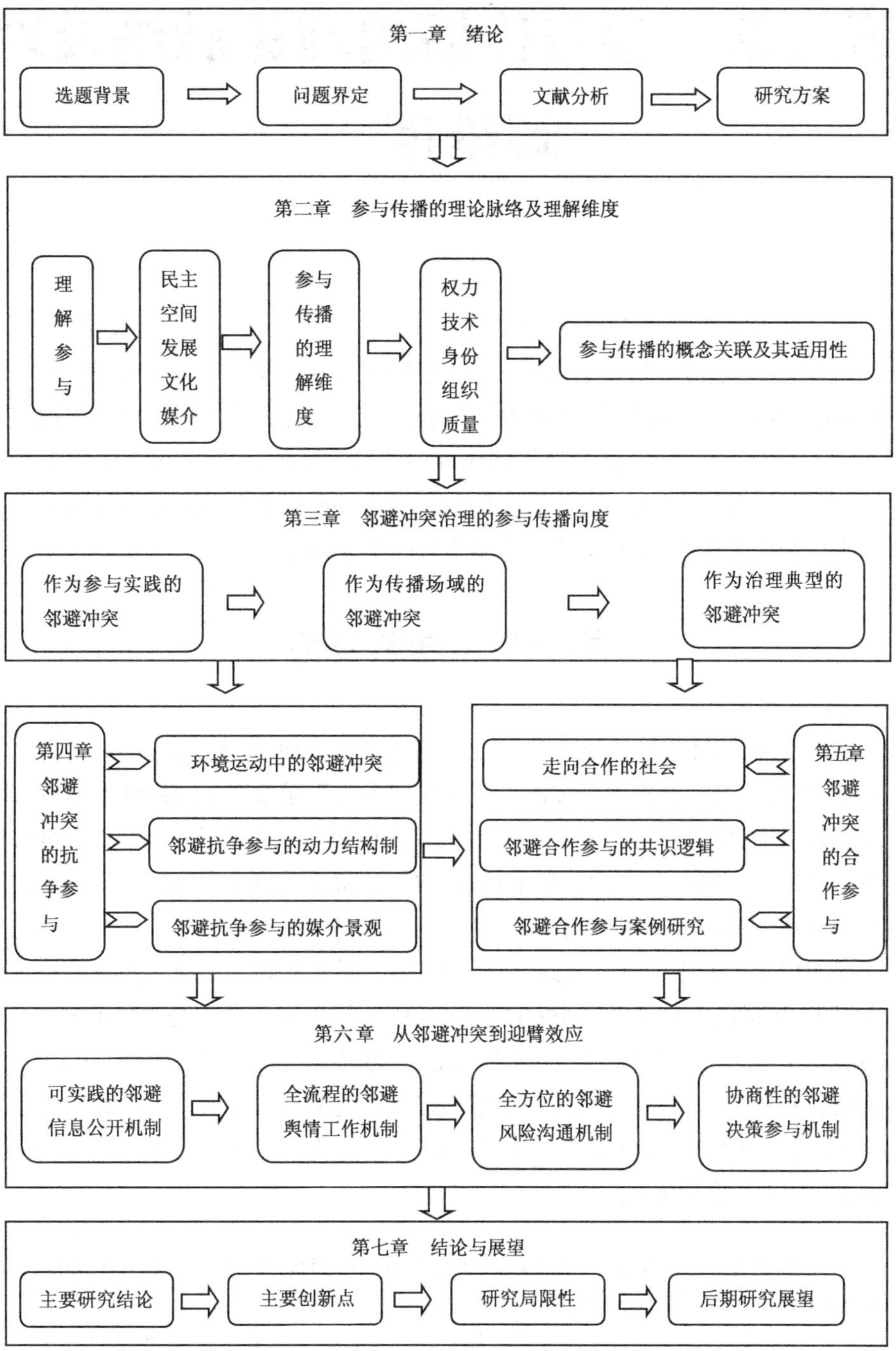
第一章 绪论
选题背景
问题界定
文献分析
研究方案
第二章 参与传播的理论脉络及理解维度
理解参与
民主空间发展文化媒介
参与传播的理解维度
权力技术身份组织质量
参与传播的概念关联及其适用性
第三章 邻避冲突治理的参与传播向度
作为参与实践的邻避冲突
作为传播场域的邻避冲突
作为治理典型的邻避冲突
第四章 邻避冲突的抗争参与
环境运动中的邻避冲突
邻避抗争参与的动力结构制
邻避抗争参与的媒介景观
第五章 邻避冲突的合作参与
走向合作的社会
邻避合作参与的共识逻辑
邻避合作参与案例研究
第六章 从邻避冲突到迎臂效应
可实践的邻避信息公开机制
全流程的邻避舆情工作机制
全方位的邻避风险沟通机制
协商性的邻避决策参与机制
第七章 结论与展望
主要研究结论
主要创新点
研究局限性
后期研究展望

第二章　参与传播的理论脉络及理解维度[①]

在互联网成为人类生活资料的今天，权力实践不仅仅在形式上发生了改变，其广度和深度也由于网络技术的介入而不断拓展。在米歇尔·福柯（Michel Foucault）看来，个人是权力的载体而非其作用点，权力通过一种网状组织被使用和实践。对于公众来讲，权力最终是通过参与来实现的。从20多年的网络实践看，技术赋权使得我国公众有了更多的途径通过互联网参与到政治、经济、社会和文化生活结构变迁中，并且持续在上述领域产生深刻影响。

第一节　理解参与

20世纪60年代，参与成为西方政治话语中的关键词，特别是发生在高等教育领域，学生的参与要求尤为突出。在法国，“参与”是戴高乐总统任期最后一段时期内政治集会的口号之一；在英国，《斯凯夫顿报告》强调了公众参与在城市规划中的作用；在美国，反贫困计划中包括了有关“最大限度参与可行性”的条款[②]。参与一词被广泛应用到各个领域。

呼应现实生活中的参与实践，一批西方政治学者开始反思建立在自由主义基础上的代议制民主的弊端。1960年，瓦尔特·阿德诺·考夫曼（Walter Arnold Kaufmann）首次提出“参与民主”概念。10年后，卡罗尔·佩特曼（Carole Pateman）的《参与和民主理论》成为参与民主理论的代表性著作。随着参与研究的兴起，在经济发展、公共治理、发展传播等研究领域陆续出现了如参与发展、参与治理、参与传播等概念。

---

① 本章内容是在本人发表在《当代传播》（2020年第4期）的论文《参与传播：理论脉络、概念关联和理解维度》基础上拓展而来。

② 卡罗尔·佩特曼．参与和民主理论[M]．陈尧，译．上海：上海人民出版社，2012：1.

参与作为一个概念被广泛使用，说明参与本身具有很强的解释能力，同时也说明参与作为概念本身具有极强的敏感性和可塑性。在莱皮克（Lepik）看来，参与概念可以用政治学和社会学的方法分别把握①。政治学对于参与的界定较为具体，基本上把参与作为分享权力的方法和过程，而社会学一般将参与放在特定的社会过程去考察，使得参与在不同社会领域中成为敏感性极强的概念。我们接下来先从政治学路径考察参与和民主的联系，再从社会学路径出发分别考察参与和空间、发展、艺术、媒介等四个领域的关联，以更为准确地把握参与概念。

一、政治学视角下的参与

民主是理解参与内涵的关键概念之一②。参与无处不在，事实上参与概念本身的演进亦是与民主实践相伴而生的。从公元前5世纪到17世纪，西方社会的民主概念是与古代雅典民主制密切相连的。雅典的直接民主正是建立在公民大会直接表决、全体参与的基础上的，然而由于城邦政治具有天然的时限性、地域性，在亚里士多德眼中雅典式民主是一种典型的变态政体，属于腐朽的暴民政治。虽然雅典式民主带有先天的局限性和空想性，但参与作为民主内容的关键要素，在与封建专制斗争中不断壮大，其主体、范围和深度不断发生变化。

法国思想家让-雅克·卢梭（Jean-Jacques Rousseau）特别关注民众直接参与公共事务的重要作用，强调参与的教育作用，呼吁人们要在参与中学会参与。他的整个政治理论集中围绕政治决策过程中每个公众的个体参与展开论述。他认为参与不仅仅是一套民主制度安排中的保护性附属物，它也对参与者产生一种心理效应，能够确保在政治制度运行和在这种制度下互动的个人的心理品质和态度之间具有持续的关联性③。在他看来，参与使得民主成为可能，而且通过参与可以推动个人负责的社会行动和政治行动，进而使得民主制度获得自我维持的能力。在卢梭的参与理论中，他特别强调参与在决策中的重要地位，认为参与是一种保护私人利益和确保好政府的方式。

此后，约翰·斯图亚特·密尔（John Stuart Mill）和科尔（G.D.H.Cole）进一步发展了卢梭的参与理论。密尔认为政府最重要的功能就是广义上的教育功能，只有在大众广泛参与的制度背景下，人们公共精神的性格才能得到培养，而民主制度最大的问题之一在于如何提供一个反对权力拥有者邪恶利益的有效保障。密尔

① Lepik，Krista. Governmentality and Cultural Participation in Estonian Public Knowledge Institutions. Unpublished PhD thesis[D]. Tartu：University of Tartu Press，2013.

② Carpentier N. Media and Participation：A Site of Ideological-Democratic Struggle[M]. 2011：15.

③ 卡罗尔·佩特曼．参与和民主理论[M]. 陈尧，译．上海：上海人民出版社，2012：22

后期的著作中,他将参与的教育作用的假设进一步拓展到工业领域,主张在工作场所中参与和管理具有同样的效果。科尔同样深受卢梭的影响,在其著作中大量引用了卢梭的观点。他认为社会组织的目标不仅仅是提高物质方面的效率,而且是所有成员最充分自我表达的实现,他强调只有当个人能够和其他同伴一起合作时才是最自由的①。

卡罗尔·佩特曼正是基于对代议制民主或者精英民主的批判,以卢梭、约翰·斯图亚特·密尔和科尔的参与理论为框架提出了参与民主的基本内涵。西方参与民主的理论渊源亦不仅限于此,戴维·赫尔德(David Held)认为参与民主产生的源头之一是对"马克思主义政治理论遗产不满的结果"②。除此之外,约翰·杜威(John Dewey)、汉娜·阿伦特(Hannah Arendt)等人的研究也为参与民主理论提供了思想资源。

参与民主理论的构建过程是对政治、公众、参与及平等等术语重新概念化的过程,而且依赖于包括人的政治属性、可欲求的参与性社会、参与的教育功能及公众自我转变的意愿和良好学习能力在内的潜在价值的预设③。在代议制民主中,参与仅仅是完成了统治者的选择,即参与只是在选择决策者的过程中发挥作用,因此这样的参与是短暂的、间歇的,很难确保公共利益得到长期有效的保护。本杰明·巴伯(Benjamin Barber)强调"公众参与"乃是民主政治的核心;如欲解决政府无能和自由民主主义所产生的危机,宜将"强势民主"建立在公众参与和公众义务上,而非只植根于个人良好品德和利他主义之上④。

当时各路参与民主理论学者主要通过跨国比较研究,对参与的"水平"和"形式"等进行了量度研究;对谁参与、在什么条件下以及以何种方式参与等具体问题做出说明,从理论上对参与做出了概念性的解释;同时将参与问题与民主议题进行联系,以求建立一个真正公平、自由的参与性社会。这些学者进一步挖掘了参与的内涵,认为参与是公众自愿参与决策的过程;参与的范围应该主要体现在地方层次和工业领域;参与行为应该体现在决策过程的每一个环节;参与是有限度的;等等。

尽管参与民主强调了公众参与的重要地位,但参与本身并不是任意的,它有附加条件的限制,如平等、理性、审慎、想象及移情等;尽管公众参与也源自冲突,

---

① 卡罗尔·佩特曼.参与和民主理论[M].陈尧,译.上海:上海人民出版社,2012:34.

② 戴维·赫尔德.民主的模式[M].燕继荣,译,北京:中央编译出版社,1998:333.

③ 袁建军,金太军.参与民主理论核心要素解读及启示[J].马克思主义研究,2011(5):93-102.

④ 汪明修.公共行政学:理论与社会实践[M].台北:五南图书出版有限公司,1997:57.

但其目的不是消除或者抑制冲突，也不是通过讨价还价或交易的方式来达成一致，而是在讨论中形成公共精神以转化冲突，达成共识①。参与民主理论带有西方古典民主传统的深深烙印，也是对代议制民主弊病的深刻反思的结果，同时也对参与本身保持了必要的警惕性。

在西方民主实践中，代议制民主的主导地位从来就没有被撼动过。参与民主理论经过十年发展进入低潮期，其所倡导的工作场所民主、社区民主、司法民主等民主形式在民主理论探讨和实践探索中逐步式微。当代西方学者在探讨参与民主理论时往往使用过去时态，作为参与民主理论的集大成者的卡罗尔·佩特曼也不禁发出感慨："参与和参与式民主对20世纪80年代的人们来说仅仅是历史的回声。"② 在这个背景下，协商民主在批判和反思参与民主理论的空想性、激进性和极端性的基础上发展起来。协商民主认为过度参与"可能使公众将民主管理和决策视为负担，导致其中大部分人回到犬儒主义式的冷漠状态。这将会使决策权被少数精英所把持，而具有讽刺意味的是，这种精英决策的基础竟然是民众的广泛参与"③。

借助哈贝马斯"交往理性"与罗尔斯的"公共理性"理论，协商民主将注意力转向探索如何通过交往过程中的立场妥协和偏好转变去实现公共利益的一致表达，以摆脱代议制多数派暴力的危险。协商民主强调协商性参与，这个参与是指有限数量的公众或精英的间接参与，而非参与民主理论主张的直接的、广泛公众参与。协商性参与主要发生的空间是哈贝马斯所谓的"非正式公共领域"；实现载体是大量、开放的次级组织、社会运动等；实现所需要的条件包括：公众基本的自由权、多元并且独立的大众媒体、活跃并且独立的公众组织，以及政党或者国家对协商的支持④。毫无疑问，参与民主和协商民主是表面相似但内含诸多根本性分歧的两个独立的理论体系。如果抛开社会背景和理论基础，可以发现两者的分歧主要存在于以下两个维度：一是参与广度与参与质量之间的张力；二是涉及问题广

① 袁建军，金太军．参与民主理论核心要素解读及启示[J]. 马克思主义研究，2011(5)：93-102.

② 郑慧．参与民主与协商民主之辨[J]. 华中师范大学学报（人文社会科学版），2012，51(6)：17-26.

③ Warren M E. What Should We Expect from More Democracy? Radically Democratic Responses to Politics[J]. Political Theory，1996，24(2)：241-270.

④ 詹姆斯·博曼，威廉·雷吉．协商民主：论理性与政治[M]. 陈家刚，等，译．北京：中央编译出版社，2006：17.

泛性与涉及问题专注性之间的张力①。

二、社会学视角下的参与

参与概念随着雅典式民主的完全参与、自由主义代议制民主的精英参与、参与民主理论主张的公众广泛参与，以及协商民主理论的协商参与的出现而不断变化发展，其内涵和外延在各个时期、不同理论中各有主张。从中可以窥探参与概念本身的丰富性、多义性和复杂性，但正是经历了这种反思、修正，再反思、再修正的淬炼，我们对于参与才有了更深刻的认知，对于参与在民主实践中的位置，有了更为清醒的认识。虽然参与与民主关系紧密，但是我们对于参与的理解仍然可以从其他角度去把握。

（一）参与和空间

20 世纪 60 年代，福特 - 凯恩斯主义模式的国家治理危机凸显出来，伴随危机而来的便是影响深远的新社会运动。70 年代以后，随着经济重构、城市规划、全球化、新自由主义兴起，日益严重的城市空间问题使人们开始认识到空间正在成为压迫的源泉之一。在这期间，空间剥夺、空间隔离和贫民窟等城市空间问题引起了学者的关注和反思。为揭示资本主义城市危机，解释城市空间问题，空间正义概念被提出，并得到各个学科的使用和呼应。

空间正义是西方社会理论“空间转向”（Spatial Turn）一个理论成果，是社会正义理论在空间维度的展开。法国思想家亨利·列斐伏尔（Henri Lefebvre）在 20 世纪 70 年代提出“（社会）空间就是（社会）产物”②，改变了长期以来人们认为空间是空洞和静止的观念。他认为：“空间里弥漫着社会关系；它不仅被社会关系支持，也生产社会关系和被社会关系所生产。”③ 另一位对空间理论贡献很大的理论家米歇尔·福柯认为“空间是任何公共生活形式的基础，空间是任何权力运作的基础”④，将空间性放入空间、知识和权力的关系之中。在他们的影响下，皮埃尔·布尔迪厄（Pierre Bourdieu）、曼努尔·卡斯特（Manuel Castells）、大卫·哈维（David

---

① 郑慧．参与民主与协商民主之辨 [J]. 华中师范大学学报（人文社会科学版），2012，51（6）:17-26.

② Henri Lefebvre. The Production of Space[M]. Oxford：Blackwell LTD，1991：26.

③ 亨利·列斐伏尔．空间：社会产物与使用价值 [M]// 包亚明．现代性与空间的生产．上海：上海教育出版社，2002:48.

④ 福柯．空间、知识、权力 [M]// 包亚明．后现代性与地理学的政治．上海：上海教育出版社，2001：13-24.

Harvey）等社会理论家开始从不同路径进入了“空间转向”的研究。直到20世纪90年代后期空间转向的知识浪潮超越了社会学和地理学两大传统学科的讨论空间，在都市研究、城市规划、政治学、哲学、建筑、文学、文化研究等领域产生了重大影响。①

“空间正义”概念最早出现在1983年戈登·H. 皮里（Gordon H. Pirie）所著的《论空间正义》一书中。空间正义要求增强弱势群体意见表达的能力，保障公众和群体平等地参与有关空间生产和分配的机会，已经成为空间治理的价值追求。特别是在今天城镇化加速的语境中，努力提高不同空间内公众解决空间内问题和冲突的能力，让公众有权拒绝权力和资本双重控制，是实现空间善治的关键环节。我国学者陶东风认为建立完善的公众参与制度，以规范的程序和方式来表达利益相关者的诉求是实现空间正义的重要途径之一②。

社会理论的空间转向催生了空间正义概念，进而使得空间治理理论将公众参与纳入内容视野。鉴于城市空间生产与城市居民切身利益密切相关，公众对于城市规划决策的参与意识也在不断增强。我国城市建设与规划的社会实践也说明公众参与决策对于实现空间正义的必要性。空间正义的人文性、开放性和多样性原则要求将公众参与纳入其理论体系，因此我们理解参与有必要增加空间维度。

（二）参与和发展

发展作为一种思想是伴随着神秘主义和形而上思想的衰落，以及启蒙运动和理性主义的兴起而形成的。认识论的改变所带来的根本变化，使科学和理性成为新的思维框架，并直接导致科学主义思潮的产生，主要表现为以唯技术论为代表的机械认识论成为主流，成为现代意义上的传统发展思想的核心。发展是哈贝马斯现代性概念的核心内容，在其思想影响下产生的发展行动策略和话语体系被统称为“发展主义”，现代性的获得首次清晰地成为发展的核心目标，而实现目标的手段被称为发展模式③。

发展作为一个概念出现于20世纪40年代，是第二次世界大战后地缘政治的产物。当时西方国家在非洲、拉美等地区的发展中国家推行“社区发展战略”，进

① 曹现强，张福磊．空间正义：形成、内涵及意义 [J]. 城市发展研究，2011，18(4)：131-135.

② 陶东风．直面空间正义 [EB/OL].（2015-12-07）[2018-09-01] http://culture.qianlong.com/2015/1207/162358.shtml.

③ 毛绵逵，李小云，齐顾波．参与式发展：科学还是神化 ?[J]. 南京工业大学学报（社会科学版），2010，09(2)：68-73.

行社区基本建设,动员当地人参与社区建设,并提出了参与发展[①]的理论。伊曼纽尔·莫里斯·沃勒斯坦(Immanuel Maurice Wallerstein)认为"发展"的概念比以往任何时候更被广泛运用,并带来更大的社会合法性[②]。20世纪60年代末至70年代,反贫困运动、种族平等、性别平等运动的兴起,人类学方法的引入,使参与发展理论在项目设计,尤其是乡村发展项目中得到了应用,参与研究方法在拉丁美洲首先产生。参与发展理论是通过赋权(Empowerment)增加社区和边缘群体在发展活动中的发言权和决策权,使他们充分认同并接受发展决策与选择,把外来支持变成自己内在的发展动力。80年代后,参与发展理论与方法广泛应用于投资项目之中,世界银行运用快速农村评估(RRA)和参与式农村评估(PRA)等方法推动了参与发展理论的成熟。

参与发展理论强调发展干预的过程由传统发展模式下的干预者主导,向各方平等参与形态转变。这意味着干预者不再具有独立控制发展过程和配置发展资源的权力,而必须把一部分权力转移给干预目标。参与传播范式正是在反思、批判线性的现代范式以及依赖范式基础上发展起来的,其理论追求旨在实现民主、民权,使发展的主体公平地拥有发展的选择权、参与权、决策权和受益权,通过建立合理、有效的发展机制,实现资源公平合理的配置和管理,最终实现社区的可持续发展。世界银行专家通过大量案例研究,列明了4种不同层次的参与方式:信息共享、协商、合作和赋权[③]。

发展问题本质上是政治问题。美国为首的西方国家在发展问题上坚持西方中心主义,虽然参与发展作为发展理论的范式客观上一定程度地促进了第三世界国家的发展,但实践结果并没有达到预期的效果,甚至导致各种各样的贫困陷阱。参与发展理论所主张的"赋权"概念拓宽了人们对于参与的理解,在互联网技术赋权的今天,参与作为术语本身获得了新的生命力。正是在那个时期,参与传播作为发展传播学的主要范式也获得广泛的认同。由于发展传播理论自带西方视角,国内学者对其评价也是见仁见智,但是从中我们亦可以看到传播理论自身的包容性。在与发展议题进行结合的同时,传播理论增添了参与的视角,并且形成了一种理论范式。此处需要说明的是,此时的参与传播与本研究所指的参与传播虽然有联系,但还是有相当差别的。我们将继续在后面的讨论中进一步阐释参与传播理论的发展与变化。

---

① 亦有"参与式发展"的称呼,本书统一用"参与发展"。

② 沃勒斯坦.发展是指路明灯还是幻象?[M].黄燕堃,译.北京:中央编译出版社,2000.

③ Carpentier N. Media and Participation: A Site of Ideological-Democratic Struggle[M]. Bristol: Intellect, 2011:52.

（三）参与和艺术

在艺术的世界里，参与呈现出多种形式的主题和实践[①]。艺术生产过程不仅仅是作品生产过程，也包括观众、读者在内的受众群体参与理解的过程。艺术家在创作过程中是当然的主角，使得受众群体必然处于被动地位。只有当受众群体看到、听到、读到作品时，他们才开始进入文化生产的范畴。

20世纪西方国家的未来主义、达达主义和超现实主义通过夸张的艺术形式，进一步拉近了艺术家与观众的关系。波普尔（Popper）认为艺术家作为观众与作品间中介者角色甚于创作者[②]。这个时期，西方学者将参与作为一个重要概念去思考关于艺术家、作品和观众的关系，主张观众从被动、从属的地位中逐渐解放出来。正如狄宝德（Debord）所说："革命不是向人们展示生活，而是把他们带到生活中去。一个革命组织必须永远记住，它的目标不是让追随者去听专家、领导令人信服的谈话，而是让他们为自己说话，以达到或者至少争取平等参与的机会。"[③]

在20世纪六七十年代，戏剧理论的更多结构性变化导致了戏剧作为一种基于文本的艺术重新表述，成为一种开放而有趣的社会活动。在一些非主流剧场，观众能够与表演者一起演出，与其他观众交谈，成为戏剧的一部分。但是在此之后的80年代被描述为"一个避免探索参与性社会概念的十年"[④]，但是参与性艺术并没有完全消失，特别是随着20世纪90年代数字革命的出现，使得艺术参与重新受到欢迎。在这一时期，互动艺术成为一种更流行的概念来描述这些实践[⑤]。

值得注意的是20世纪90年代，欧洲的一些博物馆理论家开始质疑旧博物馆学的理论和方法，提倡一个新的博物馆理论，主张重新配置观众参观博物馆的方式。博物馆作为一个文化空间，传统的布局方式让观众被动接受，处于被挤压的状态。有许多学者开始重新思考博物馆与参观者的关系，反思两者间力量的不平衡。主张观众参与的呼声越来越高，在诸如请公众参与到博物馆布展等的实践上也得到了呈现。

---

① Carpentier N. Media and Participation：A Site of Ideological-Democratic Struggle[M]. Bristol：Intellect，2011：55.

② Popper F. Art，Action and Participation[M]. London：Studio Vista，1975：11.

③ Debord G. For a Revolutionary Judgment of Art（excerpts）[M]// Ken Knabb（ed.），Complete Cinematic Works：Scripts，Stills，Documents. Oakland：AK Press，2003：215–217.

④ Frieling R. Towards Participation in Arts[M]// Rudolf Frieling，Boris G，Robert A and Lev M. The Art of Participation：1950 to Now. London：Thames & Hudson，2008：32–48.

⑤ Dinkla S. From Participation to Interaction：Towards the Origins of Interactive Art[M]// Lynn H L. Clicking In：Hot Links to a Digital Culture. Seattle：Bay Press，1996：279–290.

(四)参与和媒介

考察参与和媒介的关联,最关键的是考察参与和受众的关系。在今天,没有人再把受众看作魔弹论和注射论下的信息被动接收者,但是在传播理论史上受众的确曾经被当作毫无反思能力的存在物。直到斯图亚特·霍尔(Stuart Hall)指出受众具有解码能力后,人们似乎才恍然大悟,受众并非天然的信息被动接收者。伊莱休·卡茨(Elihu Katz)等人1974年推导出使用与满足理论模型,说明受众不仅非被动者,而且是能够获取对自己有利信息的主动者。卡茨认为使用和满足理论的重要性不仅在于对积极的听众成员的强调,而且他们的选择性源自功利主义者的考虑①。

欧洲学者尼科·卡彭铁尔(Nico Carpentier)进一步对受众与媒介的关系进行了研究,将受众的积极行为分为交互(Interaction)和参与(Participation)两个维度(见图2.1)②。卡彭铁尔认为交互是受众在媒介消费所引发的意义和解释行为,包括媒体文本的多义解读以及在此过程中产生的身份认同等;而参与是受众通过媒介表达观点和意见,进而对公共领域产生影响。

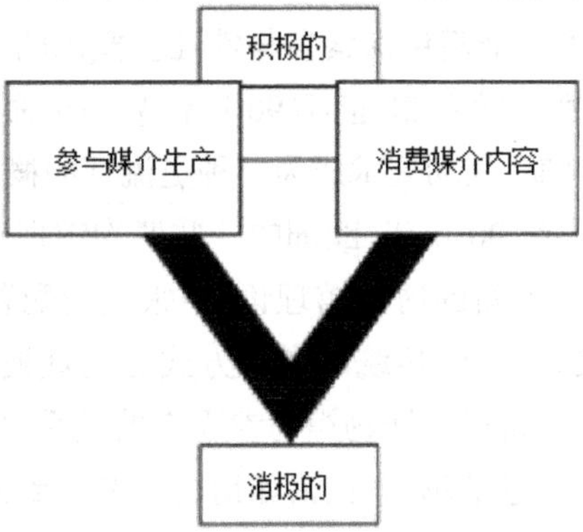

图2.1 受众行为的两个维度(译引自尼科·卡彭铁尔的《媒介和参与》一书)

佩特曼将参与视为公众影响和参与决策的行为,避免将参与行为无限扩大。卡彭铁尔也强调不要将参与的概念泛化,反对轻易将社会实践视为参与。卡彭铁

① Katz E. On Reopening the Question of Selectivity in Exposure to Mass Communications[M]//Robert P, et al. Theories of Cognitive Consistency: A Sourcebook. Chicago: Rand-McNally and Co, p., 1968:788–796.

② Carpentier N. Media and Participation: A Site of Ideological-Democratic Struggle [M]. Bristol: Intellect, 2011:67.

尔进一步引入了近用（Access）概念来说明和界定参与概念，认为近用、交互是参与发生的可能性条件和基础，但前两者与权力和决策关系不密切（见图 2.2）①。把受众行为分为近用、交互和参与，受众通过参与媒介生产进而参与到社会生活。近用媒介以及与媒介互动都是受众参与的辅助性过程，真正通过媒介生产参与到社会生活才是实践意义上的受众参与行为。其中，受众的媒介交互行为是不能直接对社会生活产生影响的，这个过程只限于受众自身。受众在参与媒介生产的过程中与社会生活产生连接，其制造的媒介空间成为社会空间一部分，进而对社会权力流动，甚至对公共决策产生影响。

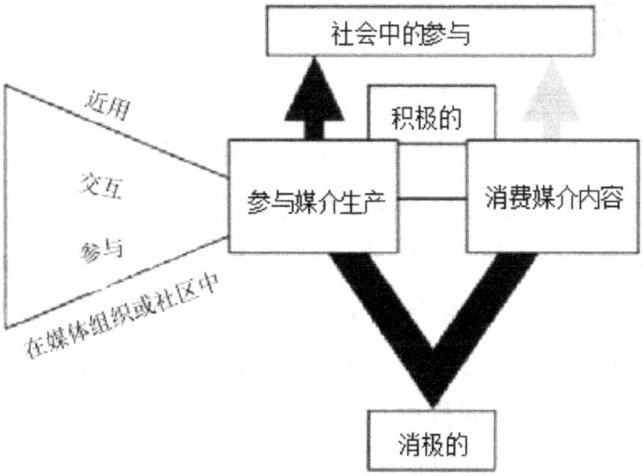

图 2.2　受众行为的两个维度（译引自尼科·卡彭铁尔的《媒介和参与》一书）

卡彭铁尔继续借用民主理论中的最小化民主和最大化民主的概念，对受众的媒介参与的行为进行了最大化与最小化的区分（见表 2.1）②。他认为完全由专业媒体人把控的媒体对于受众来说仅限于信息的近用和交互，而所谓宏观的媒介参与、与政治无关的媒体、没有目的性的参与以及同质化的受众状态都可以归为最小媒介参与；能够在媒体管理平衡控制和参与的关系，致力于受众最大可能参与到媒体管理、将微观参与和宏观参与相结合，从社会的维度扩大政治层面以及多方向的受众参与则可归为最大媒介参与。

① Carpentier N. Media and Participation: A Site of Ideological-Democratic Struggle[M]. Bristol: Intellect, 2011:70.

② Carpentier N. Media and Participation: A Site of Ideological-Democratic Struggle[M]. Bristol: Intellect, 2011:69.

表 2.1 媒介空间的受众参与程度(译引自尼科·卡彭铁尔的《媒介和参与》一书)

最小媒介参与	最大媒介参与
只是由专业媒体人控制	控制和参与的平衡
限于近用和交互	致力于最大化参与
仅仅通过媒体的宏观参与	微观参与和宏观参与相结合
无关政治的媒体	从社会的维度扩大政治的界定
无方向的参与	多方向的参与
聚焦同质化的受众	关注异质化

三、参与的界定

作为一个行为,参与发生在公众日常生活的方方面面。但是从学术的角度审视参与,我们必须给出规定性,为开展研究做好概念铺垫。通过政治学路径考察,我们可以看到参与作为民主理论的关键概念,在自由主义、共和主义的竞合中参与之主体、程度、效能都有不同界定。但无论何种民主都需要参与,而参与最终的意义指向是决策过程。特别是参与民主、协商民主理论的出现,把公众参与的理念固定在政治过程中,使得参与成为必须使用的基础性概念。从国内外的民主实践看,各国政府对于参与的重视程度也在进一步加深。特别是治理概念对于公众参与的强调,使得公共政策过程也更加在意参与的科学性、有效性。

从社会学的路径考察参与概念有更多的维度,空间理论所关注的正义问题需要公众参与的介入;发展这个时代主题同样和参与密切相关;当今的文化艺术更加注重与公众的互动,参与成为其中的关键性因素;媒介理论对于参与的考察从受众开始,特别是今天网络技术带来的革命性影响,受众的被动性减弱,主动性增强。今天,参与传播已经超越作为发展传播理论范式的狭窄定义,拥有了更为广阔的空间和理论生命力。

1977 年,联合国教科文组织的贝尔格莱德会议报告中对参与进行了定义:参与意味着在较高层面上对传播系统的公众介入,包括公众在制作过程以及传播系统的管理和计划中的介入,自我管理则是参与的最高级形式,公众在传媒中行使决策权,并完全介入传播政策和计划的执行中[①]。20 世纪 70 年代正是学术界热议参与的年代,值得注意的是联合国给出的定义主动将参与和传播联系在一起,并且强调了公众要参与决策过程,以及自我管理的重要性。虽然这个定义难免有部

① Jan S, Thomas L J, Shirley A W. Participatory Communication for Social Change [M]. Thousand Oaks: Sage Publications, 1996:18.

分理想主义色彩,但是却为理解参与给出了方向。

卡彭铁尔关于受众行为及媒介参与的理论深化了我们对于参与和媒介关系的认知。近用、交互、参与三个概念的比较使得我们对于参与的权力属性和决策指向有了更为清晰的把握。本研究将遵循政治学传统,从权力视角审视参与,把参与概念纳入决策过程。联系到传播这个同样具有流体性质和高度可塑性的概念,对于把握当下环境中的参与传播概念提出了挑战。我们将在下一节将参与和传播进行偏正组合,并且作为一个理论词组进行考察,为当前的传播理论增加新的思考空间,为当前的媒介实践提供新的诠释角度,为当前社会生活的考察增添新的理论视域。

第二节 参与传播理论的理解维度

参与传播的英文表述为"Participatory Communication",国内亦有学者将其翻译为"参与式传播"①。我国学者韩鸿的一篇名为《参与式影像与参与式传播——发展传播视野中的中国参与式影像研究》论文中,既使用了"参与传播",也使用了"参与式传播"译法。在他后来几篇文章中"参与式传播"的译法基本固定下来。2014年,由瑟维斯(Jan Servaes)、玛丽考(Patchanee Malikhao)著,张凌翻译,陈先红校审,武汉大学出版社出版的《发展传播学》(*Communication for Social Change*)一书将"Participatory Communication"翻译为"参与传播"。本书认为"参与民主""参与发展"的汉语译法已经被广泛使用;"参与式"在汉语中有强调形式的意味,并不能准确传达参与传播理论的内涵,甚至在某种程度上影响其作为理论名称严肃性,本研究将使用"参与传播"的译法。

一、参与传播的概念

参与传播作为一个概念是在发展传播理论反思现代化范式、依附范式基础上提出来的。它建立在这样一个理论预设之上,即假如人民拥有工具来传播他们所关心的社区事务和行动办法的话,人民就可以解决他们自己的问题。尤尔根·哈贝马斯(Jürgen Habermas)的交往行动理论认为,开放的传播渠道是社会进步的先决条件,社会成员需要民主的传播论坛来解决社会冲突,产生共识,因此必须建立一种制度性的理想言语情景,允许成员自由讨论和交换意见,并因此提出了达成

---

① 韩鸿.参与式影像与参与式传播:发展传播视野中的中国参与式影像研究[J].新闻大学,2007(4):74-80.

相互理解的四个条件:易理解性,真诚陈述,真实性,合乎规则的正当性①。巴西著名教育家保罗·弗莱雷(Paulo Freire)的"解放教育观"认为对话是弱势群体获得"解放"的重要途径,公众只有在交流中学习,在交流中觉悟,学会思考产生批判意识,才可望获得"解放"。因此要塑造理想的言语场景,就需要寻找一种能够自由发声和促成对话的媒介,将传统自上而下的垂直传播模式向平行的、自下而上的传播模式转移②。

戴戈荣(Dagron)认为参与传播不是一个统一的传播模式,而是包含了诸多不同的方法、学派和意识形态③。"但从诸多实践中仍可以归纳出一些基本特征,即参与传播应基于过程导向、内生性驱动,同时反映当地价值和环境。这里的内生性驱动,指的是参与传播所推动的发展并非建立在一个普遍模式基础上,而应该适应当地社会文化环境。传播也不是为了把信息传递给特定观众,而是应该成为一个过程,并且通过这个过程人们能够公开对话,通过知识和经验的交流来相互学习,在促进变革的决策过程中发挥积极的作用。"④因此,参与发展传播往往与发展计划相伴,把媒介和人际传播相结合,关注公众参与的过程,以促进不同利益群体之间的对话,并通过实施一系列行动来促进问题的解决,实现发展目标⑤。我国学者韩鸿通过表格总结了参与传播与非参与传播的区别(见表2.2)。

① Jürgen H. The Theory of Communicative Action, Vol. 1: Reason and the Rationalization of Society[M]. London: Heinemann, 1984: 23.

② 韩鸿.参与式影像与参与式传播:发展传播视野中的中国参与式影像研究[J].新闻大学,2007(4):74-80.

③ Alfonso G D. Making Waves: Stories of Participatory communication for Social Change[M]. New York: The Rockefeller Foundation, 2001:143-146.

④ 韩鸿.参与式传播:发展传播学的范式转换及其中国价值:一种基于媒介传播偏向的研究[J].新闻与传播研究,2010(1):40-49.

⑤ Guy B. Involving the Community: A Guide to Participatory Development Communication[C]. IDRC, 2004:9.

表 2.2　参与传播与非参与传播的区别①

参与传播	非参与传播
参与者之间的横向传播，人们积极参与到信息生产和传播工具的控制中	从传者到受者的垂直、自上而下的传播，人民是被动的信息接收者和行为的被指导者
对话和民主参与，通过意识唤醒加强能力建设	劝服、动员和短期行为变化
可持续的长期的变革过程	个人行为改变
社区参与共同设计和发布信息	外来者为社区设计
关注内容、语言和文化的特殊性	对不同群体使用同样的技术、媒介和信息
人民的需要是关注的焦点	项目捐助者的需要是关注的焦点
媒介为社区所有	被社会、政治和经济因素制约的媒介近用
意识增强	短期劝服

从以上分析可以看出，发展传播学对于参与传播的定义并没有离开发展这个主题，参与传播作为其理论范式的一种为如何实现更好发展为理论追求和价值指向。参与传播的适用范围被限定在了亚、非、拉地区的发展议题上，前些年国内的研究也受其影响将选题视角指向农村地区，讨论如何实现农村地区群众的影像赋权等。发展传播学本身自带西方意识形态色彩，遭到国内学者的批评，而参与传播作为发展传播学的理论范式直到今天也没有得到应有重视。虽然发展传播学已经失去往日风光，但是欧美学术界对于参与传播的研究并没有中断，特别是以尼科·卡彭铁尔为代表的欧洲学者和以亨利·詹金斯（Henry Jenkins）为代表的美国学者近年来围绕参与传播发表了较有影响力的学术著作和论文。2016 年，国际媒介与传播研究会（International Association for Media and Communication Research，简称：IAMCR）专门成立了参与传播分会，可见国际传播学界对于参与传播的重视程度还是很高的。笔者参加了 IAMCR2018 年学术年会参与传播分会的学术活动，亦发现参与传播领域已经吸引了全球各地的许多学者，已经形成了较为稳定的学术团体。

如前所述，20 世纪 70 年代正是热议参与的年代，诸多概念前面都被加上了参与二字，参与传播概念和理论亦是在这个背景下发展起来的。直到今天，参与传播并没有公认的定义，但是参与传播实践并没有停止，对于参与传播的理解也在不断深化。依据本书前面对于参与概念的分析，笔者认为参与和传播的结合点在于权力。参与就是分享权力的过程，传播是权力流动的方式和场域。本书认为

① 韩鸿．参与式传播：发展传播学的范式转换及其中国价值：一种基于媒介传播偏向的研究[J]．新闻与传播研究，2010(1)：40-49.

参与传播是公众在一定领域内,通过各类媒介传播信息,在信息近用、交互的基础上,参与决策并分享权力的过程。这个定义明确了参与传播的主体是公众,公众的范围以具体事件所牵涉的利益群体为标准进行区分;公共领域是特定的,范围依据事件的影响程度为标准进行区分;媒介在此做宽泛理解,不仅指大众媒体、网络媒体,也包括其他媒介形式;决策是指对于利益分配有影响的参与、沟通活动,既包括为争得决策权而进行的抗争参与,也包括事件主体间的协商性参与,以及为实现价值平衡而进行的合作参与;权力分享是参与传播过程中最为标志性的界定,所有问题的探讨都是围绕权力展开。

二、理解参与传播的五个维度

参与不是一个稳定的概念,而它深深地嵌入我们的政治现实,是持久和强烈的意识形态斗争的对象①。从前面的论述中,我们可以看到参与概念与政治、经济(发展)、文化、社会等各个领域密切相连。参与的复杂性导致了概念本身的不稳定性,增加了学术研究中参与研究的难度。虽然本研究给出了参与传播的定义,但是规定性本身就是对实践某些方面的忽略,而我们的确需要在一定的概念前提下进行分析。为更准确地理解参与传播,我们从五个维度对其进行更深入的解读。

(一)权力维度

从起源上看,英文中的权力(Power)一词源于法语词 pouvoir,而 pouvoir 又出源自拉丁文中意指“能力”的 potestas 或 potenia,而且作为词根的 potere 本义是“能力”。亚里士多德认为权力不仅是某些人统治另一些人的权利,而且是某种实际的力量;洛克则把“政治权力”称为“共同体的力量”“强力”②;卢梭认为“国家权力”是“一切个人力量的联合”,是“一种普遍的强制性的力量”③。

马克斯·韦伯(Max Weber)将权力界定为“在社会交往中一个行为者把自己的意志强加在其他行为者之上的可能性”④,显然这个定义把权力放在一个社会交往的场域中进行考察。沿着马克斯·韦伯思路我们可以明确权力是一种关系,

---

① Carpentier N. Media and Participation: A Site of Ideological-Democratic Struggle [M]. Bristol: Intellect, 2011:350.

② 洛克.政府论 [M].叶启芳,瞿菊农,译.北京:商务印书馆,1964:4.

③ 卢梭.社会契约论 [M].何兆武,译.北京:商务印书馆,1980:41.

④ 罗德里克·马丁.权力社会学 [M].丰子义,张宁,译.北京:生活·读书·新知三联书店,1992:81.

是权力主体与权力客体之间的关系。没有权力客体，权力主体就失去了权力作用的对象，也就失去了权力，从而不成其为主体；同样，没有权力主体也就没有权力客体。权力主体与权力客体之间的关系是一种相互依赖的关系，权力主体依赖于权力客体实现自己的目的，权力客体也依赖于权力主体，而不对称的依赖导致服从，导致权力的产生。

随着传播技术的发展，有些学者开始从信息论角度认识权力。巴克利（Barkley）认为社会是由物质流、能量流、信息流构成的系统，而权力是信息流的一种特殊类型，权力可以“在最抽象的层次上严格地定义为一种对接受者代表着非利己活动的信息流”[①]。马丁认为这一定义有三个优点：其一，它澄清了权力是某种关系的属性而不是处于这种关系中的个人的属性；其二，“各种信号只有根据处于某种情境中的活动者（信号或信息流发送者，特别是接受者）的参考系才能具有意义”；其三，有效的参考系是下级的参考系，“正是对下级的利己活动的限制才表明了权力关系的存在”[②]。

权力和阻力是社会的治理机器，但只有在共同的意义上，他们才会为真理做出贡献，即“事情永远不会成功”，而不是在阴谋论中，反抗是为了让权力完美地发挥作用[③]。参与意味着权力的分配和转移，而权力最终通过信息的流动来实现。媒体在自身发展的历程中获得了自己的权力，我们所说的“媒体权力”便是信息与媒体结合产生的效果。新闻记者一度被称作“无冕之王”，也可见权力与信息的交汇产生的化学反应。互联网时代，信息与权力结合的速度、方式发生了根本性的变化，使得公众参与更加具有能动性。毫无疑问，我们可以得出以下结论，即网络技术通过赋权公众实现了参与能力倍增，进而加速了信息流动，提升了权力的流动速度，实现了权力一定程度的转移。因此，权力是理解参与传播最基本的维度。

（二）技术维度

技术最初与技艺联系在一起，被视为艺术、手艺、技能等。1615 年，“技术”一词在英国出现，它是指实用艺术或工业艺术。作为培根主义的产物，这个时期的

---

① 罗德里克·马丁．权力社会学 [M]. 丰子义，张宁，译．北京：生活·读书·新知三联书店，1992:87.

② 罗德里克·马丁．权力社会学 [M]. 丰子义，张宁，译．北京：生活·读书·新知三联书店，1992:88.

③ Hunt A, Wickham G. Foucault and Law: Towards a Sociology of Law as Governance [M]. London: Pluto, 1994:83.

技术概念与机械、发展密切联系在一起。到19世纪下半叶,科学和技术都在职业化,从而在社会学意义上显示出人员、组织和职业的分离趋势,技术概念进一步"科学化"。第一次世界大战后,科学技术专业化进程扩展到工业领域,技术概念进一步丰富①。我们所熟知的"科学技术是第一生产力",反映出了改革开放初期我国公众对于技术最直观的理解。

人们对于技术的理解,随着社会实践的复杂性开始深入。卡尔·马克思(Karl Marx)强调了技术作为人本质的属性,他认为技术并不只是"工具""生产手段""劳动资料"的表现,"工业的历史和工业中已经产生的对象性的存在,是一本打开了的关于人的本质力量的书,是感性地摆在我们面前的人的心理学;对这种心理学人们至今还没有从它同人的本质联系上,而总是仅仅从外表的效用方面来理解,因为在异化范围内活动的人们仅仅把人的普遍存在,宗教或者具有抽象普遍性质的历史,如政治、艺术和文学等,理解为人的本质力量的现实性和人类活动。人的对象化的本质力量以感性的、异己的、有用的对象的形式,以异化的形式呈现在我们面前。"② 贝尔纳·斯蒂格勒(Bernard Stiegler)将技术视为"有组织的无机物"③,技术被称作人类的义肢。斯蒂格勒认为义肢本身没有生命,但是它决定了生命存在之一的人的特征并构成人类进化的现实。④ 麦克卢汉也将媒介技术视为人类身体的延伸,强调媒介技术的新发展会带来许多新变化和新问题。从前人的论述,我们可以确知技术不仅仅是人的义肢,也是一个权力的载体。技术权力本质上是一种"竞争型+利他型+整合型+(隐性)操纵型"的综合权力类型。首先,技术权力的竞争性和利他性是有目共睹的;其次,技术权力也是一种整合型权力;我们借助科技工具可以增强自身权力,比如我们借助搜索引擎可以快速地获取相关知识,从而增强自身的知识权力⑤。上述学者论述表明技术对于人类的意义绝非简单,随着技术的不断革新,人类社会的结构也随之发生变化。技术被视为社会自我完善的理性发展过程,也是驱动力⑥。

20世纪80年代以后,詹姆斯·凯瑞(James W. Carey)等西方学者将传播视为

---

① 陈凡,陈玉林.技术概念与技术文化的建构[J].科学技术哲学研究,2008,25(3):39-45.

② 马克思,恩格斯.马克思恩格斯全集(第42卷)[M].北京:人民出版社,1972:114-115.

③ Bernard S. Technics and Time: The Fault of Epimetheus [M]. Stanford: Stanford University Press.1998:82.

④ 斯蒂格勒.技术与时间(第1卷)[M].裴程,译.南京:译林出版社,2000:60.

⑤ 王馥芳.警惕技术权力这把"双刃剑"[J].党政视野,2016(6):68-68.

⑥ Carpentier N. Media and Participation: A Site of Ideological-Democratic Struggle [M]. Bristol: Intellect, 2011:269.

一种文化共享的反思，促发了发展传播学理论与实践的批判性取向，这一取向将传播放在更为开阔的视野，强调传播与文化、社会变革之间的关系。他们清醒地认识到发展中国家具有特定的、极不平衡的权力结构，使得单纯的信息发布、创新扩散的最大受益者只是少数城市精英，而真正的发展理念在于草根阶层的赋权过程，所以，他们强调小群体传播和社区媒体在发展中国家赋权运动中的影响力①。这里的赋权正是发展传播学理论的参与传播范式所主张的方法，而赋权是参与的前提。按照马克思的观点推理下来，我们可以得出结论：新媒体技术是人本质力量的表现。媒体技术可能不是中立的，它们的意义可能会被改变，将它们推入其他特别的、非中立的立场②。今天，这种本质力量通过网络技术赋权，实现了受众广泛的媒体使用，使得参与传播具备了前所未有的技术基础，传统受众的媒介信息产量远远超出了专业媒体人的信息产量，其中所孕育的结构性的改变力量正是参与传播研究所重点关注的部分。

（三）身份维度

身份是社会科学的重要概念，政治哲学、心理学、社会学等学科对此进行了详细的论述。身份关注个体与共同体的关系，强调个人主体性的确立，在自我身份构建的过程中，指向政治认同、文化认同、社会认同等。从实践角度看，个体行动的方向基于自己的身份，与周边其他主体交往中解构、建构新的身份，最终实现区别或认同。在参与过程中，当受众建构话语位置和物质实践时，主体地位扮演着重要的角色③。

政治哲学历来重视公众身份问题，学者们从个体与共同体关系问题这个基本命题出发，讨论构建怎样的以及怎样构建一个良性的公众与政治共同体关系。卢梭对于公众身份问题有深刻的论述："我们每个人都以其自身及其全部的力量共同置于公意的最高指导之下，并且我们在共同体中接纳每一个成员作为全体之不可分割的一部分。只是一瞬间，这一结合行为就产生了一个道德的与集体的共同体，以代替每个订约者的个人；……这一由全体个人的结合所形成的公共人格，以前称为城邦，现在则称为共和国或政治体。……至于结合者，他们集体的就称为人民；个别的作为主权权威的参与者，就叫作公众；作为国家法理的服从者，就叫作

① 丁未．新媒体与赋权：一种实践性的社会研究 [J]. 国际新闻界，2009(10)：76-81.

② Carpentier N. Media and Participation：A Site of Ideological-Democratic Struggle [M]. Bristol：Intellect，2011：273.

③ Carpentier N. Media and Participation：A Site of Ideological-Democratic Struggle [M]. Bristol：Intellect，2011：179.

臣民。"① 卢梭强调公众的参与性,这个思想作为公众概念的核心被传承并固定下来。

西方近现代哲学、社会学、心理学、文化人类学等学科的许多学者都很看重自我在人类理智和情感体系中的核心影响,围绕着自我概念发展了很多理论,例如大卫·休谟(David Hume)的自我捆束理论(Bundle Theory of Self);尼采强力哲学里的超人概念;弗洛伊德的原欲(Libido)说里的本我(Id)和自我(Ego);西美尔(Georg Simmel)的陌生人(Stranger)和边缘人(Marginal Man)概念;米德(George Herbert Mead)的符号人际互动主义(Symbolic Interactionism)中的自我等等②。"自我概念"引入心理学后,"身份"这一概念便逐渐成为心理学、社会学等学科研究中的一个关键词,它与类别、角色等概念相联系,揭示了生活在社会中的个体与社会的关系③。

身份在实践中意味着地位、权力,是考察参与的坐标物。任何一个场域都需要不同身份的主体存在,并且在身份差异性的基础上互动,进行利益配置,以实现群体关系的改变或变革。公众的身份决定了其参与的必需性,政府的身份决定了其应对公众参与的必要性。具体到媒介领域,"受众"或"媒体专业人士"通过各自的主体地位在传播中的竞合,各自有特定、明确的身份,参与过程的地位、权力亦受其影响④。公众、专家、企业、政府在传播中各有身份,他们所代表的利益、权力亦在身份的碰撞中持续交融、冲突和整合。

(四)组织维度

组织理论是管理理论的核心内容,是研究组织结构、职能和运转以及组织中管理主体的行为,并揭示其规律性。自泰勒(Taylor)19 世纪末 20 世纪初提出组织理论以来,组织理论经历了古典组织理论、行为科学组织理论到现代组织理论的发展进程⑤。古典组织理论的核心追求就是实现组织结构的合理化,它着重研究组织结构的设计、组织运行的基本原则和组织管理中的基本职能;行为科学时期的组织理论充分重视人的情感和心理需要,解决了组织的动力结构的问题;系统论为指导的现代组织理论把着眼点由组织内部转移到外部环境,由组织被动适应

---

① 卢梭.社会契约论 [M]. 何兆武,译.北京:商务印书馆,1980:29.

② 董海滨.复杂视角下的文化身份:跨文化传播学诠释学派文化身份理论 [J]. 西北大学学报(哲学社会科学版),2016,46(6):156-162.

③ 黄庐进.自我概念下的社会身份理论及其拓展 [J]. 求索,2012(12):188-190.

④ Carpentier N. Media and Participation: A Site of Ideological-Democratic Struggle [M]. Bristol: Intellect, 2011:179.

⑤ 周颖洁,张长立.试析西方组织理论演变的历史逻辑 [J]. 现代管理科学,2007(5):68-69.

环境的观点转变到影响环境。

组织理论多用于企业管理中，同时也对于公共行政理论产生影响。罗伯特·B. 登哈特（Robert B. Denhardt）在《新公共服务：服务，而不是掌舵》一书中提出一种新的治理模式，强调人与组织的互动，呼吁让公众参与到社区治理中。他在反思新公共管理理论的基础上，提出了新公共服务理论，认为政府的职能是服务，而不是"掌舵"；公共利益是目标而非副产品；在思想上要有战略性，在行动上要具有民主性；为公众服务而不是为顾客服务；责任并不简单；重视人，而不是重视生产率；公众权和公共服务比企业家精神更重要。他强调只有在政府的任何层级中去除控制的影子，公众与政府才能真正进行有效的沟通，公共领域才有可能恢复，民主行政的愿望才有可能实现。

西蒙认为"理性的个体是，而且必须是一个被组织化和制度化的个人"[①]。这句话强调了组织的重要性，离开了组织人们会变得无所适从，会变得软弱无力。在社会实践中，个人很难与政府抗衡，其利益往往依靠社团、协会、工会等社会组织去维护。组织往往能够形成自己的文化，从而使得组织内的个体找到归属，从而形成共识和势能。在对外交往中，组织基于自己的身份形成一套维护组织利益的话语体系，从而实现组织目标，维护了组织内部个体的利益。

在高度媒介化的今天，组织利益必须经过各类媒体这类中介化渠道维护。媒体组织是公众参与和公众社会组织的基础节点，这个节点不但有利于增加透明度，而且增加市场和国家的工作压力，保护公众的利益[②]。在网络社会，组织概念增加了互联网技术变量，社群主义开始呈现出网络化趋势。大量的网络社群虽然以虚拟化的姿态出现，但是却大大地促进了公众参与的实现。今天，主流媒体的组织力量之所以被不同程度地削弱，正是非主流媒体已经形成战斗力的结果，也意味着受众个体通过网络媒介进行组织化的动能已经显示出来。

（五）质量维度

质量概念存在于多个学科领域，具有指标性价值。卡彭铁尔认为质量是个普遍存在的概念，发生在各个社会领域，有利于从复杂中进行区分、分层和判断，从

① 罗伯特·B. 登哈特 . 公共组织理论 [M] . 扶宋茂，等，译 . 北京：中国人民大学出版社，2003：83.

② Carpentier N. Media and Participation：A Site of Ideological-Democratic Struggle [M]. Bristol：Intellect, 2011：227.

而避免落入虚无主义和文化相对主义的陷阱①。在社会质量理论的开创者沃尔夫冈·贝克(Wolfgang Beck)等人看来,社会质量指的是公众在那些能够提升他们的福利状况和个人潜能的条件下,能够参与其社区的社会和经济生活的程度②。

20世纪60年代,随着参与研究的兴起,各国学者对于参与的质量问题也进行了探讨。1969年,谢莉·安斯汀(Sherry R Arnstein)在美国规划师协会杂志上发表了著名的论文《市民参与的阶梯》,把公众参与规划的程度比作一把梯子上不同的阶梯。文章的最大贡献在于总结了一种具有8种层次的公众参与类型模式,按公众参与的程度,分别为:操纵,引导,告知,咨询,劝解,合作,授权,公众控制(见表2.3)③。现实中公众参与的质量千差万别,但是这篇论文对于参与程度的划分直到今天对参与研究都具有很高的参考价值。参与民主理论家佩特曼也曾注意到参与的量度问题,并将其分为部分参与和充分参与。她将部分参与定义为"双方或者多方在决策过程中相互影响,但最终决定权只在于其中的一方";将充分参与定义为"决策整体中的每个成员平等地享有决定政策结果的权力的过程都有同等权力决定决策结果的过程"④。

表2.3 市民参与阶梯解析表(参考《市民参与的阶梯》翻译整理)

	8级阶梯	内涵
无参与	1. 执行操作	政府机构早已制定好了规划,他们所要进行的所谓公众参与就是让公众接受规划
	2. 教育后执行	意图是调教公众的态度和行为从而使公众接受规划,并不是真正要听取意见
象征性参与	3. 提供信息	即政府仅向市民提供关于政府计划的信息并告诉市民,并未开启真正的参与通道
	4. 征询意见	获取公众的意见,深化公众参与过程,但并不能保证市民应有的权利和意见得以落实
	5. 政府退让	政府对市民的某些要求予以退让,但市民对他们所提的要求仅仅是在某些方面得到政府的让步,是不会满意的
市民权利	6. 合作	和前面的参与类型最大的不同在于,参与者在知情权得到保障的情况下,逐层深入地全程参与城市规划建设,发表看法,就参与内容与政府共同决策
	7. 权利代表	
	8. 市民控制	

① Carpentier N. Media and Participation: A Site of Ideological-Democratic Struggle [M]. Bristol: Intellect, 2011:311.

② Beck W, et al, The Social Quality of Europe[M].The Hague: Kluwer Law International, 1997: 267-68.

③ Sherry R A. A Ladder of Citizen Participation [J]. Journal of the American Institute of Planners, 1969, 35(4):216-224.

④ 卡罗尔·佩特曼.参与和民主理论[M].陈尧,译.上海:上海人民出版社,2012:34.

民主是一种在代表和参与之间平衡的实践，参与质量是衡量民主质量的指标。近用、交互和参与是理解参与传播的重要概念，其中参与对于参与传播意义最大，这就需要参与质量概念的引入。在尼科·卡彭铁尔看来，并非所有的公众活动都是参与，只有参与到决策中的参与才有称作参与的资格。同样并非所有的传播都是参与传播，只有参与到传播决策环节，参与传播才可以自称。借用民主理论中的最低参与和最高参与的概念，尼科·卡彭铁尔依据受众在传播过程中参与程度，提出了参与传播理论中的最低媒介参与和最高媒介参与的概念。其中，受众不能对媒介内容生产产生影响是为最低媒介参与；受众与专业媒体工作人员同时参与到媒介内容生产，且发挥同等重要的影响力是为最高媒介参与。虽然在实践中去衡量参与的质量难度很高，但是最低参与和最高参与概念的提出，有利于判断参与传播过程中受众在决策中的位置，从而对于参与传播的质量有一个总体把握。

三、参与传播理论的发展现状

20世纪六七十年代，发展传播遭遇理论困境，执着于传播与现代化线性关系的主导范式已经广受诟病。在传播学发源地的美国，“二级传播”“使用与满足”等理论先后论证了皮下注射论和魔弹论的浅陋，包括施拉姆、罗杰斯等一众传播学者也已经调头转向，“将大众传播研究的视角从传媒对个体的影响转向个体对传媒的影响”①。在拉丁美洲，依附理论对西方中心主义进行了激烈的批判，却仍然无力解决自身政治、经济独立发展的问题，而保罗·弗雷勒（Paulo Freire）的启蒙理论和对话教育观中对于参与的强调正在产生重要影响。

参与传播首先要改变的是传播者本位的思维，注重普通公众主体性的激活，“强调本地社区的文化身份，强调民主化和各个阶层的参与，包括国际的、民族的、本土的和个人的”②。在我国学界，参与传播一般被视为发展传播的理论范式之一，诸多研究局限于农村地区公众的媒体使用和经济发展关系的研究中。在国际学界，基于对参与认识的不断深化，参与传播的研究范畴不仅仅局限在发展议题上，在民主化、传播和信息权利、民间媒体和社会运动、传播规划活动和干预、国家和文化特性、社区研究、参与性行动研究、参与式网络文化等领域都有较为丰富的成果，而且与健康传播、环境传播、政治传播的相关研究亦有交集。

参与属于散漫性极强的概念，很难用准确语言去界定，在研究中需要借助多

---

① 埃里克·麦格雷．传播理论史：一个社会学的视角[M]．刘芳，译．北京：中国传媒大学出版社，2009:52.

② 瑟维斯，玛丽考．发展传播学[M]．张凌，译．武汉：武汉大学出版社，2014:150.

学科视角去把握。作为一个理论范式,参与传播是学者在发展传播理论实践过程中提出的,曾一度对部分亚、非、拉第三世界国家产生积极影响。虽然发展传播学已经少有人问津,但是欧美传播学者对于参与的研究从来就没有停止,特别是随着网络技术的兴起,在非主流媒体（又称另类媒体)、社区媒体的研究中广泛使用参与传播理论。

2016 年,国际传播学会正式成立了参与传播分会,意味着参与传播学界的地位正式被认可。卡彭铁尔的最新著作《话语物质节点——塞浦路斯冲突与社区媒体参与》在 2017 年 7 月正式出版,将参与传播理论研究推向了一个新的阶段。该书将话语理论和新物质主义理论联系在一起,再次深入考察了参与、社区媒体、冲突等概念,以塞浦路斯冲突为案例,考察了塞浦路斯社区媒体中心在冲突中的角色、价值及意义。

在参与传播理论中,参与和传播因权力概念而联结,技术作为权力分配的变量,通过身份确认参与传播各主体关系,考察组织化个体在共同体中的实践形态,以质量来衡量参与传播之参与程度。据笔者理解,参与传播以公众参与为出发点,将其放置在传播体系中,研究主体间的权力流动,在方法上落脚在后结构主义话语理论的分析上。从欧洲参与传播理论的发展现状看,尼科·卡彭铁尔的话语物质节点理论是参与传播研究的最新成果。

第三节　参与传播的概念关联及其适用性

作为一个汉语词,“参与”在古典文献中亦被写作“参豫”或“参预”,意为以第二或第三方的身份加入、融入某件事之中。比如《三国志·吴志·朱桓传》中记载有“是时全琮为督,权又令偏将军胡综宣传诏命,参与军事”;《宋书·薛安都传》载有“事之本末,备皆参豫”;而明朝王鏊所撰《震泽长语》则记载“枢密参预朝政,始与宰相分权矣”。从以上文献可见,参与除了形式上的参加、介入军事、政务外,已经被明确点出了分享权力的含义。这与参与在西方政治学语境中的“在正式或非正式决策过程中的权力分享”的诠释已经接近。

参与不仅是一种概念判断和推理,也是一种经验事实。作为一个理论术语,参与产生于西方,并与民主理论与实践密切联系。在我国,政治学一般将公众参与视为政治参与,强调参与的政治属性。随着网络社会的到来,网络公众参与又成为研究的热点,网络成为新的变量。与此同时,公民参与、大众参与等概念纷纷亮相,强调参与的主体属性。公民既是一个法律概念,也是一个政治概念,加之某些意识形态的原因，公民参与不易概括国内实践的现实。大众更是一个缺乏规定性的概念，大众参与显得缺乏严肃性，也很难体现参与公共性的一面。故本文采用公众参与的概念，既有利于限定参与的主体，也符合当前中国的政治现实。

一、我国公众参与的发展

在帝制中国，不存在公众参与的实践基础。因此“在中国政治文化中，个人只能是失去或缺少自主意识的人，而不肯像西方那样以公众的身份从国家独立出来”[①]。在我国漫长的封建社会历程中，个人是被动的消极主体，最终沦为国家的附属物。随着近代报纸的出现，部分知识精英开始针对国家事务发声，促进了公众意识的觉醒。随着帝制被推翻，1912 年《中华民国临时约法》规定：“中华民国，由中华人民组织之……中华民国之主权，属于国民全体……中华民国人民，一律平等，无种族、阶级、宗教之区别。”这个《约法》规定了人民享有人身、居住、迁徙、言论、集会、结社、通信、信教等自由和选举、被选举、考试、请愿、陈述、诉讼等权利[②]。在法律意义上，我国的公众参与第一次有了制度性保障。但是在军阀割据、政治动荡和战争频发的年代，公众参与只是在救亡图存的学生运动、工人运动中偶尔闪光。

新中国成立后，我国公众参与进入了新的历史时期。1954 年颁布的中华人民共和国第一部《宪法》规定了公众参与主体的广泛性，而多党合作的政治协商制度也开启了协商民主的大门，推动了我国公众参与的实践。1953 年，中国举行了历史上第一次全国性的公众选举，参加投票的选民有 2.78 亿，占登记选民总数的 85.88%，共选出基层人大代表 566.9 万人[③]。20 世纪 50 年代下半期，我国的公众参与逐渐被群众性运动取代，呈现出明显的“动员”甚至“鼓动”色彩，造成巨大的经济损失和严重的政治问题。

改革开放以来，我国的公众参与随着经济的发展逐步扩大。1978 年 12 月，邓小平在中共中央工作会议闭幕式上发表《解放思想，实事求是，团结一致向前看》的讲话，指出：“当前这时期，特别需要强调民主。因为在过去一个相当长的时间内，民主集中制没有真正实行，离开民主讲集中，民主太少。”[④] 随着基层民主制度、信访和举报制度、政务公开制度等制度的实施，公众参与的制度化渠道进一步拓宽。在政府的公开文件中，逐渐出现了公共决策的“民主化”“科学化”要求。

① 袁祖社．权力与自由：市民社会的人学考察 [M]. 北京：中国社会科学出版社，2003.
② 陶东明，陈明明．当代中国政治参与 [M]. 杭州：浙江人民出版社，1998：172.
③ 陶东明，陈明明．当代中国政治参与 [M]. 杭州：浙江人民出版社，1998：179.
④ 邓小平．邓小平文选：第 2 卷 [M]. 北京：人民出版社，1994：144.

2006年，温家宝在政府工作报告中强调加强科学民主决策，完善公众参与制度、专家咨询制度和社会听证制度。这些制度的实施丰富了我国公众参与的实践内涵。

随着改革的深入，特别是网络时代的到来，传统的政府统治模式无法适应逐渐高涨的公共参与势头，正是在这个背景下，治理理念逐步被我国政府采纳。中国共产党第十八届三中全会将“完善和发展中国特色社会主义制度，推进国家治理体系和治理能力现代化”作为全面深化改革的总目标。治理强调多元主体的参与，国家治理同样强调公众参与。至此，随着公众参与兴起，治理在实践上被政府纳入执政理念体系中，成为实现全面深化改革的总目标的关键一环。

二、高度媒介化的公众参与

1983年，英国传播学者凯思卡特（Cathcart）和冈伯特（Gumpert）第一次提出“mediation”一词，指生活中无处不在的媒介已经超越了时间和空间的限制①。在德语国家，学者们用“mediatization”意指媒介化，相较于“mediation”，“mediatization”更具有倾向性，意指利用媒介进行的传播活动影响着社会中的其他领域。德国传播学者克洛茨（Klotz）从微观视角对“mediatization”进行了总结：媒介是一种工具，一类社会机构，是一个严密的组织，一种表达方式，是受众接收信息的平台，报纸、广播、电视、因特网、电影、手机、电子游戏等是媒介的各类形式②。舒尔茨（Schulz）从宏观视角研究认为，媒介带来的社会变化过程可分为四个阶段，第一个阶段是“扩张”，在这一阶段，不断发展的媒介技术使人们得以跨越时间和空间限制；第二个阶段是“代替”，即媒介部分或彻底地代替了某种社会活动或某个社会机构；第三个阶段是“合并”，当媒介愈发普及，渗透至生活的各个方面，许多与媒介有关的活动也会因此出现；第四个阶段是“适应”，即随着媒介的重要性日益增长，它必定带来社会变革，社会组织和社会成员因此要调整行为以适应媒介及其带来的种种变革③。

2018年，中国互联网络信息中心（CNNIC）发布第41次《中国互联网络发展状况统计报告》，截至2017年12月，我国网民规模达7.72亿，普及率达到55.8%，

① S Livingstone. On the Mediation of Everything：ICA Presidential Address 2008[J]. Journal of Communication，2009，59(1)，1-18.

② F Krotz. Mediatization：A Concept with Which to Grasp Media and Societal Change[M]// K Lundby. Mediatization：Concept，Changes，Consequences. New York：Peter Lang，2009：21-40.

③ 高佳．“媒介化社会”中社会各领域的变迁 [J]. 视听，2017(12)：135-136.

超过全球平均水平4.1个百分点，超过亚洲平均水平9.1个百分点①。网络化生存已经呈现出常态化趋势，随着网络技术的普及和迭代更新，我国网民的规模仍将继续扩大，公众参与仍然会借助网络技术创新而增长。近年来，网络论坛、社交媒体成为公众传播信息、进行参与动员的重要渠道，包括邻避冲突在内的大量群体性事件多是先通过新媒介平台的媒介参与，再转化成现实的公众参与。

社会因媒介成为可能，因新媒介而成为新的可能②。特别是互联网引发了媒介技术形态的变革，使得受众与媒介的关联更加密切，网络已经成为人类不可或缺的生活资料。在一个高度媒介化的世界当中，公众身份也逐渐加入了媒介化因素，公众参与也带有强烈的媒介化色彩。有学者提出了“媒介公众”③概念，强调今天的公众参与过程往往是借助大众媒介来完成的，使得人们具有了“受众”和“公众”的双重身份。在2007年厦门PX事件、2008年广州番禺垃圾焚烧厂选址等邻避冲突中，公众参与便呈现出了高度媒介化的特征。

三、围绕主体性激活的概念关联

人的需要的满足、人的价值的实现、人的权利的获得，以及人对解放和自由的追求都离不开人在实践中主体性的发挥。所谓主体性是“人在对象性活动中本质力量的外化，是能动地改造客体、影响客体、控制客体，使客体为主体服务的特性”④。一般意义上讲，参与传播的主体是普通公众。在具体的决策场域中，参与的主体是处于弱势的一方。因此，从实践角度看，参与是实现和维护主体性的必由路径，而围绕普通公众主体性的激活，媒体近用、赋权和互动则成为参与传播理论的核心概念。

1. 媒体近用。1967年，美国学者杰尔姆·巴伦（Jerome Barron）认为当时的大众传媒已经严重损害社会公众使用媒介表达观点的权利，于是提出“媒体近用权”概念，认为“一般社会成员都应当有接近和使用媒体，及发表意见和观点的权利，这种权利不仅限于大众传媒的言论自由”⑤。1980年，联合国教科文组织（UNESCO）的《麦克布莱德报告》（The McBride Report）将传播权作为基本人权，

① 参考第39次《中国互联网络发展状况统计报告》。

② （美）马克斯韦尔·麦库姆斯．议程设置：大众媒介与舆论[M]．郭镇之，等，译．北京：北京大学出版社，2008：2.

③ 连水新．当代中国“新媒介运动”的理论与实践：一种公民社会的进路[D]．武汉：武汉大学，2009.

④ 陶富源．论主体及主体性[J]．安徽师范大学学报（人文社会科学版），2003（5）：549-554.

⑤ 郭庆光．传播学教程[M]．北京：中国人民大学出版社，1999：179.

强调减少技术信息的壁垒和垄断,促进信息技术的获得,是实现个人参与权利的重要渠道。欧洲学者则将媒介近用权与公民、公共等概念联系在一起,认为媒介近用与公民社会的形成和发展密不可分。英国传播学者丹尼斯·麦奎尔(Denis McQuail)研究认为受众是新闻传播活动中最活跃的决定性因素,是积极的参与者,强调公民必须能自由、平等地近用各种媒体资源才能够参与到公共事务的讨论与决策过程中。欧洲的参与传播研究者将布莱希特的“无线电理论”视为参与传播理论与实践的先驱,正是看到了新兴媒介近用的确激发了公众参与的潜力。20 世纪 60 年代以来,伴随着西方新社会运动、媒体民主改革运动,地下媒体、公民媒体、社区媒体、激进媒体、自治媒体、独立媒体、草根媒体等另类媒体兴起。这些媒体是典型的参与传播的媒体形式,而媒体近用则是参与传播理论和实践的入口,也是进行媒介赋权的物质性基础。

2. 赋权。赋权的英文表述为“Empowerment”,在中国大陆亦被译为赋能、增权、增力等,中国台湾有学者将其译为培力。近十年来,随着互联网技术对于社会结构变迁影响的加深,技术赋权概念曾一度是我国学界研究的热点。政治学学者郑永年认为:“信息技术的发展为社会变革和政治变革提供了一个坚实的基础。在互联网的平台上,任何一个有着良好的互联网知识的中国公民,事实上现在都能够参与任意事件的相互讨论。”① 赋权既是参与传播理论的重要概念,也是参与传播实践的重要方法,而世界银行就曾经将赋权参与作为最高层级的参与形式。参与传播理论将参与视为一个赋权过程的目标,作为实现参与的关键步骤。从理论层面看,“赋权通常体现在个人、人际、社区三个层面:个人维度涉及个人自尊和自信的增长;在人际层面上体现为大胆说出自己的观点,获得批判思考的能力;在社区层面,赋权意味着在社区决策过程中发挥积极的角色(作用)”②。在一些项目实施过程中,参与传播方法要求专门设计社区赋权方案。随着媒介技术的发展,“有些传播系统(如音频和视频录制、复制,无线电广播,尤其是互联网)已经变得很便宜,而且如此简单,以至于集中调节和控制它们的基本原理和这样做的能力已经不再紧要”③。随着各类数字媒体的兴起,媒体赋权、媒体赋能已经打破普通公众媒体近用的障碍,为参与传播实践的丰富性提供了无尽的想象力。

3. 互动。20 世纪 50 年代,巴西教育理论家弗雷勒的“对话式教育”理论颠覆了传统的灌输式教育模式,认为对话是弱势群体获得“解放”的重要途径,而要展

---

① 郑永年,邱道隆.技术赋权:中国的互联网、国家与社会 [M]. 北京:东方出版社,2014:55.

② 韩鸿.参与式传播:发展传播学的范式转换及其中国价值:一种基于媒介传播偏向的研究 [J]. 新闻与传播研究,2010,17(1):40-49,110.

③ 瑟韦斯,玛丽考.发展传播学 [M]. 张凌,译.武汉:武汉大学出版社,2014:146.

开对话，民众的真正参与是先决条件。在相同年代，美国的心理学家约瑟夫•勒夫特（Joseph Luft）和哈里 • 英格拉姆（Harry Ingram）提出约哈里之窗（Johari window）理论，他们将人际沟通的信息比作一个窗子，分成开放区、隐秘区、盲目区和未知区，认为人的有效沟通就是这四个区域的有机融合。1984 年，哈贝马斯（Habermas）提出了达成相互理解的四个条件：易理解性，真诚陈述，真实性，合乎规则的正当性。上述三个理论为参与传播的互动概念提供了知识基础。值得一提的是，欧洲参与传播研究的代表学者卡彭铁尔将近用、互动视为参与发生的可能性条件和基础，并对近用、互动和参与进行了明确区分。在他看来，近用和互动与权力和决策关系并不密切，而参与才是决策过程权力分享的关键环节。媒介近用以及与媒介互动都是受众参与的辅助性过程，真正通过媒介生产参与到社会生活才是实践意义上的受众参与行为。其中，受众的媒介互动行为是不能直接对社会生活产生影响的，这个过程只限于受众自身。受众只有在参与媒介生产的过程中与社会生活产生连接，其制造的媒介空间成为社会空间一部分，才能对社会权力流动、甚至公共决策产生影响。

四、参与传播的当代认知

参与传播最早作为发展传播学的理论范式被认知，广泛用于研究亚、非、拉落后地区的经济和社会发展问题。国内有学者使用参与传播理论研究经济发展较为落后地区的公众媒介使用情况，对接发展传播学的发展理念。这些研究对于考察媒介技术赋权农民，如何推动农村社会发展等方面有重要意义。然而，这些研究也明显受到了发展传播学的限制，使得参与传播的研究目光囿于落后地区，至今没有完全打开参与传播的研究视野。发展是时代的主题之一，并不限于落后地区，其所涉及的问题并没有天然的地理界限。发展传播学项下的参与传播主要关注的是参与和发展的关系。当前的参与传播理论的内涵已经超越了发展，同时关注民主、空间、文化等多个领域。欧美的传播学者并没有给出参与传播明确的定义，而卡彭铁尔强调在理解参与时注意近用、交互、参与的区别，并且特别强调了最小媒介参与和最大媒介参与的概念。

长期以来，我国的公众参与权利很难得到切实保障，参与渠道不够畅通，形式化比较严重。20 世纪 90 年代互联网技术进入我国后，网络在很多方面都对公众参与产生了深刻的影响。其一，互联网开创了一种信息传递和言论相对自由的全新局面，提高了公众获取信息的能力，激发了公众参与热情，降低了公众参与的成本；其二，互联网的快速发展，增加了具有参与能力的公众数量，扩大了公众参与的主体基础；其三，互联网从技术的角度丰富了公众参与的内涵和方式，在很多方面都对后者产生了积极和正面的影响。相较而言，欧美国家公众参与，特别是公众参与的渠道比较顺畅，互联网技术在促进公众参与方面并没有像我国那样表现出近乎颠覆性的推动作用。

参与传播理论是基于实践视角出发的，以行为学为切入点。如果将参与传播理论纳入中国语境下考察，要考虑本土的技术条件、政治传统、文化环境等因素。从笔者目前对于参与传播理论把握的情况看，有关参与传播分类、参与质量的观点仍然有进一步探讨的空间。从事实层面看，传播的主体可以大体划分为个人、组织两类。考虑到互联网时代，传播主体能动性增强使得个人能够单独完成传播的整个过程，即人人可以成为记者。那么，如果我们承认这个现实，个人发表一个微博、发布一个朋友圈，都算是完成了一次参与传播的行为，笔者称之为个体参与传播。在这个过程中，个体有完全的传播自主性，并自行决定了传播内容、传播渠道、传播时间等。从权力角度看，虽然不能控制信息发布平台，但个人在个体层面掌握着几乎绝对的传播权力，而且信息一旦发布被阅知，权力便实现了流动。到了组织层面，决策的复杂性增强，权力呈现交叉流动状态，个体不再掌握绝对的传播决策权。但组织信息一旦发布，一般意义下其影响力是个体信息很难比拟的。笔者称之为组织参与传播。

近用、交互、参与概念的提出有利于从宏观层面区分什么是参与传播，什么是非参与传播。但是传播无处不在，个体同样构成了一个传播场域，当然组织也可以形成自己的传播场域。如果将话语作为媒介，那么每一个组织参与传播都建立在多个个体参与传播的基础上。所以，考察参与传播需要微观视角，这样才能更为清晰地解释组织参与传播，才能更为准确地把握参与传播理论。从我国邻避冲突的舆论发展过程看，多是个人通过媒介发布邻避设施信息，进而更多的人跟进，最终形成微信群、QQ 群、线下组织等形式的组织参与传播群体，舆论的力量也随之最大化。这个例子非常清晰地证明了个体参与传播的存在。

不承认个体参与传播的存在，我们无法理解互联网时代传播的原子化特征。如果我们承认场域的存在，那么我们同样可以从理论层面将大的场域划分为多个小的场域。在个体场域，个人具有传播决策权，这也是一种最大参与传播的情况。可以想象，互联网时代的传播图景正是不同的个体参与传播向外传递、扩散信息，形成不同的信息矩阵。我们所处的信息环境正是借助这种参与传播的扩散效应而形成的。所以，从过程、场域角度看参与，我们就可以对接微观、宏观两个层面的参与传播，可以比较清晰地把握我们时代的参与传播实践现状，不必为某种传播行为是否是参与传播而纠结。

五、治理研究的参与传播向度

第二次世界大战后，美国为首的西方国家在发展问题上坚持西方中心主义，拓展自己的政治、经济地缘优势。考察发展传播学的历史会发现20世纪60年代美国学界在理论认识上存在极为分裂的一面，即“正当哥伦比亚大学学者在国内发现媒介只能发挥有限的影响力，麻省理工学院的政治学者却在海外宣称，媒介能够塑造国际宣传，抵御国际共产主义势力的蔓延，并带动第三世界的现代化”①。以现代化为名，发展在当时本质上已经成为政治问题。

参与传播范式兴起既是对主导范式的抛弃，也是第三世界国家公众主体意识觉醒的结果，旨在使发展的主体公平地拥有发展的选择权、参与权、决策权和受益权，通过建立合理、有效的发展机制，实现资源公平合理的配置和管理，最终实现所在地区的可持续发展。互联网时代，参与作为研究术语获得了新的生命力，网络参与实践远比传统媒体时代的媒介参与实践内容丰富和广博，参与传播的研究范畴也早已经超越发展议题被大大拓展。

当代中国处于全球化、现代化和网络化“三化”叠加的时代，意味着我们已经进入了高度复杂性和高度不确定性的时代。安东尼·唐斯（Anthony Downs）认为与这种复杂性和不确定性相映成趣的却是“官僚制变成了一个巨大的机器，缓慢且笨重地在最初确定的方向上蹒跚前行。它仍然提供服务，或许数量与质量都不错，但其动作的速度与灵活性却在逐步下降”②。在这个背景下，政府经常面临公共产品供给不足的窘境，亟须社会力量作为治理的合作伙伴。

随着网络社会的崛起，日益勃发的公众参与倒逼“统治”向“治理”转型，也成为政府创新的重要动力。政府治理走向“善治”的过程，就是政府行政行为不断与公众参与相互调适，主动或被动开展公众沟通，最终实现国家与社会合作共治的过程（见图2.3）。在这个过程中，政治传播和参与传播依托媒介完成国家与社会之间的信息联通和关系建构，在参与、沟通与合作三个政府治理过程中的重要环节发挥着关键第三人的作用。 正是在这个过程中，政府治理与传播如同两股交织扭合的管线，相互作用、渗透、融合，呈现出动态、立体、持续的过程性政治景观。

① 李金铨．传播纵横：历史脉络与全球视野[M]. 北京：社会科学文献出版社，2019：109.

② 安东尼·唐斯．官僚制内幕[M]. 郭晓聪，等，译．北京：中国人民大学出版社，2006：17.

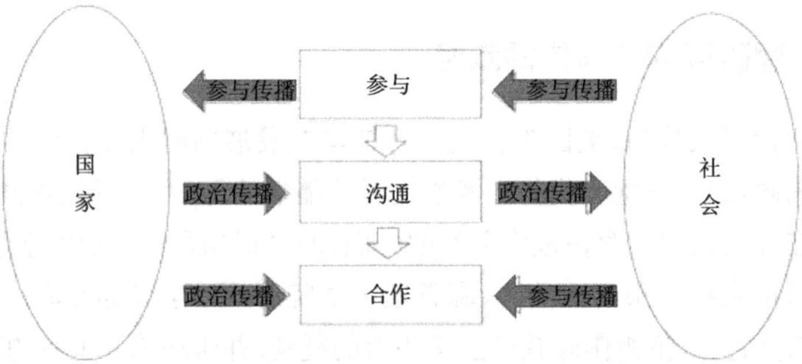

图 2.3 政府治理过程要素关系图

20 世纪 70 年代以来,“新公共管理改革”的浪潮席卷西方各国,以聚焦政府核心职能、服务提供多元化、推动地方分权、优化政府结构、引入企业管理方法、激发政府人员活力为主要内容的政府改革开启了政府治理的新时代。参与治理的概念也是在这个时期被提出。治理本身就强调多元主体的参与,政府治理过程同样强调社会主体的参与。从统治到治理的理念转变,是国家与社会关系理念的转变。研究政府治理过程,社会参与显得尤为重要。

近年来中国政府治理主要包括健全民主科学的决策机制,包括重大事项的公众参与、专家咨询等;推行政府绩效管理,建立科学合理的政府绩效指标体系和评估机制;强化行政问责,明确行政问责的范围和程序;改进服务方式,为社会提供方便、快捷、公正和高效的服务;推行电子政务,充分利用现代信息网络技术,在提高办事效率、为民服务、社会监督、电子民主等方面发挥更大作用;改进机关事务管理和后勤保障方式,降低“三公经费”,建设节约型机关。我国政府治理的方向总体呼应公众参与日益高涨的现实。公众参与是政府改革的动力机制之一,从传播学视角考察公众参与规律将可能为提升国家治理能力现代化提供智力支持。

从实践层面看,网络社会的技术赋权使得我国社会的公众参与势头空前高涨,成为政府必须面对的现实课题。用参与传播理论考察治理问题,可以借助多学科的视角将治理问题研究得更加立体、清晰。治理研究和参与传播理论共同关注公众参与因素,两者具有天然的理论接合点。参与传播理论重视的权力、技术、身份、组织、质量问题同样是治理研究所关注的。参与传播强调公众在决策中的位置,并且以公众在决策中的地位及发挥作用的程度,提出了最小参与传播和最大参与传播的概念。治理研究本质上是如何实现国家与社会的最佳关系状态,这就牵涉到公众参与国家事务的限度。参与意味着公众是否进入决策层面,以及如何在决策层面发挥作用,因而参与传播可以作为治理研究的新向度。

邻避冲突是当前我国社会面临的一大公共难题,形成了一个非常特殊的治理议题。从参与角度看，邻避冲突爆发期多为抗争参与，在治理期则需要合作参与。从传播角度看，邻避冲突是一个信息加速流动的场域，充满了权力、技术、身份、组织、质量因素。在抗争参与过程中，参与传播呈现出明显的扩散性特征，从个体参与传播发展到组织参与传播，最终将公众参与带入与政府、企业进行协商的阶段。基于利益平衡的考量，公众、政府、企业需要进行对话、合作。在这个阶段，公众合作参与显得尤为必要。邻避冲突的治理的关键环节在于如何处理公众参与。抗争参与是一种非制度性参与，带有较强的冲突性；合作参与是一种制度性参与，需要政府的合理引导。本文将在以下几章内容中，结合参与传播理论分析我国邻避冲突中的抗争参与、合作参与以及邻避冲突治理的机制建设问题。

第三章　邻避冲突治理的参与传播向度

1978年以来，市场化改革打破了我国传统的单一所有制结构，形成当前中国社会利益格局多元化和社会结构分层化的基本事实。随之伴生的社会矛盾乃至冲突，既是深化改革的障碍性因素，也是深化改革的动力性因素。1994年的4月20日，我国用一条64K的国际专线实现了与互联网的全功能对接，中国的互联网时代正式开启。24年后的今天，互联网技术已经渗透到社会发展的方方面面，成为社会生活的基础性资料。借助新兴网络媒介形式，公众更加便捷地表达自身的利益诉求，在各方面对政府的传统管理方式提出了挑战。

邻避冲突是多方力量相互交织、博弈的过程，是指“公众聚集起来反对、抗拒邻避设施的建设”[①]。邻避冲突是一种典型的社会冲突，其发生不是简单的公众情感宣泄，也并非简单的经济利益分配问题。虽然不同类型的邻避冲突的表现形式不尽相同，但是我们可以从具体实践中抽象出规律性的认知和知识。在城市化转型期的中国，邻避冲突形成了一个特定的公众参与传播空间。我们可以用参与传播理论与邻避冲突实践进行合乎逻辑的对接，即邻避风险诱发了以权力与资本为对立面的公众参与实践；公众主要借助网络媒介手段建构了主张自身权利的舆论场域；邻避冲突的治理隐含着参与传播的可阐释路径。

第一节　作为参与实践的邻避冲突

近年来，我国公众参与集中体现在公众利益的表达上，邻避冲突更是凸显出了公众参与的力量。中国社会科学院社会学研究所研究员单光鼐领衔的研究团队统计显示，2016年上半年，规模较大的环保类群体性事件至少有52起，其中千

① 周亚越，周鹏飞，俞海山．邻避设施选址决策中的供需分析[J]. 浙江社会科学，2016(6)：89-94.

人以上规模的就有12起①。另外，公众信访、行政复议和行政诉讼等公众参与行为也呈现出增长趋势。在舆论领域，网络成为公众表达的主要场所，社交媒体以其无远弗届的链接能力集聚民意，可以瞬间把单一的社会事件变成公众舆论焦点。今天的中国，网络参与已经是公众参与最重要的方式之一，已经成为参与性社会兴起的标志。参与传播将公众作为主体，强调自下而上的视角。邻避冲突是公众借助包括媒介参与在内的参与方式维护自身利益，并在这个过程中要求分享政府和企业的决策权力，进而维护自身的权益，往往会体现出某种抗争性。从公众参与的角度看，邻避冲突即是一种特殊场域中的具有典型意义的参与实践。

一、我国邻避冲突的性质界定

改革开放40年，我国经济获得飞速发展，公众在物质层面获得了越来越多的独立性。虽然社会对于国家的依附关系没有根本性变化，但是社会的自主程度已经今非昔比。在我国文化传统和现行体制下，类似邻避冲突的社会抗争行为只是在近十年来表现得日益突出。从客观上看，这是人们生存理性的自然反应，也是世界各国城镇化发展历史的共同景象；从主观上看，各实践主体在利益需求、风险认知、价值理念上的差异性是邻避冲突爆发的重要因素。

20世纪60年代，西方社会涌现出女权运动、环境运动、人权运动、和平运动、同性恋运动等一系列社会运动。鉴于这些运动与传统社会运动的生成背景、目的诉求、抗争手段等有很大区别，被称为新社会运动。西方国家的邻避冲突是环境运动的一部分，因此也有学者将之称为邻避运动。我国台湾地区，一些邻避冲突异化为“政客夺权，坏人讹钱”的运动。最典型的莫过于围绕“核四”产生的长期的社会争议。在“用爱发电”的口号下，民进党利用台湾地区公众的邻避情结发动社会运动，为自己夺取政治主导权助力。目前，“核四”电站已经产生2838亿烂账，最终还是由台湾老百姓埋单。

2007年厦门PX项目事件后，我国各地陆续爆发了较有影响的邻避冲突。官方一般称为环境性群体事件，有学者将此种境况称之为邻避运动。从传播过程的话语修辞看，政府言语行为总体比较缓和，而学者的表达却要强烈得多。在笔者看来，由于没有明确话语意识形态的支持，我国的邻避冲突还没有发展到政治运动的程度，仍然处于集体行动的状态。虽然我国各地的邻避冲突在行动模式上类似，甚至在运动方法和模式上有相互借鉴的现象，但是不同邻避冲突的参与主体

① 作者如何化“邻避效应”为“迎臂效应”[EB/OL](2016-08-10)[2018-09-01]. http://www.xinhuanet.com/mrdx/2016-08/10/c_135581017.htm.

并不重合。在笔者采访中,有政府工作人员表示有证据显示在一些邻避冲突过程中有外来势力介入,并有通过海外媒体进行刻意的舆论渲染的情况,但在我国各级政府和主流媒体的引导下,这种介入并没有从根本上改变邻避冲突作为集体行动的性质。

我国中央和地方的关系具有很强的弹性。中央政府往往充当了地方政府和公众之间矛盾的裁判角色,拥有社会事件最后的定性权力。在邻避冲突过程中,公众抗争行为指向的是地方政府和企业,使得这类集体行动呈现出地方化色彩。邻避设施往往是社会所需,虽然侵害了部分公众的利益,但其建设仍然具有合理性,并没有牵涉过多的政治议题。因此,我国的邻避冲突与西方相比又具有弱政治化和弱意识形态化的特征,总体上是一种抗争性的集体行动。

二、邻避冲突的主体结构

从宏观层面,我们可以将邻避冲突视为考察国家与社会关系的窗口;在微观层面,邻避冲突主要牵涉地方公众、政府与企业三个主体的关系。如果再具体划分,邻避冲突的实践主体还有专家、媒体和包括非政府组织(NGO)在内的社会组织等。这些主体在邻避冲突中扮演着不同角色,也发挥着不同作用,我们需要首先阐释清楚各主体的基本情况和相互关系。总体来看,公众和社会组织属于被动主体;地方政府、专家和企业属于使动主体;媒体介于两大主体之间,发挥中介作用,但这种作用并不天然平衡。

(一)邻避冲突中的公众角色

由于邻避设施的负外部性影响范围有限,邻避冲突的公众主体多是由围绕邻避设施的社区居民组成。这个公众主体的数量和规模与邻避设施的类别和性质密切相关。PX项目、核电站、垃圾焚烧厂等大型邻避设施建设和运营可能引发全城甚至跨区域公众的抗议。1987年大亚湾核电站开工建设后,引发香港社会长期关切,甚至反对,直到近年来才趋于理性。变电站、电信信号发射塔等小型设施主要在社区建设,反对的公众就会限定在社区之内。界定邻避冲突的公众范围,主要看邻避设施所在的地理位置及其规模,因此具有地域性特征。从组成结构看,邻避设施影响的公众具有随机性,散布于社会各个阶层。

一般来说,当地公众承担了邻避设施的负外部性后果,是利益的受损方或预期受损方。在邻避冲突中,公众的集体行动遵循了格尔(Gurr)认为的"当社会变迁导致社会的价值能力小于个人的价值期望时,人们就会产生相对剥夺感。相对剥夺感越大，人们造反的可能性就越大，破坏性也越强”[①]。这种“相对剥夺感”促成了当地公众的情感认同，进而促使公众聚集起来形成反对邻避项目的建设和运营的公众参与行为。邻避冲突在形式上是被动性的公众参与过程，但在自身利益驱动下又形成了实质上的主动性的公众参与。“相对剥夺感”的被动加上维护利益所驱动的主动产生的参与动力，使得公众参与在邻避事件中呈现出很强的能动性和持续性。

公众参与以抗争的姿态出现在邻避冲突的实践中，是一种自下而上的抗争性参与，对象多为地方政府、相关企业。从我国近十年来的实践看，邻避冲突中的公众参与的目标是：利益补偿指向，即参与主体关注自身所获得的经济补偿是否公平，能否符合心理价值期待；安全保障指向，即参与主体关注的是邻避设施本身存在的风险是否会危害周边民众的身心安全与健康；环境权利指向，即参与主体关注的是邻避设施选址的科学性、合理性，关注民众知情权与参与权是否得到保障[②]。

（二）邻避冲突中的政府角色

近代以来，西方政府一直在“无为之手”“扶持之手”和“掠夺之手”之间进行着角色嬗变，试图寻找其中的平衡状态。新中国成立以来，我国政府先后经历了全能型、市场型和服务型政府的定位变迁。从实践情况看，当前我国政府对于市场仍然具有重要影响，属于市场型政府，同时保有全能型政府的影子和服务型政府的指向。

政府是进行统治和社会管理的机关，代表国家表达意志、发布命令和处理事务。在我国，地方政府行为往往受制于工业理性，多以企业支持者的身份出现，在邻避冲突中更是被视为市场同谋。在政绩冲动的驱使下，地方政府极易与经济利益集团捆绑在一起，与邻避设施的施工方和运营方之间在多数情况下是不规范的合谋关系而非正当的合作关系，往往在政策制定、项目审批等过程中作出有利于企业的决策。（见图 3.1）

---

① 赵鼎新．西方社会运动和革命理论发展 [M]. 北京：社会科学文献出版社，2012：28.

② 王刚，毕欢欢，焦继亮，等．环境邻避运动参与主体的诉求指向及思维向度 [J]. 南京工业大学学报（社会科学版），2017（4）：49-59.

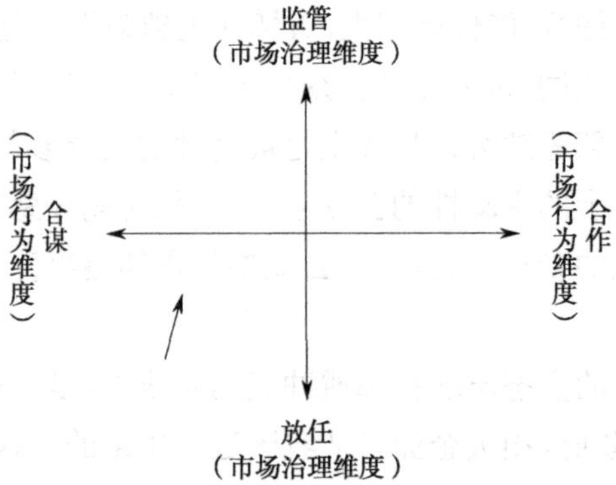

图 3.1 市场维度中的政府角色[①]

从发展阶段看,我国已经进入公众参与性渐强的社会。十八届三中全会更是将“国家治理能力现代化”纳入了关键政治话语序列,显示出将包括公众参与在内的多元参与纳入政府行政改革内容的考虑范围之内。这种要求式、呼吁式的话语表明我国各级政府治理的能力仍然不足,而在实践中地方政府更是表现出了应对群体性事件中公众参与的能力匮乏状态。在邻避设施的决策过程,地方政府多是以强制性行动开路,回避公众参与;待到冲突发生后,又以灭火式思维应对公众抗争性参与。(见图 3.2)

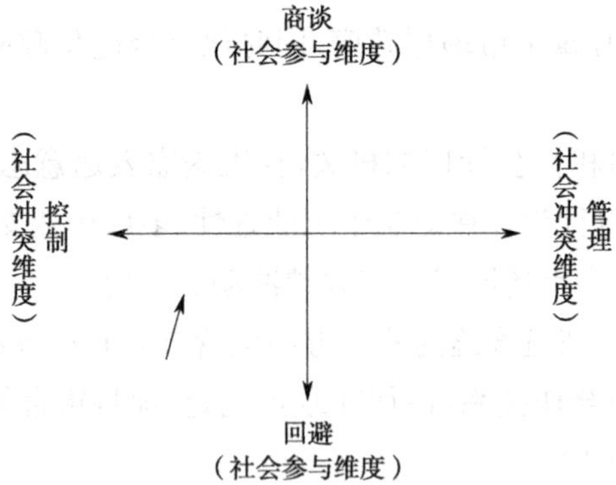

图 3.2 社会维度中的政府角色[②]

我国地方政府有维护稳定、避免危机、促进社会和谐发展的责任和义务。如果在邻避冲突治理过程中漠视公众利益,回避公众参与,极有可能造成政府公信

① 田亮,郭佳佳.城市化进程中的地方政府角色与“邻避冲突”治理 [J]. 同济大学学报(社会科学版),2016,27(5):61-67.

② 同上.

力危机，甚至会威胁公共安全甚至造成社会动荡。目前，我国的邻避冲突往往导致项目下马或迁址的结局，根本原因之一就是政府自我主体身份和角色定位出现了急功近利型偏差。从参与传播角度看，科学引导公众参与到邻避设施的各阶段决策中，确保公众基本的知情权和根本利益是邻避冲突治理的基础性措施。

（三）增长联盟与社群联盟的对垒

美国学者洛根（John R. Logan）和莫洛奇（Harvey L. Molotch）从城市利益分化的角度，将城市中的利益群体视作两大相互对立的联盟：一个是“增长联盟”，主要是由地方政府和房地产商构成，致力于推动城市的土地开发，并在这一过程中增加财政收入或者赚取商业利润；另一个是“反增长联盟”，地方公众是这一联盟的主体，在城市土地开发过程中，为保障自身权利不受“增长联盟”的侵害而同其展开博弈①。从我国所处的发展阶段看，公众与所谓“增长联盟”的利益具有总体的一致性，只是在类似邻避冲突等特殊事件中表现出“反增长”的特征。借用国内学者杨宏山的界定，“反增长联盟”可以进一步阐释为“社群联盟”。

在邻避冲突中，公众和NGO组织等属于“社群联盟”，而政府和企业等属与“增长联盟”。两个联盟围绕各自利益展开博弈，在邻避冲突中首先表现出对抗的张力。（见图3.3）

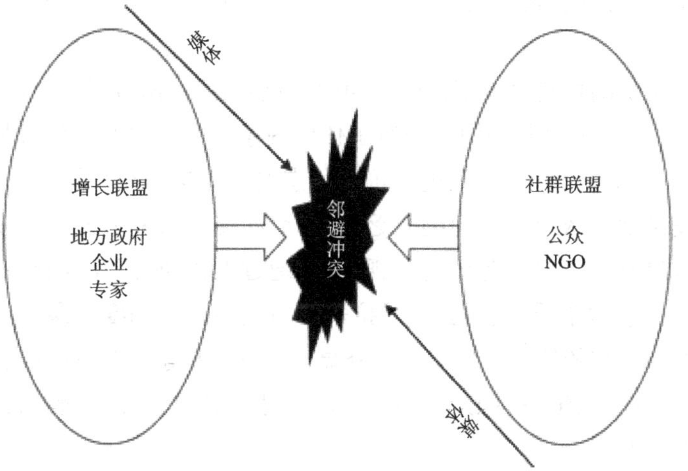

图3.3　邻避冲突主体结构

① 王佃利．邻避困境：城市治理的挑战与转型[M].北京：北京大学出版社，2017：2.

三、邻避冲突的公众参与形式

按照俞可平的定义,公众参与是公民试图影响公共政策和公共生活的一切活动,投票、竞选、公决、结社、请愿、集会、抗议、游行、示威、反抗、宣传、动员、串联、检举、对话、辩论、协商、游说、听证、上访等等,是公民参与的常用方式[①]。我国的邻避冲突在爆发初期表现出明显的抗争性,公众通过请愿、集会、抗议、游行、示威等方式引发社会关注,对地方政府和企业进行施压,本文将此阶段参与称为抗争参与;在邻避冲突爆发中期以及邻避设施运营期,政府、企业被迫或主动邀请公众进行协商、听证、沟通等,此阶段公众参与表现出一定的合作性,本文将此类参与视为合作参与。

(一)邻避抗争参与

抗争参与是公众用抗争的方式表达不满,赢得与政府对话的机会,并试图影响政府的决策和行为。我们可以将抗争参与视为抗争性政治和公众参与的交会地带,其中包含了经验判断和价值主张两个层面。在邻避冲突中,抗争参与有明确的利益诉求,目的指向“影响政府决策”,在被动中含有主动性;另一方面,这些抗争行为符合环境正义伦理,因而具有天然的正义性和公共性,隐含着将抗争参与引导到有序轨道上来的价值主张,从而避免逾越法律界限,防止被“不合法化”“污名化”。

我国宪法明确规定“中华人民共和国公众有言论、出版、集会、结社、游行、示威的自由”,“中华人民共和国公众对于任何国家机关和国家工作人员,有提出批评和建议的权利”。很明显,表现为抗争状态的公众参与在法律层面是受到保护的。由于我国地方政府公信力的匮乏,在邻避冲突的语境下公众往往采取集会、游行的方式进行抗议以引起政府重视,而非通过上访、听证等政府规定的途径解决邻避问题。总体来看,我国公众的抗争参与大多是非制度化参与,超出了政府引导公众有序参与的轨道。邻避冲突外显为公众的抗争参与,展现出了“社群联盟”与“增长联盟”的对抗图景,本研究将结合我国近十年来邻避冲突的基本状况对此进行专章论述。

(二)邻避合作参与

多数情况下,邻避设施是公众社会生活所必需,甚至具有公共性质的工程项目。公众的反对一般是基于对自身经济利益、健康利益和环境利益的保护,而非

① 俞可平.公民参与的几个理论问题[N].学习时报,2006-12-18(5).

反对邻避设施本身。即使像我国台湾地区公众长期反对“核四”的邻避冲突，也不能否认核电站的经济价值和社会价值。如果去除部分政党为自身政治利益而强加给台湾社会的反核意识形态和民粹主义，“核四”很可能早已经为宝岛的万家灯火贡献力量了。邻避设施本身具有的公共性、公益性决定了整个社会需要考虑如何消除分歧，通过合作实现共赢。

美国法学家罗伯特·萨默斯（Robert S. Summers）强调“程序价值”的第一项内容就是参与性统治（Participatory Governance）[①]。合作参与是一种制度性参与，尤其强调程序价值。在我国，中国共产党以代表最广大人民的根本利益为执政理念，遵循“从群众中来，到群众中去”的工作方法。党的十八大报告提出，要“加快推进社会主义民主政治制度化、规范化、程序化，从各层次各领域扩大公众有序参与”。公众有序参与强调程序的内在价值，这就要求政府在处理邻避冲突议题时要及时消弭公众参与的抗争因素，引导公众参与走向制度化，进而寻求与公众合作的空间。从邻避冲突的进程来看，邻避抗争参与恰恰是合作参与的逻辑起点。本文亦将对邻避冲突中公众合作参与的理论基础、实践可能等进行专章论述。

第二节　作为传播场域的邻避冲突

在我国，邻避冲突基本遵循“曝光—动员—行动—妥协—善后”[②]的过程。随着社交媒体的成熟，微信、QQ已经成为我国公众接触、传播信息的重要渠道。考察近十年来我国邻避冲突的媒介发展路径，我们会发现这个过程中的每一个环节与媒体，特别是网络媒体有密切关联。在曝光环节，社群联盟借助社交媒体的便捷、互动，迅速将邻避设施的相关信息传播开去，形成媒介议程；在动员环节，这些社交媒体同样成为黏合、动员公众的主渠道，形成了媒介动员；在行动环节，公众同样将社交媒体当作辩论、协调的重要渠道。增长联盟的妥协和善后则是通过官方媒体进行信息发布，同时会也借助有影响力的社会自媒体去劝服公众，传递政府声音。

① 陈瑞华．通过法律实现程序正义：萨默斯“程序价值”理论评析[J]．北大法律评论，1998（1）：181-204.

② 刘晓亮，张广利．从环境风险到群体性事件：一种“风险的社会放大”现象解析[J]．湖北社会科学，2013（12）：20-23.

一、社群联盟的媒体资源

在传统媒体时代，中国的政治权力结构与传播权力结构是基本一致的，执政党掌握主要媒体资源，总体控制着中国传播权力。互联网的出现在传统媒体空间之外开辟出更为广阔、散漫的表达空间，致使在传统媒介框架下无法表达或无法充分表达的诉求大面积转移到了网络空间，引发了此起彼伏的舆论浪潮，在特定时刻可能引发群体行动，甚至社会认同危机。信息技术为公众政治生活和社会行动提供了一个新的突破口，传统意义上的政治参与增加了更多的网络技术变量，使得参与传播的深度和广度都大大向前推进了一步。

2007 年，《中国经营报》报道称在建的厦门海沧 PX 项目的产品属于危险化学品和高致癌物，而且项目的安全距离远远低于国际标准。随后《凤凰周刊》《第一财经日报》等媒体做了跟进报道，引发厦门社会关注。5 月中旬，网民们通过手机短信、网络论坛等“采用重度警示的劝服方法，使用‘原子弹’‘白血病’‘畸形儿’等刺激信号，动员市民扩散信息并采取抵制行动”[①]。在厦门市民反对 PX 项目事件中，公众采用手机短信这一当时的新媒体形式发出了百万短信进行组织动员。在 2009 年广州的番禺民众反对垃圾焚烧事件中，公众开始大规模使用网络论坛、QQ 群、微博在内的一系列新媒体平台进行动员。笔者在采访广东省 Z 市网信办主任时，他强调微信已经成为 Z 市邻避冲突中公众聚集动员的主要媒体手段。我国公众“在运动的组织和动员等方面缺乏外部的支持与呼应，往往需要依赖媒体代为组织和发声”[②]。随着社交媒体时代的到来，微博、微信、抖音、快手、QQ 等逐渐成为公众参与传播的主要媒体渠道。

移动网络时代，公众获得了更为便利的信息发布渠道，手机的功能不断被拓展，不仅作为私人通话设备，而且已经成为集传播、通信、娱乐、购物等功能于一体的新媒体平台。在上述邻避冲突的案例中，短信、QQ、微信、微博发挥了主要的媒介渠道作用。这些新媒体形式都已经是我国公众手机中常用、普及的媒介形式。借助技术的力量，我国公众在邻避冲突中通过网络参与到了邻避冲突的信息建构中，最终形成了与政府、企业抗衡的传播力量。网络技术引发的信息革命已经在一定程度上实现了公众媒介赋权，人类的传播权力结构已经发生不可逆的变化。在我国的邻避冲突中，政府的行政力量并不能完全控制网络技术带来的传播结构

---

① 邱鸿峰．环境风险的社会放大与政府传播：再认识厦门事件 [J]. 新闻与传播研究，2003（8）：105-115.

② 曾繁旭．环境抗争的扩散效应：以邻避运动为例 [J]. 西北师范大学学报（社会科学版），2015（3）：110-115.

的变化，公众在这个传播场域中掌握了一定的媒体资源，能够在关键时刻为自己的利益发声。

二、增长联盟的媒体资源

信息技术已经成为当前各国政府改革创新的关键驱动力。随着移动社交媒体的兴起，国家与社会的信息流动具备了空前的便利性。对于增长联盟来讲，这种便利性是把双刃剑，既面临信息流动加速带来公众参与倍增的压力，同时也为开展公众沟通打开了广阔的通道。以我国为例，截至 2017 年底，经过微博平台认证的政务微博达到 173 569 个。其中政务机构官方微博 134 827 个，公务人员微博 38 742 个。政务微博的规模继续稳定增长，并朝矩阵化、专业化、垂直化的方向发展①。

2016 年 2 月 19 日，习近平总书记在北京主持召开党的新闻舆论工作座谈会并发表重要讲话，强调："党和政府主办的媒体是党和政府的宣传阵地，必须姓党。"② 虽然 20 世纪 90 年代以来市场化造就了我国的都市报媒体的兴起，但是随着网络化的冲击，这些带有公共性质的传统都市报媒体逐渐边缘化。在我国，今天的大众媒体基本上作为党的"耳目喉舌"存在，代表政府发挥舆论引导的作用。值得强调的是，由于特殊的中央和地方的关系，中央媒体在集体行动中往往作为最后定调的媒体权力角色出现。在邻避冲突中，并非所有的大众媒体资源都被地方政府控制，中央媒体在某种程度上成为中立者，在关键时刻引导舆论发展方向，发挥事件性质的定调作用。

2018 年 3 月，中共中央印发的《深化党和国家机构改革方案》称，为加强党中央对涉及党和国家事业全局的重大工作的集中统一领导，强化决策和统筹协调职责，将中央全面深化改革领导小组、中央网络安全和信息化领导小组、中央财经领导小组、中央外事工作领导小组分别改为中央全面深化改革委员会、中央网络安全和信息化委员会、中央财经委员会、中央外事工作委员会，负责相关领域重大工作的顶层设计、总体布局、统筹协调、整体推进、督促落实③。目前，我国各级地方政府大多设立了"网络信息办公室"，在各类舆情事件中发挥组织、协调和处理的作用。

在邻避冲突这个传播场域中，地方政府、企业组成的增长联盟借助行政权力，

---

① 参考《2017 政务指数·微博影响力报告》。

② 坚持正确方向创新方法手段 提高新闻舆论传播力引导力 [N]. 人民日报，2016-02-20(1).

③ 中共中央印发《深化党和国家机构改革方案》[EB/OL].(2018-03-21) [2018-09-01].https: //www.gov.cn/zhengce/2018-03/21/content_5276191.htm#1.

不仅在传统媒体资源的控制上明显处于优势地位，而且在新媒体的使用上也处绝对优势地位。暨南大学新闻与传播学院、暨南大学传播与国家治理研究院、广州市舆情大数据重点研究基地与南方报业传媒集团“南方+”客户端的统计显示：“2017年，广东省21个地市官方发布机构共发布35 335篇推文，平均每个账号每天发布4.6篇推文。其中，‘汕头市政府应急办’发文量最高，共2 796篇，日均发文高达7.66篇”（见图3.4）[①]。这个数据说明，在新媒体的使用上，各级政府借助其政治地位、组织能力和经济优势，完全可以占据更为主导的位置。

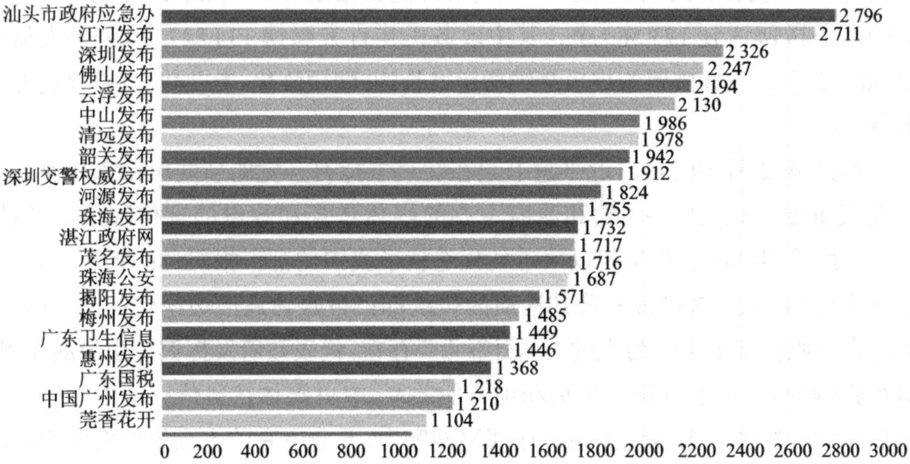

图3.4　2017年广东省部分政务新媒体发文数量

三、邻避冲突的传播权力结构

所谓权力结构是指权力的组织体系，即权力的配置与各种不同权力之间的相互关系[②]。约瑟夫·奈提出了“信息权力”（Informational Power）[③]的概念，他认为信息革命通过促进非集中化和民主，正在改变着政府和主权的性质，使得非政府角色的作用得到增强[④]。这里的非政府角色指的是社会组织等民间团体，同理这个

① 2017年度广东政务新媒体报告[EB/OL].（2018-01-24）[2018-09-01].https://www.sohu.com/a/218585360_611203.

② 周永坤.权力结构模式与宪政[J].中国法学，2005（6）：3-15.

③ Joseph S Nye Jr. Bound to Lead: The Changing Nature of American Power [M]. New York: Basic Books，1990:34.

④ 约瑟夫·奈.美国霸权的困惑：为什么美国不能独断专行[M].郑志国，等，译.上海：世界知识出版社，2002:45-47.

"信息权力"亦可以被公众所享有。这一点我们可以从自媒体概念产生过程略见一斑。

随着网络论坛、社交网络和博客等新媒体的出现，2002年美国学者丹·吉尔墨（Dan Gillmor）将这些网络媒体形式与传统媒体进行了比较，认为这些网络媒体经已引发传播领域的革命。2003年7月，美国新闻学会媒体中心发布了肖恩·鲍曼（Shyane Bowman）和克里斯·威尔斯（Chris Wills）撰写的《自媒体：大众将如何塑造未来的新闻和信息》（We Media：How audiences are shaping the future of news and information）认为："自媒体是大众借助数字化、信息化技术，与全球信息及知识系统连接后所展现出来的大众如何提供、分享他们自身的信息、新闻的渠道和方式。"①

自媒体的概念凸显了公众作为一个参与的力量在传播过程中的主体地位的确立。网络时代传播权力结构已经发生变化，这在我国表现的尤为明显。在邻避冲突中，公众被动或主动参与卷入信息流动的过程，形成了一个典型的参与传播场域。在这个场域中，公众通过社交媒体自我赋权，为维护自身利益与政府、企业展开了信息权力的争夺。政府、企业则借助自己的传播渠道发布对自己有利的信息。在这个特定的传播场域中，媒体作为一个基本的结构物，为公众、政府、企业等主体提供了展演舞台。以公众为主体的社群联盟与以政府为主体的增长联盟共享网络媒体资源，但增长联盟同时掌控了传统媒体资源，而在网络媒体的使用上，增长联盟同样因为具有行政主导权而处于强势。（见图3.5）

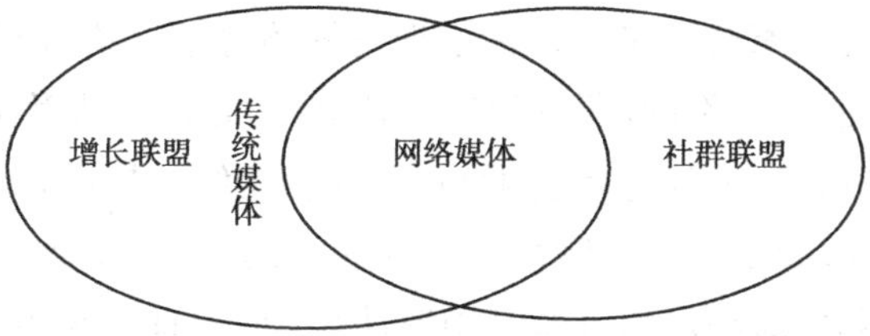

图3.5　我国邻避冲突主体传播权力结构

在我国的邻避冲突中，社群联盟往往借助环保主义、生存理性占据了道德高地进行媒介抗争。虽然其中不乏技术污名化的非理性因素，但是往往能够借助网络赋予的信息权力给增长联盟造成舆论压力。增长联盟同样可以借助自身优势，通过主流媒体引导，形成有利于缓和冲突的舆论氛围，再借助相应的行政手段，最终达到两个媒体场域、舆论场域的统合。

---

① Bowman S, Willis C. We Media. How Audience are Shaping the Future of News and Information [J].media center at the american press institute, 2003.

第三节 作为治理典型的邻避冲突

作为对“统治”范式的替代话语，1989年世界银行首次使用“治理”一词。随后,“治理”成为西方经济学、政治学和管理学界流行的学术用语。随着全球化浪潮的高涨和经济发展复杂程度的加深,各国政府开始以治理的理念改革管理体制以适新形势。随着改革开放进入深水区,我国粗放的政府管理方式也面临着深刻的挑战。中国共产党十八大明确将“完善和发展中国特色社会主义制度,推进国家治理体系和治理能力现代化”作为深化改革的总目标确立下来,选择了现代治理的方向。

“国家治理体系和治理能力现代化”,是一种全新的政治理念,表明了中国共产党对社会政治发展规律有了新的认识,是马克思主义国家理论的重要创新,也是中国共产党从革命党转向执政党的重要标志[①],治理是包括公众在内的社会各方参与合作的过程,本质上是一种合作管理,具有鲜明的协商性和公共性特征。治理是用更为民主的理念处理、优化国家、市场、社会三个主体的关系。邻避冲突是地方政府、企业、公众三者关系的高度紧张状态,已经成为当前我国经济、社会发展的难题,也是国家治理的典型样本。

一、从统治到治理

我国治理研究专家俞可平从政治学理论视角总结了统治和治理五个方面的区别。第一,两者的主体不同,即统治的主体单一,是政府或者国家公权力;治理的主体多元,除了政府外,还包括企业组织、社会组织和居民自组织等。第二,两者的权威性质不同,即统治是强制性的,治理可以是强制的,但更多是协商的。第三,权威的来源不同,即统治的来源是国家法律;而治理的来源除了法律外,还包括各种非国家强制的契约。第四,权力运行的向度不同,即统治权力运行是自上而下的,治理的权力可以是自下而上的,但更多是平行的。第五,两者的作用范围不同,即统治所及的范围以政府权力所及领域为边界,而治理所及范围则以公共领域为边界,后者比前者宽广得多[②]。

改革开放后,我国的政治生态发生了很多积极变化。但是,我国封建传统文化所内隐的“官本位”思想始终在政治变迁中挥之不去,甚至在某些地区、某些领

① 俞可平．论国家治理现代化[M]. 北京:社会科学文献出版社,2014:1.

② 俞可平．走向善治:国家治理现代化的中国方案[M]. 北京:中国文史出版社,2016:10.

域发挥着根本性的决定作用。在这种政治生态中，权力成为衡量人的社会价值的基本标准，导致物质资源、社会资源、政治资源向权力集中。官本位是专制主义、形式主义、官僚主义的思想根源，表现在政治实践上就是政府管理的统治化，与现代治理理念格格不入。随着市场经济的快速增长，我国逐渐形成了掌握一定财富的中产阶层，加之互联网技术引发的传播权力的嬗变，社会公众的民主理念、维权意识逐渐增强。在这种背景下，官本主义和民本主义的矛盾关系凸显出来，导致各类群体性事件频发，也是我国邻避冲突内隐的政治发生逻辑之一。

俞可平将治理现代化称作我国的"第五个现代化"，并将善治作为治理追求的价值和目标。他总结了善治的10个要素，即合法性、法治、透明性、责任性、回应、有效、参与、稳定、廉洁和公正。他认为在人类政治发展的今天和我们可以预见的将来，国家及其政府仍然是最重要的政治权力主体，在社会政治过程和公共治理中处于核心地位，政府仍然是社会前进的"火车头"，官员依然是"人类政治列车的驾驶员"，政府对于人类实现善治仍然有着决定性的作用。善治本质上是一种合作治理，需要政府与公众的合作共治，而如何引导公众有序参与是未来我国政府实现"国家治理体系和治理能力现代化"的关键环节。

二、治理的公众参与价值

社会发展的复杂性和不确定性，对政府治理能力提出越来越高的要求。互联网技术持续的介入使得这种复杂性和不确定性更加强化，也进一步凸显出政府治理能力的局限性。参与的基本观点认为，官僚体制内的专家无法获得制定政策所需要的全部信息，甚至得不到正确的信息①。在这种情况下，政府必须重新考虑公众参与对于治理的意义。政府的控制权力从集中走向分散已经成为现代政治发展的趋势，而这种分散出去的权力的承接主体即社会公众及由公众组成的社会组织。

市场经济的发展推动了我国政治体制改革的发展，也促进我国的政治体制内部发生深刻变化。2008年实施的《中华人民共和国政府信息公开条例》为公众参与到政治生活提供了法律保障，也体现出我国政治透明化、政府决策民主化的发展方向。虽然我国的人民代表大会制度、中国共产党领导的多党合作制度，以及中国人民政治协商制度仍然存在诸多形式主义的问题，但其初始的理念也是基于公众参与的人民民主理论。因此，公众参与是政治发展的民主化的取向，也是治

① B·盖伊·彼得斯．政府未来的治理模式[M]．吴爱明，夏宏图，译．北京：中国人民大学出版社，2001:58.

理现代化的基本要求。

作为一种政治管理方式,治理有以下四个特征:治理不是一整套规则,也不是一种活动,而是一个过程;治理过程的基础不是控制,而是协调;治理既涉及公共部门,也包括私人部门;治理不是一套正式的制度,而是持续的互动①。这四个特征表明了治理主体是多元的,公众是其中关键的一环。参与是权力的分享,也意味着政府与社会关系的调整和再造。俞可平将参与作为衡量善治的标准之一,他认为"国家治理体系的现代化不仅需要政治精英的参与,还要有普通民众的参与"②。

三、作为治理典型的邻避冲突

近年来,由于社会急剧转型带来的矛盾增多,借助互联网等新型平台,草根民众的社会抗争逐渐走到了集体行动的前台。"典型的公众一旦进入政治领域,他的精神状态就跌落到较低水平上。他会毫不犹豫地承认,他辩论和分析的方法是幼稚的,局限于他实际利益的范围。"③ 邻避冲突反映了政府、企业与公众的紧张关系,也是公众试图影响政府决策的公众参与行为。从我国邻避冲突的实践看,其间的抗争参与具有明显的简单化、情绪化倾向。但是,多数情况下,邻避设施符合公共利益而伤害了少数群体利益。因此,邻避设施具有一定的公共性,为邻避冲突主体间的协商、合作提供了可能。治理需要可协商主体间的合作,而矛盾和冲突从某种程度上来说是协商的前提。事实上,协商是争议性议题与相异利益诉求倒逼的结果,需要各主体通过平衡各种不同的利益诉求就如何解决问题达成共识。

虽然我国大多数邻避冲突的结果是邻避项目的取消或迁址,但是仍然有一些邻避冲突被促成为政府、企业和公众间的公共协商,进而为共同面对的公共议题出谋划策,体现出合作治理的典型特征。2009 年广州市番禺市民反对垃圾焚烧事件发生后,社会各界开始热烈讨论共同面对的城市垃圾处理问题。作为一个公共性议题,城市垃圾处理需要政府和公众的合作。事实上,在广州番禺市民反对垃圾焚烧项目事件过程中,就有市民在网络空间呼吁开展搁置已久的垃圾分类处理工作。这个呼吁通过传统媒体报道后,也演变为社会讨论的公共话题。也正是在共识基础上,广州市的垃圾分类工作不断取得进展。2015 年 12 月 29 日,广州市垃圾分类处理项目获得了由联合国开发计划署颁发的"2015 中国城市可持续发展范例奖"。2017 年 12 月 27 日,广州市第十五届人大常委会第十一次会议表决

---

① 沈荣华,曹胜.政府治理现代化 [M].杭州:浙江大学出版社,2015:56.

② 俞可平.论国家治理现代化 [M].北京:社会科学文献出版社,2014:13.

③ 约瑟夫·熊彼特.资本主义、社会主义与民主 [M].吴良健,译.北京:商务印书馆,1999:36.

通过了《广州市生活垃圾分类管理条例》。公共政策的形成必然伴随理念、言论甚至行为的冲突，同时也触发了利益主体进行沟通的诉求机制。邻避冲突表现出的抗争性遮蔽不住其中多元参与、协商与合作的需要，是我国社会发展进程中典型的治理样本。

四、邻避冲突治理的参与传播向度

如前所述，邻避冲突是一个公众的参与实践和参与传播的场域。邻避冲突牵涉国家、市场和社会三方的利益，其治理则需要政府、企业和公众三个主体的合作。从社会的角度看，公众需要通过参与维护自身的知情权，并通过参加座谈会、听证会等活动争取参与决策的权利，进而在邻避冲突中维护自身的合法权益；从市场角度看，企业需要通过信息公开、风险沟通以获得公众的理解和支持，为项目建设顺利开展做好社会工作；从国家的角度看，政府同样需要依据法律规定，主动公开政务信息，引导公众参与到邻避决策过程中来。（见图 3.6）

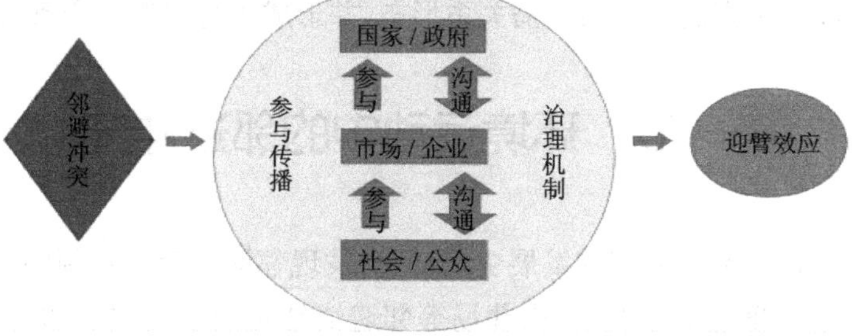

图 3.6 邻避冲突治理的参与传播向度

戈尔丁（P. Golding）和默多克（P. Murdock）认为："大众传播研究的主要任务不是去探究媒介信息的意义，而是通过研究信息的建构和解释以及形成这些建构的语境和压力来分析社会过程。①"。从参与传播的角度看，治理是国家与社会信息权力关系的调整。邻避冲突治理的参与传播向度，即关注邻避冲突过程中信息在政府、企业和公众间的流动状态，考察公众参与、风险沟通、官民合作三个环节的实践可能，以及政府如何利用媒介技术与公众沟通，并在这个沟通过程中如何调整政府和公众利益，促进邻避冲突向迎臂效应转化的可能性，实现统治到治理的政治伦理转变，靠近善治的政府治理理想。

---

① P Golding，P Murdock.Theories of Communication and Theories of Society [M]// 张晓峰，赵鸿燕．政治传播研究．北京：中国传媒大学出版社，2011：36.

第四章 邻避冲突的抗争参与

改革开放以来，伴随着急剧的社会结构转型，中国新的社会身份和社会认同群体也随之产生，社会行动者的种种政治表达和利益维护活动，重新成为社会政治生活的重要问题[①]。我国官方一般将邻避冲突界定为环保群体性事件，并将之纳入维稳工作序列。邻避冲突是伴随着我国环境运动的发展而凸显出来的，其发展逻辑亦符合新社会运动的"突生规范、集体认同和组织形式"三个要素。作为集体行动的一部分，邻避冲突同样以公众参与作为行动基础和核心内容。从参与传播理论视角看，公众作为一种被迫式主体参与到邻避冲突中，与政府、企业为代表的增长联盟形成一个充满张力的传播关系形态，并形成了特殊的媒介景观。

第一节 环境运动中的邻避冲突

考察世界各国邻避冲突的发展史，我们会发现邻避冲突与各国的环境运动密切联系在一起。虽然对于医院、火葬场等邻避情结是由于人文认知习惯而生成，但大部分邻避设施都与环境相关。作为一种以抗争参与为主要内容的集体行动，我国的邻避冲突需要从环境运动的脉络中去认识，同时要将西方新社会运动对我国的影响纳入研究视野。

一、新社会运动及其影响

2018 年是法国巴黎的"五月风暴"爆发 50 周年，人们对其评价至今仍存在很大争议。这场风暴被西方左翼理论家看作新社会运动开始的标志性事件。20 世纪 60 年代末，西方社会以学生、青年、同性恋者、妇女、绿党、反战分子等为主体掀起了一场反资本主义运动。不同于传统的社会主义运动和左翼运动的工人阶级，他们的组成成分更为分散、多元、复杂，自称"新左派"。他们批判资本主义工业化社会的人性异化、环境破坏、性别压抑等等，矛头指向资本主义的官僚体制。

① 于建嵘．抗争性政治：中国政治社会学的基本问题 [M]. 北京：人民出版社，2008:4.

20 世纪 70 年代，欧洲社会爆发大规模的反核、保护环境为宗旨的绿色和平运动和女权运动，并发展为欧洲规模最大、动员面最广的群众运动。作为一种反制度的运动，最初的新社会运动怀疑制度化政治解决问题的能力。随着运动成员进入西方各国议会，取得数量可观的议席，使得新社会运动从开始的边缘化的反建制力量转身变成重视制度建设的主力。苏东欧剧变后，新社会运动获得了更为广阔的生存空间和发展动力。今天新社会运动的参与面更宽、内容更广泛、形式更多样、支持者更多，已经发展成为当代西方社会发展中的政治景观。

我国学者刘颖认为“新社会运动”主要表现为以下几方面的特点：运动主题，其直接目标不在于为社会特定群体争取直接利益，而是更多地表达社会的普遍关注，如环保、和平、公共健康等等；运动理念，其终极目标是建设公民社会，关注社会生活的各个方面，提倡新的生活方式和文化价值观；组织结构，其组织方式是非正式的，松散而灵活，由 NGO（非政府组织）而不是政党或政府组织发挥作用；运动风格，其高度依赖现代大众媒介，常常通过社会营销、借助于媒体诉求和形象建构来争取社会公众的广泛关注和支持，为新政策的推行创造良好的舆论环境；阶级基础，并非由社会上占不利经济地位或受压抑的少数派发起，而是以价值观和问题为基础进行的动员[①]。

西方新社会运动所关注的环境议题逐渐被政府重视。1972 年，联合国在斯德哥尔摩召开了人类环境会议，通过了《联合国人类环境会议宣言》，其中强调“在现代，如果人类明智地改造环境，可以给各国人民带来利益和提高生活质量；如果使用不当，就会给人类和人类环境造成无法估量的损害”[②]。1973 年由国务院委托国家计委在北京组织召开的第一次全国环境保护会议揭开了中国环境保护事业的序幕。会议通过了《关于保护和改善环境的若干规定》，确定了“全面规划、合理布局、综合利用、化害为利、依靠群众、大家动手、保护环境、造福人民”的“32 字方针”，这是我国第一个关于环境保护的战略方针[③]。西方新社会运动的成果首先是通过政府行为传导到我国，促进了我国政府环境保护工作的开展。

随着我国的改革开放，西方新社会运动思潮亦通过各种渠道对我国社会产生影响。自 1996 年来以来，我国环境群体性事件一直保持年均 29% 的增速，2012

---

① 刘颖．反全球化运动：新社会运动理论的视角 [J]. 欧洲研究，2005（2）：58-72.

② 1972 年斯德哥尔摩人类环境会议 [EB/OL]. 中国网，（2012-06-12）[2018-09-01] http://www.china.com.cn/international/zhuanti/2012-06/12/content_25625835.htm.

③ 第一次全国环境保护会议 [EB/OL].（2018-07-13）[2018-09-01]. https：//www.mee.gov.cn/zjhb/lsj/lsj_zyhy/201807/t20180713_446637.shtml.

年中国环境重大事件增长120%[①]。虽然我国环境运动有自己的特殊政治、社会、文化背景，但其参与主体、运动内容等与西方新社会运动中形成的环境主义（Environmentalism）的价值追求和伦理指向是一致的。特别是近十年来频发的邻避冲突，在形式上也逐渐与西方的新社会运动对接。2007年爆发的厦门PX项目事件中，公众借助网络等媒体力量，以集体行动的方式表达意见，影响了地方政府的公共决策，在我国邻避冲突发展史上具有里程碑的意义。

二、我国环境运动的发展

新中国成立后，我国政府和公众为摆脱贫困，把发展经济作为重中之重。在“人定胜天”的政治哲学氛围下，人们将大自然作为斗争的对象，较少关注环境问题。即使在战天斗地的年代，仍然有文献记载，1973年河北省沙河县磷肥厂废气废水污染村庄农作物并危害村民身体，附近褡裢乡赵泗水村村民多次到厂、乡和县反映污染受害情况均被驳回，引发村民聚集到村管委会并强烈要求其立即采取措施制止该厂继续污染环境，导致该村村干部派人关闭磷肥厂的电闸以示抗议。沙河县县委最终将此事件定性为“反革命破坏事件”，村委两人被开除党籍，逮捕法办，游街示众，分别判处有期徒刑3年和7年[②]。这个案例发生在文化大革命时期，具有明显的历史特征，也说明环境问题一旦触及生存伦理，必然会引发受害者的抗议。

1979年9月，中国颁布了新中国成立以来第一部综合性的环境保护基本法——《中华人民共和国环境保护法（试行）》，把中国的环境保护方面的基本方针、任务和政策，用法律的形式确定下来[③]。该法规定“公民对污染破坏环境的单位和个人有权监督、检举和控告”“对违反本法和其他环境保护的条例、规定、污染和破坏环境，危害人民健康的单位，各级环境保护机构分别报同级人民政府批准，予以批评、警告、罚款，或者责令赔偿损失、停产治理”等内容。从此之后，我国公众在面对环境污染时有了检举、控告和要求赔偿的法律依据，也为后来兴起的环境运动提供了制度基础。《环境纠纷案例》一书中详细记录了20世纪80年代发生在湖北、北京、福建、河南、浙江、安徽、湖南等地的7起因为环境污染引发的群

① 近年来我国环境群体性事件高发 年均递增29%[N/OL]. 中国网，2012-10-27[2018-09-01] http://www.china.com.cn/news/2012-10/27/content_26920089_3.htm.

② 赵永康. 环境纠纷案例 [M]. 北京：中国环境科学出版社，1989：195-196.

③ 1979年中国首次颁布环境保护法 [N/OL]. 人民网，2001-12-21 [2018-09-01] http://www.people.com.cn/GB/huanbao/55/20011221/632002.html.

体抗争事件①。

1988年，我国歌手范琳琳在“中国潮之夜”大型歌会上演唱了作曲家士心的作品《伐木者醒来》。歌中写道：“伐木者醒来、醒来吧，没有森林地球将山穷水尽，伐木者醒来、醒来吧，没有森林人类将无法生存。”1997年，由徐刚所著的同名书籍《伐木者醒来》（*Woodcutter, wake up*）出版，揭示当时我国森林滥砍滥伐的现状，呼应社会关注森林保护。在同一时期，环保社会组织开始出现。1991年4月20日，辽宁省盘锦市黑嘴鸥保护协会成为我国最早注册的一家环境NGO组织。1994年，“自然之友”在民政部注册成功，至今发展成为我国影响力最大的环境NGO组织，标志着我国民间环境运动的开启。20世纪90年代中期之后，我国环境运动随着各类环境污染的加剧进入快速增长阶段，集体行动事件呈现出了明显增多的趋势（见表4.1）。

表4.1　20世纪90年代中期以来的环境信访上访情况②

年份	环境污染与破坏事故数（次）	污染与破坏事故直接经济损失（万元）	群众来信总数（封）	群众来访总数
1995年	1966	3854.7	58678	94798人次
1996年	——	——	67268	47714批次
1997年	——	——	106210	71528人次/29677批次
1998年	——	——	147630	93791人次/40151批次
2000年	——	——	247741	139424人次/38246批次
2001年	1842	12272.4	367402	80329批次
2002年	1921	4640.9	435020	90746批次
2003年	1843	3374.9	525988	85028批次
2004年	1441	36365.7	595852	86414批次
2005年	1406	10515	608245	142360人次/88237批次
2006年	842	13471.1	616122	71287批次

进入新世纪，我国公众的环保意识越来越强。相关资料显示，2005年以来，我国环保部直接接报处置的事件共927起，重特大事件72起，其中2011年重大事件比上年同期增长120%③。2013年，“雾霾”成为我国社会的年度关键词，进一步

① 赵永康．环境纠纷案例[M]．北京：中国环境科学出版社，1989：176-194.

② 童志锋．历程与特点：快速转型期下的中国环保运动[J]．理论月刊，2009(3)：146-149.

③ 2011年重大环境事件同期增长120%[N/OL]．中国日报网，2012-09-18[2018-09-01] http://www.chinadaily.com.cn/hqcj/zxqxb/2012-09-18/content_7038003.html.

强化了我国公众的环保意识。正是在这个时期,以垃圾焚烧厂选址、PX项目、磁悬浮列车项目、核电站及核废料处理项目等为代表的邻避设施不断引发公众抗议。2007年的厦门PX项目事件引发了厦门市民走上街头,进行游行抗争,并最终以项目搬迁、政府妥协结束。此次抗争的成功具有明显的示范效应,继起的2009年的广州番禺垃圾焚烧厂选址事件,更是在我国的舆论场中反复发酵,邻避意识也深植公众心中。从此,邻避议题在我国环境运动中凸显出来,邻避冲突的数量随之迅速增加。

三、我国邻避冲突的抗争十年

2000年以来,我国的城市社区开始出现少量的邻避冲突。随着房地产市场的兴起,城市房屋的商业价值不断攀升,使得公众对于社区的周边环境更加敏感,财产权利意识也不断增强。由于前期规划意识不强,政府、企业负责的一些道路交通、垃圾处理和变电站建设等项目建设对房屋的商业价值可能产生潜在的影响,进而引发当地居民的反对和抗议。作为一种特殊的环境运动形式,邻避冲突不同于一般性环境污染引发的集体行动。前者一般是预防性抗争,对于项目建设的走向可以产生直接影响;后者属于事后救济性抗争,多是促进政府或企业采取措施减轻环境污染的程度。

随着城镇化进程的加速,作为居民的生存空间的城市面临越来越多的规划难题。2007年,北京六里屯市民反对建设垃圾焚烧事件、厦门市民反对PX项目事件将隐藏在我国城市化过程中的邻避议题空前凸显出来。相比北京六里屯市民反对建设垃圾焚烧厂事件,厦门PX项目事件中公众参与程度要更高,影响力也更大。厦门PX项目事件最终引发了国内外媒体的广泛关注,成为当时全国公众关注和热议的话题,也正式将邻避冲突概念带入我国的政治话语空间中来,而其公众抗争参与的方式也不断被后继的邻避冲突中的公众借鉴、学习和创新。从2007年到2017年,我国各级城市陆续发生各类邻避冲突,不断出现以公众抗争参与为核心内容的集体行动(见表4.2)。从时间上看,近十年来我国邻避冲突爆发的频率一直处于较高状态。2016年上半年,规模较大的环保类群体性事件至少有52起,其中千人以上规模的就有12起,涉垃圾类的有19起,涉工业污染的19起,涉变电站的6起,涉污水处理的1起。本文统计的数据来源于媒体的公开报道,一些邻避冲突对于某些地方政府来讲仍然是相对避讳的话题,许多邻避冲突并未公之于众。

表 4.2　2007—2017 年间我国城市主要邻避冲突（根据媒体报道整理）

时间	地点	事由
2007 年 3 月	北京市海淀区六里屯	反对垃圾焚烧厂建设
2007 年 6 月	福建省厦门市	反对 PX 项目
2008 年 1 月	上海市浦东区	发对磁悬浮项目
2008 年 7 月	江苏省南京市	反对变电站建设
2008 年 12 月	广东省广州市	反对变电站建设
2009 年 8 月	北京市昌平区阿苏卫	反对垃圾焚烧厂建设
2009 年 11 月	广东省广州市番禺区	反对垃圾焚烧厂建设
2010 年 8 月	北京市门头沟区	反对磁悬浮项目
2011 年 8 月	辽宁省大连市	反对 PX 项目
2012 年 6 月	广东省清远市	反对垃圾焚烧厂建设
2012 年 7 月	四川省什邡市	反对钼铜项目
2012 年 10 月	浙江省宁波市	反对 PX 项目
2013 年 5 月	四川省成都市	反对 PX 项目
2013 年 5 月	云南省昆明市	反对 PX 项目
2013 年 7 月	广东省江门市	反对核燃料项目
2014 年 4 月	广东省茂名市	反对 PX 项目
2014 年 5 月	浙江省杭州市余杭市	反对垃圾焚烧厂建设
2014 年 5 月	广东省余杭市	反对磁悬浮项目
2014 年 9 月	广东省惠州市	反对垃圾焚烧厂建设
2014 年 11 月	海南省海口市	反对麻风病等特殊医疗机构建设
2015 年 6 月	上海市杨浦区	反对社区养老院建设
2015 年 8 月	浙江省象山县	反对垃圾焚烧厂建设
2016 年 6 月	广东省珠海市	反对社区养老院建设
2016 年 8 月	江苏省连云港市	反对核废料项目
2017 年 3 月	广东省肇庆市	反对工业废弃物处理项目

从地域看，我国的邻避冲突主要在城市中发生。据我国国家统计局的信息显示，2016 年，我国城镇常住人口比重为 57.35%，与 2012 年相比，常住人口城镇化率提高 4.78 个百分点，年均提高 1.2 个百分点；城镇常住人口增加 8116 万人，年均增加 2029 万人。城镇化是我国经济社会发展的既定战略，牵涉公众与城市政治、经济、文化、社会和生态的关系变迁，势必引发诸多复杂性矛盾。随着城镇化

的深化,“一方面,城市对城市公用事业和市政基础设施的需求激增,越来越多的邻避设施不断兴建;另一方面,由于利益多元化、公众环保意识和权利意识的强化以及信息传播渠道的增加,公众对邻避设施所带来的影响的感知能力和表达能力也将不断增强,邻避争议可能性增加”①。

从公众反对的项目看,近十年我国邻避冲突的主题主要与垃圾处理、PX项目和核工业相关的内容有关。特别是城市垃圾处理议题,直到今天我国各大城市并没有形成一个公认的高效、公正、合理的处理模式。在技术层面,垃圾焚烧已经从理论上解决了二噁英超标排放的问题;在认知层面,政府、公众都明白垃圾处理势在必行;在经济层面,企业面对着不可多得的商业机会;在实践层面,垃圾处理邻避效应已经形成,并将长期面临选址与反对的多重困境。另外,PX项目已经被“技术污名化”②,公众的风险认知有过分夸大的嫌疑,已经直接影响到相关产业的健康发展。随着我国核能产业的快速发展,与之相关的邻避冲突已经显现出来,将是未来一段时期我国面临的主要邻避议题之一。值得注意的是,诸如养老院、特殊医疗机构等项目也已经成为我国城市公众的邻避对象。这说明我国邻避冲突已经开始向社会生活的细微处渗透,亟需政府和公众形成成熟、理性、合理的应对机制。

第二节 邻避抗争参与的动力结构

从西方发达国家的历史看,邻避冲突是经济社会发展到一定阶段的产物。邻避冲突首先以公众参与的形式表现出抗争性,有时会携带个人私利、集团政治利益等呈现出立场的偏狭性。在我国,邻避抗争参与是一种非制度性参与,脱离了制度化轨道,极易导致冲突双方协商能力的丧失。从人与自然的关系看,邻避抗争参与是公众环境正义与政商发展主义的矛盾外显,带有自然主义的正义性;从国家与社会的关系看,邻避抗争参与是公众为维护自身经济、健康和文化利益与政府、企业的一次集体对抗;从参与传播的视角看,邻避抗争参与是网络时代公众通过新兴媒介进行自我赋权,实现从近用到交互,再到参与决策的分享权力的过程。正是上述三个方面,组成了邻避抗争参与的动力结构,为公众在邻避冲突中

① 何艳玲.对“别在我家后院”的制度化回应探析:城镇化中的“邻避冲突”与“环境正义”[J].人民论坛·学术前沿,2014(6):56-61.

② 汤景泰,星辰.技术污名化的传播机制:基于系列邻避事件的分析[J].现代传播(中国传媒大学学报),2018,40(2):49-55,74.

提供了源源不断的参与动力。

一、作为价值观的环境正义

生态民主和公共参与赋予了环境问题以政治意义①。邻避冲突属于生态危机的结果框架，与当前的环境问题密切相关。生态危机是专门用来表明人类活动与自然关系的概念，主要指由于人类不合理的活动，导致基本生态过程即生态结构与功能的破坏和生命支撑系统的瓦解，从而危害人类存在的现象②。邻避抗争参与是人类避险意识作用于社会实践的过程，在价值观上指向环境正义。正义与公平密切相关，其概念包含了强烈的平等主义意蕴。

20世纪50年代，美国绿色理论家和社会理论学家默里·布克钦（Murray Bookchin）积极参加各种生态运动，把"所有的生态问题均植根于社会问题"③。他强调由于不同群体在资源占有、话语表达、决策权力等方面存在不平等，从而导致环境的责任、权利、义务的分配不公，而环境非正义的社会根源正是阶层差异。1982年，美国爆发了"沃伦抗议"运动，非裔美国人和低收入白人反对把有毒废弃物堆放在自己的社区④。在这个运动过程中，参与者将种族平等观念与环境结果联系在一起，认为美国的环境政策导致了社区与种族不平等的后果。从此环境正义思想融入美国的环境运动中，人们开始重视环境议题背后的种族利益关系，形成了一种用公平正义观念审视环境问题的伦理取向。美国国家环保局将"环境正义"规定为在环境法律、法规、政策的制定、遵守和执行等方面，全体人民，不论其种族、民族、收入、原始国籍和教育程度，应得到公平对待并卓有成效地参与⑤。

环境正义从人类与自然的关系着手，关注环境问题中人与人之间社会关系结构的紊乱，强调不平等的政治结构是环境非正义问题的源头。环境正义理论基本解释了我国邻避冲突中隐含的权力结构严重失衡的问题，即邻避抗争参与是公众对自身环境权利受迫性状态不满的反应，其政治性的指向是与政府、企业为代表的增长联盟平等地分享环境议题的决策权力。随着我国经济的发展，人们生活水平显著提高，特别是新兴的城市中产阶层的权利意识显著增强，对于平等、正义的价值追求更为强烈。从我国近十年的邻避冲突的案例来看，邻避抗争参与的能动

---

① 刘涛．环境传播：话语、修辞与政治 [M]. 北京：北京大学出版社，2011：1.

② 佘谋昌．当代社会与环境科学 [M]. 沈阳：辽宁人民出版社，1986：213.

③ Murray Bookchin. Remaking society[M]. Montreal：Black Rose Books，1989：39.

④ Troy W Hartley. Environmental Justice：An Environmental Civil Rights Value Acceptable to All World Views[J]. Environmental Ethics，1995，17：277-278.

⑤ 张斌．环境正义理论与实践研究 [D]. 长沙：湖南师范大学，2009.

主体主要有新兴的城市中产阶层组成。这些城市中产阶层一般具有城市居民身份,多具有良好的教育背景,且已经在长期的城市生活中构建了自己的社会资本,为邻避抗争参与储备了条件。

从我国的政治发展现实来看,制度正义很多时候处于一种虚化状态,对于一些地方政府来说已经形成"上有政策,下有对策"的执政惯习。这种境况导致在分配正义层面的不公平,形成了社会认知上的正义价值感的稀缺状态。从理论上讲,环境问题牵涉所有人的利益,是一种公共麻烦。具体到邻避问题,其损害的往往是相对固定群体的利益,造成了公平正义的某种失衡状态。环境正义本质上是社会问题,它与各种政治、经济、社会问题相关联。邻避冲突是社会变迁过程中凸显出的一种社会矛盾,公众参与首先以抗争的形式出现,背后的动力正是环境正义的价值观被侵害。因此,环境正义成为我国邻避抗争参与社会心理机制和基础动力因素之一。

二、网络社会的新媒介赋权

纵观人类传播技术的变迁史,我们不难得出如下结论,即每一种媒介形式的出现都为人类迈向自由提供了垫脚石。古登堡的铅活字印刷术不仅仅引发了一次媒介革命,更是使得欧洲人民得到独立获取知识的能力,为最终走出黑暗的中世纪打下了基础;大众媒体的出现同样携带了自由的因子,不断赋予公众改造、变革社会的能力;网络社会的到来同样给人类带来相同的力量,只不过这一次引发的是更深层次的媒介革命。网络社会一词,首次出现于学者狄杰克(Jan van Dijk)于1991年出版的书《网络社会》(*De Netwerkmaatschappij*)。狄杰克认为,网络社会是由各种不同网络交织所形成,而网络也决定了社会的走向。曼纽尔·卡斯特(Manuel Castells)于1996年出版的《网络社会的兴起》(*The Information Age*)中大量使用网络社会的概念来描述当代社会的转型。他认为由于科技越来越进步,无远弗届的沟通以及运输工具的发达更加强了点对点的互动,社会组织已经由过去垂直或水平式组织,转变为分散的形态。旧有的社会是由团体、组织与社群聚集而成,但网络社会却是由点与点之间联结而构成。曼纽尔·卡斯特认为,网络社会对于制造、经验、权力以及文化具有很大的影响力。

随着20世纪90年代以来信息技术高速发展,新媒介逐渐成为社会变革的基础性力量。这种基础性力量主要表现在传播与权力关系的解构与重构上,引发了广泛的政治与文化参与,使得去中心化、去组织化网络交往成为社会发展的常态。这种以人为中心的传播形态是在互联网赋权之下进行的,它强调人的自醒、反思、自决、担当、行动及自治在社会发展中的作用，重视多元主体间权力博弈的过程，注重合法性在日常生活中的解构与重构。互联网最终以新媒介形式介入人们生活，如果我们将互联网赋权具体化便是新媒介赋权。新媒介赋权可以从两方面理解：一是社会的媒介化，对现有社会结构和社会关系的解构，其中最重要的是它正在改变社会的权力结构；二是媒介的社会化，它重构了社会关系与社会结构[①]。通过新媒介赋权，公众获得了前所未有的信息占有、言论表达和政治、经济、文化参与的渠道和能力。因此，新媒介赋权使得国家与社会间的信息相对对称成为可能，赋予公众对所处环境进行自我判断的能力；新媒介赋权使得公众可以获取异质性资讯，产生信息辨别的欲望，使得言论表达有了信息基础；新媒介赋权最重要的是推动参与，实现公众在公共事务的决策中分享权力的目标。但这一切都并非自然发生，新媒介赋权公共价值的实现同样需要相应的社会条件和机会。

根据中国互联网络信息中心（CNNIC）发布的第 49 次《中国互联网络发展状况统计报告》，截至 2021 年 12 月，我国网民规模达 10.32 亿，互联网普及率达 73.0%；我国农村网民规模已达 2.84 亿，农村地区互联网普及率为 57.6%[②]。我国的网络化生存已经呈现出常态化趋势，随着网络技术的普及和迭代更新，我国网民的规模仍将继续扩大。特别是互联网引发了媒介技术形态的变革，受众与媒介的关联更加密切，使得网络已经成为人类不可或缺的生活资料。在一个高度媒介化的世界当中，公众身份也逐渐加入了媒介化因素，公众参与也带有强烈的媒介化色彩。公众参与借助互联网平台呈现出爆发式增长，网络论坛、社交媒体成为公众传播信息、进行参与动员的重要渠道。社会因媒介成为可能，因新媒介而成为新的可能[③]。我国的邻避冲突从 2000 年开始逐渐兴起，在近十年中频繁爆发，而这类以抗争参与为主要内容的集体行动与我国互联网技术发展引发的媒介革命密切相关。毫无疑问，网络社会的新媒介赋权也是组成我国邻避冲突动力结构的基础性因素，也是邻避冲突发生的基础性动力之一。

三、基于安全的社群利益自保

美国 20 世纪著名法学家罗斯科·庞德（Roscoe Pound）将利益分为个人利益、

---

① 师曾志，金锦萍．新媒介赋权：国家与社会的协同演进 [M]. 北京：社会科学文献出版社 .2013：12.

② 我国网民规模达 10.32 亿 [R/OL]. 2022-02-25[2022-09-01] http://www.gov.cn/xinwen/2022-02/25/content_5675643.htm.

③ 马克斯韦尔·麦库姆斯．议程设置：大众媒介与舆论 [M]. 郭慎之，等，译．北京：北京大学出版社，2008：2.

公共利益和社会利益。他将社会利益进行了分类:一般安全之中的社会利益、社会制度之安全的社会利益、公共道德之中的社会利益、社会资源保护的社会利益、社会进步的社会利益和个体生活中的社会利益①。庞德将保护社会团体的社会利益看作任何社会中法律皆认可的首要利益,而法律的产生和原始法的存在都是为了维护这个利益中很小的一个方面,即社会秩序中的和平与正义。邻避设施的负外部性侵犯了特定社群联盟的利益,而邻避抗争参与正是为了维护社会团体的社会利益。

环境危机涉及每一个人的健康与安全,环境问题背后隐藏着政治的、文化的、社会的、伦理的深层意义,而且是任何商业力量和政治力量都不得不面对的公共问题,同时根本上又指向了深层的制度问题、伦理问题、阶级问题、种族问题和性别问题,因而便可以在全社会范围内构建一个属于特殊阶层、特殊群体的"绿色公共领域",进而借助"绿色公共领域"的建构来推动必要的政治变革或意识转型②。在邻避冲突构建的斗争场域中,政治力量和商业力量组成的增长联盟侵犯了以公众为主体的社群联盟的健康、安全、经济和文化利益。然而情况复杂之处在于,邻避设施的建设往往是为了满足更大范围群体的利益。这就让社群联盟在维护自身利益的同时背负一定的公共道德压力。近年来邻避冲突的频发,实质上反映的是日益觉醒的公民权利意识与滞后的社会整合机制之间的矛盾③。

我们可以通过考察各类邻避冲突案例中的公众抗争话语,解析社群联盟面对不同邻避设施负外部性的利益诉求(见表 4.3)。从中可以看出,邻避冲突中社群联盟主要聚焦邻避设施的负外部性所导致的公众健康、经济、政治(知情、表达、参与)、人文等方面的利益受侵,并基于此产生邻避抗争参与。总结来看,社群联盟的邻避抗争参与建立在生存理性、经济理性和政治理性的价值基础之上,并以各种各样的抗争方式进行利益自保。在邻避抗争参与过程中,社群联盟借助各类媒介渠道,形成了独特的媒介景观。

---

① 罗斯科·庞德,通过法律的社会控制 [M]. 沈宗灵,译 . 北京:商务出版社,2010:124.

② 刘涛 . 环境传播:话语、修辞与政治 [M]. 北京:北京大学出版社,2011:281.

③ 王佃利 . 邻避困境:城市治理的挑战与转型 [M]. 北京:北京大学出版社,2017:2.

表 4.3　部分邻避抗争参与利益诉求（根据媒体报道整理）

邻避设施类别	案例时间地点	公众抗争话语	利益诉求
PX 项目	2014 年 4 月 广东•茂名	不管 PX 项目有没有毒，终究是化工产品。茂名是靠石油兴起的城市，环境的污染在茂名显而易见：油厂冒出很浓的白烟，许多人患有鼻炎，茂名的河里早就没有了鱼。	健康
垃圾焚烧厂	2009 年 8 月 北京•阿苏卫	你们连垃圾填埋厂都管理不好，拿什么来相信你们能管好焚烧厂？	政治（信任）
		我们无法放心和相信即将建设的阿苏卫垃圾焚烧项目能做好监管。	
	2014 年 5 月 浙江•余杭	我们要去规划局要求听证，后来政府也没有反应。省政府、市政府、乡政府，我们天天去的，他们也不作回应。	政治（知情）
核燃料项目	2013 年 7 月 广东•江门	别把江门变肛门；还我绿色家园；要生命，不要 GDP。	健康
磁悬浮	2014 年 5 月 广东•深圳	我反对磁悬浮最大的理由不是担心磁辐射影响健康，而是担心由于多数人担心磁辐射影响健康导致我的房产贬值。	经济
钼铜深加工	2012 年 7 月 四川•什邡	那天上午挺热闹的，鞭炮齐鸣，这里来了很多车、很多官员，后来回家看电视才知道这里要建一个钼铜项目。	政治（知情）
变电站	2008 年 7 月 江苏•南京	我们这个区域居民小区众多，我们都坚决反对在那里建立高压变电站，高压变电站所产生的巨大电磁辐射会对附近居民的身体健康造成严重危害。我们家附近有很多学校，每天都会有很多学生经过，建高压变电站必有高压线，对居民、对学生都是巨大的潜在威胁。	健康
麻风病医院	2014 年 11 月 海南•海口	你说你做的防护好，不会污染，可是掏心窝讲，谁都希望这个东西离自己远一点儿。	健康
养老院	2016 年 6 月 广东•珠海	该中心对外宣传要设临终关怀，以后这里要经常有 120、殡仪馆的车辆进入，业主们都觉得无法接受。	人文

第三节　邻避抗争参与的媒介景观

邻避冲突是因特定事件，在特定时空，由特定群体参与的集体行动。在这个特殊的参与传播场域中，社群联盟作为参与主体通过各类媒介表达利益诉求，开展行动动员，形成与官方舆论抗衡的民间舆论场，进而引发大众媒体的关注，形成邻避议题的公共议程，进而迫使增长联盟展开对话，以达到参与公共决策、分享公共权力的目的。网络时代让公众有了前所未有的媒介渠道进行公共表达，打破了政府媒介权力的垄断状态；意见领袖仍然在邻避冲突这个传播场域中发挥重要作用,但仍会因为其政治地位、知识结构及理性能力对结果产生不同影响;在“压力型”体制下,我国的地方政府的政务信息往往缺乏透明度,造成政府公信力的缺失,这就给谣言提供了传播机会,并且成为近年来我国集体行动的动员力量。

一、邻避抗争参与的媒介使用结构

1983年,美国麻省理工学院的伊契尔·索勒·普尔(Ithiel De Sola Pool)在《自由的科技》一书中提出“传播形态融合”概念,本意为指各种媒介呈现出多功能一体化的趋势。随着互联网技术对于媒体发展的深度介入,“传播形态融合”概念发展为“媒介融合”(Media Convergence),并得到广泛认可。媒介融合不是媒体形式本身的融合,而是关联了社会效能和媒介价值的融合。实践证明,随着互联网技术的迭代创新,媒介融合持续深入发展,其政治、经济、文化和社会价值也不断外溢出来。媒介融合在推动媒体形式交融的同时,逐渐成为构建媒介化社会的核心力量。在新、旧媒体的冲突地带,信息传播开始经历跨媒介叙述的过程。

从空间意义上讲,邻避冲突是社群联盟和增长联盟围绕城市空间的一次争夺。我国正处于城市化加速推进的过程中,城市空间资源的稀缺所致的集体行动将会变得越来越普遍。在移动互联时代,新媒介技术让公众表达渠道更加通畅,这使得邻避冲突的空间争夺首先是从媒介空间展开。在媒介融合过程中,传统媒体的总体衰落与新兴媒体的快速崛起形成明显对比。人们总倾向于选择便捷通道抵达目的地。随着移动社交媒体的自我动员力日益增强,公众的媒介选择与使用会直接影响“邻避”冲突的最终结果。在我国邻避冲突中,公众抗争参与亦不知不觉遵循了这种跨媒介叙述的逻辑,形成了新、旧媒体组合的媒介使用结构。我们下面通过分析厦门PX项目事件的跨媒介叙述过程,看我国邻避抗争参与的媒介使用结构。

第一阶段:2007年3月,全国政协委员厦门大学化学系教授赵玉芬委员联合104名政协委员,在“两会”期间向政府提交了一项建议暂缓厦门PX项目建设、重新选址勘查论证的提案。《中国经营报》于3月9日“以厦门百亿化工项目安危争议,105委员提案要求迁址”为题对事件进行了报道,引发网络转载。其中,知名专栏作家连岳在其博客“连岳的第八大洲”转载此报道时起名《厦门自杀》。《南方都市报》《中国青年报》对赵玉芬委员的提案亦进行了报道,而厦门当地最重要的报纸《厦门日报》《厦门晚报》《厦门商报》未做任何报道。

第二阶段:2007年3月13日,连岳在其博客“连岳的第八大洲”中发表博文《厦门人民这么办!》,引发网民广泛议论。《华盛顿邮报》等外媒对连岳的博客及当时厦门市民对 PX 项目的反对情况进行了报道。从此厦门 PX 项目的邻避舆情开始在网络空间持续发酵，网络论坛、QQ、MSN、电子邮件成为信息传递的重要网络渠道，其中厦门的网络论坛“小鱼论坛”和“还我厦门碧水蓝天”的 QQ 群成为当时讨论热烈的网络社群。至此，厦门 PX 项目的网络舆情逐渐升温。

第三阶段：2007 年 5 月，上海《第一财经日报》和新华社下属《瞭望东方周刊》对厦门 PX 事件进行了报道，其中《瞭望东方周刊》将当地政府官员对该项目的积极推动与学者、委员们锲而不舍的反对进行了详细报道。2007 年 5 月 20 日，《凤凰周刊》则发表《厦门：一座岛城的化工阴影》引起全国公众巨大反响。随后，《凤凰周刊》被厦门市政府相关部门禁止销售，所有杂志被收缴。

第四阶段：2007 年 5 月 28 日，名叫“夏门浪 22”网友发布一条题为“反污染！厦门百万市民疯传同一短信”的网络曝料，称厦门市民为了抵制政府建设高污染的 PX 项目，数百万厦门市民互相转发一条相同的短信。2007 年 5 月 30 日，厦门市政府召开新闻发布会，宣布政府决定缓建 PX 项目。《厦门日报》《厦门商报》《厦门晚报》等当地媒体在 29、30 日从官方角度进行了支持项目建设的连续报道，试图引导舆论。当日，国内的《华西都市报》和《重庆晨报》等非厦门媒体亦进行了报道。

第五阶段：2007 年 6 月 1 日，臂缠黄丝带的厦门市民走上街头，在市政府门前“散步”，持续到下午 2 时许。当日下午 3 时 30 分，厦门市政府紧急召开仅有 5 分钟的新闻发布会，称目前项目已经停工，正在重新环评，时间在半年以上。在随后的市民座谈会、听证会上以及网络投票中，厦门市政府并没有说服公众。2007 年 12 月 12 日，台湾翔鹭集团在《南方周末》上发表《致厦门市民的公共信》。2007 年 12 月 20 日，福建省政府和厦门市政府决定将该项目迁建至漳州古雷半岛。

通过以上梳理，我们可以总结厦门市民反 PX 项目事件的跨媒介叙述过程，即市场类报纸报道政协委员提案，知名博客转发报道并进行深度评论，网友通过 BBS、QQ 群、电子邮件等网络渠道互动讨论，海外媒体进行跟进报道，市场化媒体再次进行跟进报道，手机短信引发网络热烈讨论，厦门官方媒体介入引导舆论失败。虽然这只是个案，但从中我们大体可以总结我国邻避抗争参与的媒介结构。（见图 4.1）

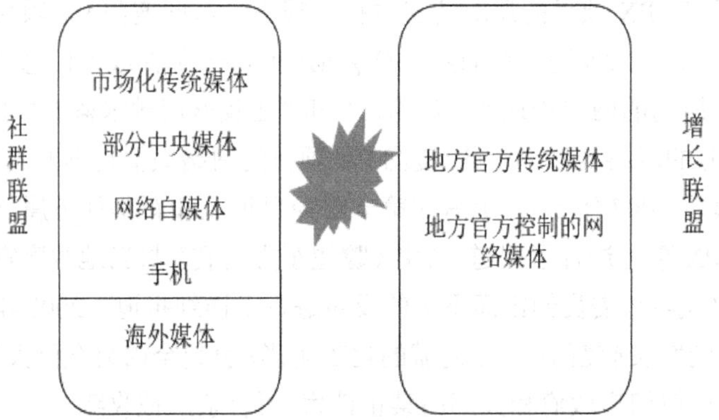

图 4.1 我国邻避抗争参与媒介使用结构图

二、意见领袖的网络动员

改革开放 40 年，我国公众参与集中体现在公众利益的表达上。在舆论领域，网络成为公众表达的主要场所，社交媒体以其无远弗届的链接能力聚集民意，可以瞬间把社会事件变成舆论焦点。当传播手段变得普及、去中心化和容易获得时，自由就会获得促进，正像档案印刷机或微型电子计算机所带来的影响一样①。今天的中国，网络参与已经是公众参与最重要的方式之一，已经成为参与性社会兴起的标志。在一个媒介化的世界当中，我们的日常生活乃至政治参与都与媒介息息相关。作为建构社会的基础性力量，媒介处于社会各主体的中间地带，在社会历史发展进程中发挥着独特作用。

随着网络社会的兴起，公众触媒壁垒进一步被打破，其媒介使用的主动性、参与性显著增强。网络时代的意见领袖亦借助新兴媒介增强其传播能力，有时甚至直接影响公共舆论的走响，进而形成广泛的“网络社会动员”。与传统动员相比，网络动员具有广泛性，信息的传播范围在理论上无限大；同时又具有虚拟性，容易出现谣言等虚假信息，导致舆论的膨胀效应；传播效能高，在短时间内将信息扩散出去，造成“滚雪球效应”。目前中国的网络动员主要可以分为两种：一是由网外的危机事件触发，网民在现实言论场域不够开放、社会保障机制不够健全或有限的社会救助难以到达每一个体等情况下，往往将网络当成了寻求公平、正义，表达利益诉求的“救命稻草”和几乎屡试不爽的“灵丹妙药”，这类动员常以网络救助、网络维权、网络集会、网络审判、网络反腐、网络签名等形式出现，与个人权益或社

① 亨利·詹金斯．融合文化：新媒体和旧媒体的冲突地带 [M]．杜永明，译．北京：商务印书馆．2012：41．

会政治生活密切相关；二是带有狂欢或发泄性质的网络聚集行为，如网络暴力、网络恶搞、人肉搜索、快闪暴走等，这类动员活动不以利益诉求为目的，而是带有批判意味或娱乐精神，有的还造成了严重的侵害后果①。

拉扎斯菲尔德（Paul Lazarsfeld）认为"意见领袖"是人际传播中积极活跃者、主观能动性强者；是频繁触媒，并能迅速获取更多的信息者；是勤于思想，并善于进行思想再加工者；也是善于人际交流者②。作为知名专栏作家，连岳在网民中具有一定的号召力。在厦门市民反PX项目事件中，他于2007年3月13日写了题为"厦门人民这么办！"的博客，很快引起厦门网民的广泛关注。从博客的主要内容看，这是一篇极具社会动员色彩的的网络檄文（见图表4.4）。

表4.4　连岳博客内容及动员点

序号	主要内容	动员点
1	首先，你不要怕，议论全国政协的头号提案不是罪，你不会被抓。	认知、态度
2	如果你有博客、上论坛，请转载这篇新闻：《厦门百亿化工项目安危争议》；转载国内合法发行的报纸上的新闻也不是罪，你也不会被抓。	行为
3	如果还是害怕，就在近期之内多跟你的朋友、家人、同事议论这件事。	态度、行为
4	如果你还是害怕，那就告诉最好的朋友及家人。	态度、行为
5	如果你不怕，还应该告诉漳州、泉州的朋友，他们一样处于危险中。	态度、行为
6	这是105位全国政协委员反对的化工项目，其中包括了最权威的专家。	事实
7	PX项目至少应该在城市一百公里以外才安全。	安全利益
8	厦门人至今被剥夺PX项目的知情权，这反证了它是违反民意的。	价值观
9	它将使厦门经济倒退——物业贬值、游客减少；而且厦门人还将因此落下软弱与愚蠢的名声。	经济利益
11	你得癌症的可能性大大提高。	健康利益
12	不需要你有太勇敢的举动，只要你让你身边的人都知道这件事，"厦门之死"你就没有责任了。	态度、行动

作家连岳的这篇博客在当时影响力非常大，在信息的二级传播过程中，将厦门PX项目的危害、程序缺陷，以及市民应该如何进行抵抗进行了简洁明了的网络动员。意见领袖的作用就是将信息尽力简化，能够确保在最短时间内将信息的利益点植入公众心中，从而达到动员的目的。事实也证明，连岳在整个厦门市民反PX项目事件中的确发挥了意见领袖的作用，并且通过这次网络动员也进一步

① 刘琼．网络动员的作用机制与管理对策[J]．学术研究，2010(8)：169-172.

② 邓若伊．网络传播与"意见领袖"理论调适[J]．当代传播，2011(3)：30-32，37.

强化了他的意见领袖位置。

三、邻避冲突谣言的舆论膨胀效应

作为一种社会现象，谣言广泛存在于人类发展的各个历史时期。随着互联网技术的介入，网络社会的虚拟性拓展了谣言的空间，其传播机制也相应发生变化，影响力也不断扩大。让 - 诺埃尔 · 卡普费雷（Jean - Noel Kapferer）将谣言视为世界上最古老的传媒，他认为"作为心理现象的谣言，不仅具有时代性更蕴含着文化编码。……不同的文化模塑出不同的社会心态，不同的社会心态亦造就出不同的谣言"[①]。人民网舆情监测室数据显示：2017 年以来，各种网络谣言依旧滋生不断，检索"辟谣"相关数据可见，2017 年 1 月 1 日至 12 月 15 日，相关网络新闻资讯达 432 126 篇，微信文章 234 750 篇，微博 399 293 条，APP 推送 81 871 篇，报刊文章 10 982 篇，博客 19 967 篇，论坛文章 66 884 篇[②]。

由于制度化的参与渠道通畅，西方社会的抗争性政治往往遵循"依法抗争"和"以理抗争"的模式。在"压力型"体制下，我国公众有法律意义上的参与渠道，但缺乏实践意义上的参与渠道，公众的集体行动往往遵循"以势抗争""以死抗争""以丑抗争"等模式，这就让谣言在集体行动动员中充当了重要的媒介角色。我国有学者研究认为：在中国特定的社会生态下，网络群体性事件的发生和发展，很大程度上遵循的并不是理性计算的逻辑，而是情感动员的逻辑（有学者将之称为非直接利益型、泄愤型群体性事件）；网民的参与动机往往是道德的对错和情感的共鸣，而不是输赢的策略算计，在这一逻辑中，最常用的手段就是谣言[③]。笔者在采访 Z 市邻避冲突事件时，Z 市网信办主任也强调在 Z 市市民聚集过程中"谣言的作用是很大，对事件起了一个催化剂的作用""有些谣言是猜测、疑虑，有些属于纯粹恶搞""无论你如何解释，有时候他们还是怀疑地方政府不民主，或者存在猫腻"。

2012 年 7 月，有微博账号针对刚刚开工的四川宏达集团钼铜多金属资源深加工项目发表微博称："四川什邡鱼江村要建钼铜厂，污染远超地震中的福岛核电站，60 公里内严重污染，范围可覆盖成都市区。领导贪污受贿，钼铜厂旁居民一人两万封口费，五年后什邡会成为全国最大的癌症县。"此帖"贪污受贿""封口

---

① 让 - 诺埃尔 · 卡普费雷 . 谣言：世界最古老的传媒 [M]. 郑若麟，译 . 上海：上海人民出版社，2008：3-15.

② 智观天下：2017 年十大网络谣言，你中招了吗 [N/OL]. 全国党媒信息公共平台，2017-12-21[2018-09-01] https://www.hubpd.com/c/2017-12-21/662759.shtml.

③ 郭小安 . 网络抗争中谣言的情感动员：策略与剧目 [J]. 国际新闻界，2013，35(12)：56-69.

费”“最大的癌症村”等未经证实的信息刺激了网民神经，立刻引起网络围观、评论转发，形成舆论膨胀效应，引发当地公众聚集，最终导致项目落马，成为典型的邻避冲突案例。在邻避冲突进程中，信息不对称等因素极易导致传播信息的失真、扭曲。在我国大多数邻避冲突中，公众抗争参与往往是借助因谣造成的舆论膨胀效应而突破话语物质边界，将网络参与转化为人群聚集、游行示威等活动。值得注意的是，这种谣言机制形成的舆论膨胀效应有时还表现为海外政治势力通过各种媒介渠道和手段借助邻避冲突影响事件进程。

第五章　邻避冲突治理的合作参与

冲突是主体间关系的紧张状态，但并非主体间唯一的关系形态，合作同样是主体间关系的可能形态。邻避冲突表现出了公众参与的抗争性，但其发展逻辑内隐着合作参与的可能，而邻避冲突的治理亦需要公众的合作参与。治理是多元参与的过程，可以是强制性的，但更多是协商性的。邻避设施所牵涉的整体利益是化解邻避冲突的正向因素，也是邻避冲突治理的伦理基础。政府在理论上是人民利益的维护者，同时公众参与也具有公共性特征。这两个因素成为公众与政府对话的理论基础，也为公众合作参与提供了可能。邻避冲突治理最终需要公众和政府的合作来实现，建立在协商民主基础之上的公众参与和沟通是推动合作治理的关键环节。

第一节　走向合作的社会

合作是一个具有历史感的工具性概念。人类走出丛林从某种程度来说就是人类自身合作的结果；当生产力能够满足部落乃至家庭独立生存时，自我组织化成为可能，人类合作范围发生改变；工业社会使得社会分工更加精细，个体独立性的物质基础更加巩固，人类合作更多隐含在工业流程中；互联网社会以“去中心化”为特征，似乎天然排斥合作，但同时又强调万物互联，合作在这个看似悖论的社会进程中其实并未消失。合作尊重主体间的差异化，以多元主体的共存为前提，同时可以催生出多元主体的基础性力量。合作行为根源于人的共生共在的要求，在某种意义上，人的社会性实际上也就是人的共生共在，人的共生共在才是人的本性，合作的基本目标就是要为人的共生共在提供一种合作秩序[①]。合作是人类社会发展的必要性工具，只是在不同阶段，合作的需求、结构、形态和作用方式发生了改变。恩格斯告诫我们：“为所有人创造生活条件，以便每个人都能够自由地发展他的人的本性，按照人的关系和他的邻居相处，不必担心别人会用暴力来破

① 张康之．合作的社会及其治理 [M]. 上海：上海人民出版社，2014：2.

坏他的幸福。[①]”

一、权力与权利的合作空间

马克斯·韦伯（Max Weber）将权力界定为“在社会交往中一个行为者把自己的意志强加在其他行为者之上的可能性[②]”，显然这个定义把权力放在一个社会交往的场域中进行考察。沿着马克斯·韦伯思路我们可以明确权力是一种关系，是权力主体与权力客体之间的关系。没有权力客体，权力主体就失去了权力作用的对象，也就失去了权力，从而不成其为主体；同样，没有权力主体也就没有权力客体。权力主体与权力客体之间的关系是一种相互依赖的关系，权力主体依赖于权力客体实现自己的目的，权力客体也依赖于权力主体，不对称的依赖导致服从，导致权力的产生。从广泛的意义上讲，权力是权力主体在特定社会关系中运用一定手段对权力客体施加体现其意志进而维护其利益的支配力与控制力[③]。

在政治哲学中，权利这一术语主要有三种使用方式：“（1）描述一种制度安排，其中利益得到法律的保护，选择受到法律效力的保障，商品和机遇在有保障的基础上提供给个人。（2）表达一种正当合理的要求，即上述制度安排应该建立并得到维护和尊重。（3）表现这个要求的一种特定的正当理由，即一种基本的道德原则，该原则赋予诸如平等、自主或道德力等某些基本的个人价值以重要意义。”[④]英国哲学家杰里米·边沁（Jeremy Bentham）将权利视为保护某种从义务中获得的利益；英国法学家 H.L.A. 哈特（H.L.A. Hart）将权利与选择相关联，认为权利只是一种选择形式；美国法哲学家乔尔·范伯格（Joel Feinberg）将权利看作权利主体对义务主体的一种要求；英国法学家米尔恩（Milne）将权利视为某种资格，比如投票资格、个人隐私资格等。上述关于权利的“利益说”“选择说”“要求说”与“资格说”难以概括权利的内涵，但是这些学说隐含着“自由”，即以权利主体的自由本性为根基才能整合权利的诸要素。正如黑格尔所说：“法的基地一般说来是精神的东西，它的确定的地位和出发点是意志。意志是自由的，所以自由就构成法的实体和规定性。至于法的体系是实现了的自由的王国。”[⑤]黑格尔在此所说的

---

① 马克思，恩格斯．马克思恩格斯选集 [M]. 北京：人民出版社，1957(2)：626.

② 罗德里克·马丁．权力社会学 [M]. 丰子义，张宁，译．北京：生活·读书·新知三联书店，1992：81.

③ 刘宇．从臣民到公民 [D]. 天津：南开大学，2010：

④ D. 米勒，V. 波格丹诺．布莱克威尔政治学百科全书 [M]. 邓正来．等．译．北京：中国政法大学出版社，1996：661.

⑤ 田景仲．黑格尔法哲学思想合理内核的当代解读 [J]. 理论导刊，2013(9)：58-61.

“法”正是权利的意思。

权利主张个体自由,权力因强调社会的秩序性对个体自由进行限定。权利与权力的关系密切而复杂,权利是权力之基础,而权力是权利之保障。权利本身是一个流动的概念。在自然经济时代,人类处在自然与社会双重必然性的支配之下,个体权利不具有独立形态,社会秩序也是以权力为主导。市场经济形态下,人类需要为纽带的社会整合方式更加强调个体权利,社会秩序由权力时代向权利时代迈进。权利的空间扩大不仅仅意味着权力空间缩小,在具体的社会实践中两者需要通过主体间的关系演变实现过渡、转移和交接。这个关系的演变方式是多样性的,合作是其中最为理想的方式之一。从表面上看,邻避冲突是市场经济形态下权力与权利的一次对决。但对决并不仅仅以抗争的姿态呈现,而实际上权利主体的抗争的目的是争取到与权力主体对话的机会。因此抗争是合作的基础和起点,合作是抗争的目的和归宿。在此消彼长的发展过程中,权利与权力的关系在看似危险的境地中存在合作的空间和机遇。

二、回应型政府的合作规定性

基于公民本位、社会本位理念,我国政府的行政实践强调为人民服务的宗旨,并且提出建设“服务型政府”的目标。我国有学者参考 20 世纪末西方新公共管理运动中有关政府再造的理论,提出了“回应型政府”的概念,强调“政府不应是权力的唯一所有者,而应在与社会的互动中,创造机会或条件,将公民个体利益,整合成社会公共利益,并完整地加以回应”①。从我国治理实践的现状看,近年来各级政府的服务意识和回应能力都有不同程度的提高。但是,随着改革进入深水区以及公众参与程度不断加深,大部分政府部门在面对复杂性、冲突性矛盾时仍然缺乏良好的应对,突出表现为沟通能力的欠缺。

服务型政府是从理念层面要求政府部门转变过去以管制为主的工作方式,回应型政府则强调政府应积极面对公众呼声,及时满足社会发展需求。这里的“回应”在理论上并没有解决国家治理中政府行政的主动性问题,被动远远多于主动,而“沟通”更加强调行为主体的能动性、平等性和互动性,体现出协商民主的理念。协商民主是民主政治的发展方向,是当代民主的核心所在②。国家治理要求多元主体的互动,政府与公众主体间性的指向应是理性,沟通便成为其中不可或缺的实践步骤。

---

① 卢坤建.回应型政府:理论基础、内涵与特征 [J]. 学术研究,2009(7):66-70.

② 俞可平.当代西方政治理论的热点问题 [J]. 理论参考,2003(1):29-31.

政府与公众之间的这种双向互动不仅能够扩大和充实政府决策所需的信息资源，促进政府与民众之间和谐关系的建构，而且也能够为国家层面的政治协商提供更为坚实的社会基础。在社会协商过程中，协商主体用理性的话语进行平等对话、讨论甚或辩论，既能充分地表达自己的意愿或观点，同时又能充分地听取和了解到他人的意愿或观点，并愿意根据各方的意见修正自己的理由和价值偏好，理性地反思各种可能性，批判地审视各种决策建议，相互理解，相互妥协，在达成共识的基础上形成大家都能接受的决策。即便最终不能形成共识而不得不采用票决的方式形成决策，人们也更愿意理性地接收经过充分协商的票决结果。因而，公共协商有助于使公众超越自身的私人利益的价值偏好而更注重公共利益的实现，由此形成和促进民主政治所需的公共理性。这不仅为公共协商，而且也为国家层面的政治协商创造出良好的、健全的公众环境，使公众能够更为理性地理解和接受通过政治协商而形成的国家决策。正如罗尔斯所说："公共理性是一个民主国家的基本特征。它是公众的理性，是那些共享平等公众身份的人的理性。他们的理性的目标是公共善，此乃政治正义观念对社会之基本制度结构的要求所在，也是这些制度所服务的目标和目的所在。"①

三、合作参与的善治价值

20 世纪 70 年代末，社会经济结构由工业社会向知识经济社会转变，西方发达国家也开始了新公共管理改革，重新定位政府的角色，发挥市民社会的作用，从政府中心主义走向市场中心主义。公众是市场的主体存在，公民权利在这场席卷全球的公共管理改革运动中进一步扩展到传统的公共权力领域。这次公共管理运动要求打破政府对公共管理权力的垄断，主张私人组织、非政府组织与政府一起参与到公共服务与公共产品的生产中；要求尽可能多地把管理权力下放给下一级的政府与组织，直至乡村与社会团体；主张自治事务高于公共权力的原则，尽量不采用权威原则，公共事务应尽量由企业、公民、非政府组织自行解决。虽然西方的公共管理主张并不能完全适合我国的公共管理实践，但其中主张扩大个体权利的参与能力和范围是符合当今市场经济发展规律的。在全球化、后工业化进程中正在生成的合作关系必将成为后工业社会中人的本质的核心内容②。

20 世纪 90 年代以来，"治理" 成为西方学术界经济学、政治学、管理学领域的热词，甚至在政界也备受推崇。德国前总统格哈德·施罗德（Gerhard Schroder）认

① 约翰·罗尔斯．政治自由主义 [M]. 万俊仁，译．南京：译林出版社，2002：225.

② 张康之．走向合作的社会 [M]. 北京：中国人民大学出版社，2015：165.

为:国家现在已经不可能通过自己的行动解决所有问题了,要从新的角度出发,推行“新治理”,而“新治理”的核心是“公民社会”[①]。秉承了公共管理运动的理念,治理要求“少一些统治,多一些治理”,强调社会治理过程中,公众参与的重要性。我国治理研究专家俞可平总结了统治与治理主要有五个方面的不同。其一,是权威主体不同,统治的主体是单一的,就是政府或者其他的国家公共权力;治理的主体则是多元的,除了政府以外,还包括企业组织、社会组织和居民自治组织。其二,权威的性质不同,统治是强制性的;治理可以是强制性的,但更多是协商性的。其三,权威的来源不同,统治的来源就是强制性的国家法律;治理的来源除了法律之外,还包括各种非国家强制的契约。其四,权力运行的向度不同,统治的权力运行是自上而下的;治理的权力可以是自上而下的,但更多是平行的。其五,两者的作用所及的范围不同,统治所及的范围以政府权力所及领域为边界;治理所及的范围则以公共领域为边界[②]。

善治的本质特征,就在于它是政府与公民对公共生活的合作管理,是政治国家与公民社会的一种新型关系,是两者的最佳状态[③]。我国学者俞可平总结了善治的十个要素,即合法性、法治、透明性、责任性、回应、有效、参与、稳定、廉洁和公正。他认为在人类政治发展的今天和我们可以预见的将来,国家及其政府仍然是最重要的政治权力主体,在社会政治过程和公共治理中处于核心地位,政府仍然是社会前进的“火车头”,官员依然是“人类政治列车的驾驶员”,政府对于人类实现善治仍然有着决定性的作用。善治本质上是一种合作治理,需要政府与公众的合作共治,而公众的合作参与是建立在政府合法、透明、有效和回应等正向治理要素基础之上的。

中国共产党第十八届三中全会将“完善和发展中国特色社会主义制度,推进国家治理体系和治理能力现代化”作为全面深化改革的总目标。治理成为我国政治话语体系的核心关键词。我国已经步入中国特色社会主义新时代,社会主要矛盾已经转化为人民日益增长的美好生活需要和不平衡不充分的发展之间的矛盾。参与、沟通、合作是三者联动和递进的逻辑关系,是善治之路上不可忽视的关键词。在推动国家治理体系和治理能力现代化过程中,我国政府需要理解参与、善待参与、引导参与,建立与公众互动的基础;依托政务信息公开制度,主动与公众展开高效沟通;重视公众、社会组织的主体地位,充分发挥合作的工具性作用,从而实现善政,抵达善治。

---

① 俞可平.论国家治理现代化[M].北京:社会科学文献出版社,2014:15-16.

② 同上书,2014:21-24.

③ 同上书,2014:59.

第二节　邻避合作参与的共识逻辑

为了理论分析的便利，本文依据邻避冲突中公众参与的具体表现和主体间关系张力的差异，将其分为抗争参与和合作参与。抗争参与属于非制度性参与，往往带有一定的破坏性，容易导致参与过度。合作参与属于制度性参与，是主体间关系的程序化和理性化，以达成共识、共赢为归宿和目标。在具体实践中，抗争参与一般是实现合作参与的基础，即社群联盟通过抗争获得与增长联盟沟通、对话，甚至参与决策的机会。从邻避冲突的走势看，公众抗争参与度会随着邻避问题的缓解而减轻。当增长联盟开始与社群联盟开展对话，公众参与的性质已经开始从抗争向合作转化。对话是一种主体间的理性交互，意味着公众合作参与的可能，也意味着一种政府沟通的实践。从参与传播的视角看，近用和交互是参与的基础，此时的对话既是一种交互，也意味着公众参与决策的机会。

一、基于共识的邻避合作参与

20 世纪末以来，西方主要国家的公共政策领域形成了共识构建（Consensus Building）理论，该理论强调通过合作达成共识的政策制定模式逐渐成为自上而下的政策制定方式和对抗式政策制定方式的替代方案。在全球化的后现代社会中，快速发展的科技变革、权力碎片化和公共生活中越来越多的价值与观念冲突，都对政策过程中共识的达成提出了现实的要求①。美国学者劳伦斯 • E. 萨斯坎德（Lawrence E. Susskind）提出了建立共识的五个步骤，即召集会议、分配角色和任务、协调解决团队问题、达成一致，以及促使人们兑现承诺。

随着我国进入“利益分化和利益博弈的时代”②，公共事务的推进过程牵涉了政府及各社会群体间的利益博弈，公众参与的要求越来越强烈，共识不仅仅是公共政策理论研究的重点，也是治理实践的要求。国内学者在介绍罗尔斯和哈贝马斯等学者的理论时，开始注意他们对于共识的认识和阐释。随着我国社会实践中出现的利益诉求多元化、公众参与的无序化和政策制定官僚化，在环境、拆迁等引发的各类群体性事件，显示出公众参与的强烈需求与现有决策的“体制性容纳困境”之间的强大张力。我国有学者将“共识”作为分析中国政策过程的核心理念，

---

① Innes, Judith E. Consensus Building: Clarifications for the Critics[J]. Planning Theory, 2004, 3(1):5-20.

② 孙立平 . 博弈：断裂社会的利益冲突与和谐 [M]. 北京：社会科学文献出版社，2006:20.

这是因为“共识”既是中国政策过程的制度目标,也是政策实践的现实目标①。

邻避设施一般是公共设施,是居民享有安全、便利和多样化城市生活的重要保障。诸如小区养老院、变电站、电信发射塔等邻避设施,虽然影响了部分居民的文化利益、经济利益,但并不影响其满足公众所需的公共性。公共设施是由政府提供的、属于社会的、给公众享用或使用的公共物品或设备。从经济学角度看,公共设施是政府提供的公共产品;从社会学角度看,公共设施是满足人们公共需求和公共空间选择的设施,如公共行政设施、公共信息设施、公共卫生设施、公共体育设施、公共文化设施、公共交通设施、公共教育设施、公共绿化设施等。正是邻避设施的这类公共属性,确保了政府、企业与公众间达成共识的现实基础。

2009年,广州番禺发生市民反对垃圾焚烧厂选址事件。公众在经过一番抗争参与之后,获得与政府、企业对话的机会,双方经过协商决定重新进行选址。虽然番禺市民反对垃圾焚烧厂的选址,但是他们知道垃圾焚烧厂建设确是社会公共所需。在经历市民、媒体、专家、政府、企业等各个主体参与的社会大讨论后,焚烧技术的安全性、环境评测的科学性、选址的合理性和垃圾分类等成为舆论关注的焦点。其中,垃圾分类议题开始进入公共议程,并得到市民广泛呼应,政府也开始尝试垃圾分类试点工作。从邻避抗争参与到邻避合作参与,广州市民经历了一次共识形成的历程。也正是在共识基础上,广州市的垃圾分类工作不断取得进展。2015年12月29日,广州市垃圾分类处理项目获得了由联合国开发计划署颁发的“2015中国城市可持续发展范例奖”。2017年12月27日,广州市第十五届人大常委会第十一次会议表决通过《广州市生活垃圾分类管理条例》。

二、邻避合作参与的障碍因素

随着网络时代的到来,网络参与已经是社会常态。当今我国的网络参与“主要表现为一种制度框架之外的自发式民主参与,这种自发式的民主政治参与和虚拟的网络空间相结合,很容易导致民主主体、民主方式及民主效能等方面的诸多变异”②。从近十年来我国邻避冲突的实践看,“大闹大解决,小闹小解决”情况仍在反复上演,多数邻避项目在遭遇公众抗议后停建或取消,抗争过程的公众参与同样夹杂着大量的非理性因素,而真正能够走到公众合作参与阶段的情况并不是主流。

从文化上看,历史上长期的封建专制制度使得我国至今缺乏公共精神,进而

① 陈玲.制度、精英与共识:寻求中国政策过程的解释框架[M].北京:清华大学出版社,2011:44.

② 孙卫华.表达与参与:网络空间中的大众政治模式研究[J].新闻大学,2016(5):73-80,149.

导致公共领域很难形成。在这种文化惯习中，公众参与公共政策主体意识薄弱，即使参与到公共决策之中，也囿于自身能力限制使得公众心有余而力不足，在参与实践上呈现出跟风起哄现象。公众理性政治行为不足，导致许多大量无序参与和制度外参与。加之缺乏相应的政治常识的学习和教育，使得很多公众不知道何种参与行为才能对政府决策产生正向影响。值得警惕的是，由于西方民主霸权文化的挟持，使得我国公众参与面临更加复杂的局面。

从制度上看，公众参与在我国目前法律性文件中仅仅停留在原则性概念阶段，虽然有宪法的文字表述，但是在专门法律中鲜有关于公众参与的程序性、具体性的条文规定，导致实践上的参与无序化和非理智化。我国各级政府一些官员官本位、权力本位思想观念根深蒂固，一概否定公众参与，造成有法不依的现象。从目前我国政府对于互联网的管制实践来看，“堵”与“疏”之间，前者仍然是主要的手段。虽然，针对互联网的相关法规和政府行动打击了部分网络犯罪行为，但是同时也部分伤害了网络公众参与的质量，压抑了参与的欲望。因此要提高我国邻避合作参与程度和水平，离不开制度保障和创新。

从市场来看，基于物质化的追求，邻避公众参与往往带有经济利益取向，有时会通过负向参与获取灰色甚至不正当利益。鉴于传统媒体的衰落，大量专业水平高的媒体从业者退出，使得上述情况在社交媒体领域表现得尤为突出。以经济利益为指向的微信公众号、网络直播、短视频等新媒介参与实践呈现出极大的情绪化、反智化、虚假化和非伦理化特征。从我国台湾地区邻避冲突治理的实践看，邻避公众参与极易落入恶意骗补的怪圈。我国台湾学者在其著作中写道：“台湾绝大部分的邻避情况是“权”与“钱”两大问题的作祟，前者是指借抗争之名，而行滥权之实的政客，后者是指借抗争之名，而行索取不当回馈之实，使得‘钞票’效应在邻避情结与政治中不断地蔓延起来，着实令人忧心。”①

三、邻避合作参与的法律保障

在公众参与方面，我国已经有相应的法律法规进行保障。我国现行宪法第二条第三款规定：人民依照法律规定通过各种途径和形式，管理国家事务，管理经济和文化事务，管理社会事务。毫无疑问，我国宪法规定了公众参与是一种广泛的参与，是一项公众的基本权利。中国共产党的十八大报告也指出：“坚持用制度管权管事管人，保障人民知情权、参与权、表达权、监督权，是权力正确运行的重要保证。”为了保障公民、法人和其他组织依法获取政府信息，提高政府工作的透明度，

① 丘昌泰，黄锦堂，等，解析邻避情结与政治 [M]. 台北：翰芦图书出版有限公司，2006：I.

促进依法行政,国务院于 2007 年制定了《中华人民共和国政府信息公开条例》。这个条例要求各级政府要按规定进行信息公开,为我国公众参与社会事务提供了信息保障。

在环境保护方面,我国亦有专门的法律确保公众参与。2003 年 9 月 1 日起施行的《中华人民共和国环境影响评价法》总则第五条规定“国家鼓励有关单位、专家和公众以适当的方式参与环境影响评价”;第二十一条规定“除国家规定需要保密的情形外,对环境可能造成重大影响、应当编制环境影响报告书的建设项目,建设单位应当在报批建设项目环境影响报告书前,举行论证会、听证会,或者采取其他形式,征求有关单位、专家和公众的意见”。我国于 2014 年重新修订的《中华人民共和国环境保护法》在总则第五条规定“环境保护坚持保护优先、预防为主、综合治理、公众参与、损害担责的原则”,将公众参与作为环境保护工作的原则之一;第五十三条规定“公民、法人和其他组织依法享有获取环境信息、参与和监督环境保护的权利。各级人民政府环境保护主管部门和其他负有环境保护监督管理职责的部门,应当依法公开环境信息、完善公众参与程序,为公民、法人和其他组织参与和监督环境保护提供便利”;第五十六条规定“对依法应当编制环境影响报告书的建设项目,建设单位应当在编制时向可能受影响的公众说明情况,充分征求意见。负责审批建设项目环境影响评价文件的部门在收到建设项目环境影响报告书后,除涉及国家秘密和商业秘密的事项外,应当全文公开;发现建设项目未充分征求公众意见的,应当责成建设单位征求公众意见”。这部被称为“史上最严的环保法”将公众参与作为环境保护工作中极其重要的环节进行了强调。

我国生态环境部依据法律规定于 2006 年制定了《环境影响评价公众参与暂行办法》,详细规定了公众参与环境影响评价的方法;2014 年发布的《关于推进环境保护公众参与的指导意见》要求“严格落实环境影响评价公共参与的有关规章制度,及时公开建设项目环评信息,并召开专家论证会、公众听证会,充分、广泛征求公众意见”;2015 年出台的《环境保护公众参与办法》规定“环境保护公众参与应当遵循依法、有序、自愿、便利原则”“环境保护主管部门可以通过征求意见、问卷调查、组织召开座谈会、专家论证会等方式征求公民、法人和其他组织对环境保护相关事项或者活动的意见和建议”等。另外,我国河北、山西等省及沈阳、昆明等市也相继出台了关于环境保护公众参与的条例或其他形式的法规,对本省(市)公众参与的范围、形式、内容、程序等方面做出详细规定。

从以上梳理的有关我国环境保护公众参与的法律法规看,邻避合作参与在制度层面已经有了一定的保障。但是回到我国邻避冲突的现实来看,政府和企业无论在信息公开方面，还是在公众沟通方面都没有严格按照法律规定去引导公众参与。在我国威权体制下，地方政府的权力过大，缺乏依法行政的动力，也没有主动引导公众参与的积极性，同时也造成了公众参与能力的低下。大部分情况下，公众是通过新闻、传言，甚至谣言获知邻避设施的相关情况，进而开始了非制度化、超越理性的抗争参与。在厦门市民反对PX项目事件中，PX工程已经开展很长时间，公众对于PX项目的相关信息知之甚少或根本不知，因此，随后而来的汹涌民意和非理性抗争就在所难免了。

四、邻避合作参与的主要形式

邻避设施的负外部性引发社群联盟的抗争参与，而其同时具有的正外部性又让社群联盟与增长联盟产生了合作的需求。我国发生的许多邻避冲突在抗争参与阶段便戛然而止，没有走上合作参与的道路。实现邻避合作参与需要增长联盟按照法律规定，积极开展信息公开、公众沟通、舆情监测等工作，将社群联盟纳入参与传播的场域中来。按照我国的法律规定，邻避合作参与可以通过以下三种方式进行：

问卷调查。邻避设施选址前采用问卷调查的方式可以了解公众对于邻避设施的意见和态度，从而为政府、企业决策提供参考，避免项目建设的盲目性。这个环节可以纳入社会稳定风险评估工作中，同时也可以纳入邻避舆情监测环节中。

座谈会。座谈会是一个非结构化的多人互动交流空间，构建了一个面对面交流的参与传播场域，也是一种灵活实用的邻避合作参与方式。通过座谈会，邻避项目相关利益方之间可以充分进行信息沟通、交换意见，从而为解决冲突、达成共识打下基础。

听证会。听证会是一种把司法审判模式引入行政和立法程序的制度，主体间可以进行充分的辩论，以达到求同存异的目的。听证会与座谈会的区别在于其公开性，听证陈述人从公众中选出，允许媒体记者采访报道，最接近哈贝马斯的公共领域理论。

邻避合作参与是邻避冲突治理过程中必不可少的公众参与方式。在我国目前公众参与能力不足、政府引导参与不力的情况下，邻避合作参与尤显珍贵。参与传播理论包含的近用、交互、参与可以衡量邻避合作参与的质量。问卷调查为公众提供近用的机会，座谈会为公众提供了交互的机会，而听证会则为公众提供了参与决策的机会。当然，邻避合作参与不限于这三个形式，邻避冲突各主体间的任何正向沟通互动都为邻避合作参与提供了机会。

第三节 基于公众沟通的邻避冲突合作治理
——以中广核为考察对象

随着我国城镇化的加速,邻避设施负外部性所引发的群体性事件呈现增长趋势。邻避冲突是社会整体利益与局部利益对冲的结果,具有成本或利益高度集中化、高度群众动员性、高度不确定性与高度信息不对称性。邻避设施所牵涉的整体利益是化解邻避冲突的现实因素,也是邻避冲突治理的伦理基础。政府是人民利益的维护者,同时公众参与也具有公共性特征。这两个因素成为各主体间对话的理论基础,也为公众合作参与提供了可能。邻避冲突规避机制最终需要各主体间的合作来实现,建立在协商民主基础之上的公众沟通是其中的关键环节。

随着我国进入互联网时代,新媒介技术孕育的信息平权运动和环境污染催化的环境正义运动充分体现在邻避设施负外部性所引发的群体性事件上。2007 年 6 月,厦门市民在厦门市政府门前聚集,通过和平但坚定的方式,迫使在厦门附近兴建的 PX 项目迁至漳州古雷半岛。厦门市民反 PX 项目的成功产生了明显的示范效应,随后兴起环境抗争群体性事件开始大量借鉴、扩散、升级厦门经验,从此邻避运动在我国渐成气候。据中国社会科学院的统计, 2016 年上半年,规模较大的环保类群体性事件至少有 52 起,其中千人以上规模的就有 12 起。

从欧美等地区的情况看,邻避冲突从初期相对单纯的环境风险议题,发展成杂有民主权利、种族正义的社会风险议题。在我国台湾地区,邻避冲突往往成为政治势力操弄选票的机会,更增添了相关议题的复杂性。我国大陆地区的邻避冲突是随着网络社会的发展而加剧的,新媒介技术成为一种典型的社会资本,通过技术赋权在社会动员中发挥了很重要的作用。在邻避冲突爆发期,公众参与表现出高度的抗争性,公共舆论对政府形成了挤压态势。特别是在网络时代,新媒介技术所催生的舆论膨胀效应使得公众参与带有更强的互联网特征,同时也使得抗争参与更为复杂。

作为环境风险的典型代表,邻避冲突多由与城镇化发展相关的设施建设引发。这些设施往往是社会整体所需,但设施的负外部性后果却由周边居民承担。在这个充满争议的场域中,整体利益与局部利益短兵相接,政府、企业、公众主体间的关系呈现出高度紧张的态势。邻避冲突是新时代社会发展面临的严峻课题,其表现出的破坏性、矛盾性、复杂性和价值悖论值得关注。

一、案例选择及研究方法

中国广核集团（简称中广核），原中国广东核电集团，是伴随我国改革开放和核电事业发展逐步成长壮大起来的中央企业，是由核心企业中国广核集团有限公司及40多家主要成员公司组成的国家特大型企业集团。1994年9月，中国广东核电集团有限公司正式注册成立。2013年4月，中国广东核电集团更名为中国广核集团，中国广东核电集团有限公司同步更名为中国广核集团有限公司。截至2017年12月底，中国广核集团拥有在运核电机组20台，装机容量2147万千瓦；在建核电机组8台，装机1027万千瓦；拥有风电控股装机达1130万千瓦，太阳能光伏发电项目控股装机容量231万千瓦，海外新能源控股装机1160万千瓦。中国广核集团自成立以来，以“安全第一，质量第一，追求卓越”为基本原则，坚持“一次把事情做好”的核心价值观，在成功建设大亚湾核电站的基础上，形成了“以核养核，滚动发展”的良性循环机制，建立了与国际接轨的、专业化的核电生产、工程建设、科技研发、核燃料供应保障体系。2005年以来，集团进入风电、水电、太阳能、节能技术、核技术、金融业务、公共服务事业等新业务领域，拥有八个国家级研发中心和一个国家重点实验室，具备了在确保安全的基础上面向全国、跨地区、多基地同时建设和运营管理多个核电、风电、水电、太阳能及其他清洁能源项目的能力。

近年来，我国核电的发展和安全问题受到各界广泛关注，并呈现以下两个特点：一是因为核电知识不够普及，民众的“恐核”“反核”心态较为普遍，对核安全问题极度敏感；另一方面，随着我国核电“走出去”步伐的加快，境外各种势力对我国核电的质疑从未停止，需要企业做出回应，维护国家利益。自1987年大亚湾核电站开工建设以来，我国的核电站建设走过了30年的历史。目前，我国核电在建规模已是世界第一，核电项目覆盖区域和影响人群越来越多。核电作为一个特殊的行业，核安全一直是人们关注的头等大事，一直是社会公众关注的重点。如何与不同的群体和广大公众开展有效沟通并获得认同和理解，正在成为核电发展的瓶颈问题。

核电站是典型的邻避设施，从选址环节开始就极易引发周边社区居民的反对。2010年，日本福岛核事故给公众很大的震动。通过新媒体的传播，我国公众的反核的情绪、恐惧心理就大幅度提升，邻避情结呈现扩大趋势，对核电行业的健康发展带来了威胁。2011年开始，中广核将公众沟通工作作为五条工作主线之一，建立了前期的科普、全程的舆情监控以及信息的公开工作规程，形成了核电站与周边社区公众高效互动沟通局面，较为有效地化解了潜在的邻避冲突风险。为深入考察公众沟通在规避邻避冲突中的作用，笔者对中广核部分管理层人员进行了深访，亲自赴福建宁德核电站进行田野考察，观察核电站日常管理和公众沟通工作，与工作人员座谈，考察核电站工业旅游项目及其与当地社区共建的白茶园运营情况，并与周边社区负责人进行了深入交流。本文在田野考察的基础上，采用文献考察、深度访谈的方法，就中广核公众沟通工作经验、公众沟通与邻避冲突的关系进行学术层面分析。

三、合作治理的沟通价值

邻避冲突是当前我国社会面临的重大公共治理难题。从空间角度看，围绕着邻避设施形成了以政府、企业、公众为主体的利益争夺场域，呈现出高度复杂性。有效邻避冲突风险规避机制是实现邻避冲突有效治理的关键。我国学者俞可平总结了善治的十个要素，即合法性、法治、透明性、责任性、回应、有效、参与、稳定、廉洁和公正[①]。总体来看，中广核正是遵循上述要素建立起了较为成熟、规范和有效的公众沟通工作规程，对于规避邻避冲突风险提供了可资借鉴的经验。

（一）透明沟通夯实邻避冲突合作治理基础

作为典型的邻避设施，核电站形成了空间上以其为核心的各主体间利益争夺场域。邻避设施之所以引发周边社区的反对，首先是因为信息不对称造成的公众信息缺乏。核电是相对专业的领域，普通公众的核电知识的信息源比较复杂，特别是一些夸大甚至不实的信息往往率先抵达公众，引发恐慌。加之宣传本位为主的信息发布方式，往往造成政府、企业信息输出的低效，甚至在某些情况下引发公信力危机。

透明是事物本质属性的外在显现，其实质是对不确定性的消除与否定。信息透明度制度范式的演化过程有两条主线：一条是由公众对政府信息获取的意识上升而引起的信息知情权运动，最终形成了信息公开制度；另一条是由投资人、股东对企业经营现状等一系列信息的充分、恰当的披露所带来的社会化思潮，最终形成了信息披露制度[②]。

中广核从去神秘化开始，将“透明”作为突破口。公开是透明的前提，也是消解信息不对称、获得公众信任的基础。按照信息透明度的国际标准，中广核从2011年开始，率先在国内开通信息公开网页，公开所有核电项目中发生的国际核

---

① 俞可平．论国家治理现代化[M]．北京：社会科学文献出版社，2014:59.

② 相丽玲，王晴．信息透明度制度范式的演进及其法理基础[J]．情报科学，2014（3）:28-31.

事件分级表 0 级及以上运行事件。在确定后的 2 个工作日（节假日 72 小时）内均及时公开，任何人都可以在中广核及各相应电站的外部官网查询。在中广核的官网上，笔者发现实时的辐射数据、环境影响指标等一目了然，为规避邻避冲突风险打好基础。

（二）议程沟通优化邻避冲突合作治理传播机制

议程设置是大众传播学经验主义研究的一个重要命题，认为大众媒介加大对某些问题的报道量或突出报道某些问题，能影响受众对这些问题重要性的认知。设置议程是公众沟通的重要手段，其通过主动发布信息，以先入为主的优势促使受众在信息发布者预设的意义框架中理解事物。框架是一种意义的建构活动，在社会系统中新闻框架是消息来源、社会情境、新闻工作人员等因素互动的结果。在互联网时代，虽然信息渠道多元化，但议程设置原理仍然发挥作用。新闻发布是典型的设置议程的过程，对于提升公众沟通质量、打造公司品牌有重要作用。

自 2013 年开始，中广核在集团公司层面召开新闻发布会，会向媒体来讲述过去一年核电项目的安全运行、工程建设，还有社会责任履行的情况。集团的新闻发布会开完之后，6 个在运的核电基地陆续地召开发布会，确保信息的覆盖面和到达率。2014 年，中广核在香港上市，按照上市公司信息披露制度需要定期向社会去公开信息。以此为契机，中广核在央企中率先推出新闻发言人，并公开其联系方式，将新闻发布会作为一个重要的公众沟通手段，让周边的公众和媒体能够了解公司安全生产方面的情况。

议程设置的效果与信息发布者的权威性、信息的真实性等密切相关，是一种高质量的公众沟通手段。大亚湾核电站是我国第一个核电站，也是中广核旗下第一个核电站，至今已经运营 30 多年，其安全性也接受了历史考验。中广核作为国内顶尖的核电企业，品牌影响力比较可观；作为上市企业，其信息的可信度也有法律保障。因此，每次中广核新闻发布会发布的安全信息易受度很高，是化解邻避情结的重要机会，也提升了企业规避邻避冲突风险的能力。

（三）科普沟通构建邻避冲突合作治理认知机制

在建构主义者看来，风险很多时候是一种主观性存在，是人们的认知、信念、情感对客观世界的自我构建。邻避冲突多是在没有发生实质危害情况下的主体间对抗，在一定程度上是一种虚拟危害引发现实冲突。从社会心理的角度看，这种冲突源于邻避设施给予公众的风险认知。风险认知是人们对客观风险在主观上的体验，是一种直觉性判断，往往与实际存在较大偏差①。公众的风险认知主要来自于自我的主观感受，因此公众对邻避设施风险的认知程度决定了他们的态度。公众对邻避设施风险的认知有的来源于长期的污染体验，有的来源于其他地区受污染的经验，有的甚至是臆想的风险②。

中国科协发布的第九次中国公民科学素质调查结果显示，2015 年我国具备科学素质的公民比例为 6.20%③。这个数据比之 2005 年时美国公民科学素质 28% 仍然有不少差距。核电是专业性很强的行业，不但普通公众很难理解，即使是非核电专业的专家、学者也很难理解。对中广核管理层面的采访印证了笔者的判断，他们认为核电行业的门槛相对较高，就算是非核能领域的院士参观了核电站，对核电的了解也可能只是表层的。日常科普作为公众沟通的重要一环，对于去除核恐慌具有重要价值。

笔者在调查中发现，在广东陆丰核电项目选址建设过程中，中广核在陆丰市中小学开设核电科普课程，并由经过培训的老师讲授；组织汕尾市各级学校参加中国核电“魅力之光”核电知识科普竞赛；组织汕尾市村、镇、县、市干部、群众代表和媒体从业人员、知名意见领袖等数百人到大亚湾核电站现场感受核电站的安全运行情况；在《汕尾日报》开辟专版介绍核电常识，向社会广泛派送《核电站与核安全》科普手册、《中广核安全白皮书》以及《中广核社会责任报告》。实践证明，这种事前科普工作虽然费时费力，但是在赢得周边社区群众的理解上发挥了关键作用，陆丰核电建设也得以顺利推进。

（四）信任沟通打造邻避冲突合作治理心理机制。

信任是社会的基石。在齐美尔（Simmel）看来，信任是社会最重要的整合力量④。随着现代化进程的深入，我国传统的文化信任体系已逐渐解体，而理性、良序社会的重建需要处理原有信任体系瓦解带来的问题。在风险社会里，几乎所有社会矛盾和冲突都可以从信任角度进行归因。近年来，我国之所以频繁出现邻避群体性事件，政府公信的缺失是重要的原因。

现代社会中，信任是在平等互动、沟通、交往的基础上建立起来的。作为组织来讲，当权威建立在平等之上，组织主体间关系就相对民主，各主体对于组织的信

---

① 刘金平．理解·沟通·控制：公众的风险认知 [M]. 北京：科学出版社，2011：4.

② 张瑾．邻避冲突的国家治理 [J]. 江苏行政学院学报，2017（2）：117-121.

③ 中国科协发布第九次中国公民科学素质调查结果 [EB/OL]. 2015-09-19[2018-09-01] http://education.news.cn/2015-09/19/c128247007.htm.

④ 齐美尔．货币哲学 [M]. 陈戎女，译．北京：华夏出版社，2011：111.

任是发自内心的,因此组织的稳定性就较强。在邻避冲突中,公众以受害者的主体角色出现,从心理认知上就自认为是被忽视、被欺负的角色,其间没有平等可言。卢曼(Luhmann)认为信任意味着要考虑另一个人的视角①。这句话充分说明了尊重在建立信任过程中的重要性。由此可见,在尊重公众利益的基础上,建立心理认知意义上的平等是规避邻避冲突的重要一环。

中广核“以沟通赢得信任,以理解促进共赢”的目标,开展了各种形式的信任建设活动。大亚湾核电站自 1989 年就专门设立了“核安全咨询委员会”,邀请香港社会专业人士、知名人士和意见领袖,定期沟通信息,接受咨询和建议,与香港民众建立了基本的信任机制。2013 年 8 月 7 日,中广核将大亚湾核电站 1987 年 8 月 7 日开工的纪念日确定为全集团统一的“公众开放体验日”。开放日当天,中广核各大核电基地配合主题日策划的文化旅游活动,邀请社会各届人士到核电站现场参观,以此建立与周边农村社区、城市公众间的信任关系,巩固沟通效果。

三、合作参与是邻避冲突治理的有效路径

邻避设施所牵涉的公共利益是化解邻避冲突的现实因素,也是邻避冲突治理的伦理基础。政府是公共利益的维护者,国有企业是市场化的政府主体,同时公众参与也具有公共性特征。这两个因素成为各主体间对话的理论基础,也为公众沟通提供了可能。邻避冲突规避机制最终需要各主体间的合作来实现,建立在协商民主基础之上的公众沟通是其中的关键环节。

从实践情况看,邻避冲突往往造成邻避设施的下马,形成了政府形象、公共利益受损的多输局面。中广核依托公众沟通所形成了一套邻避冲突风险规避机制,这对于邻避冲突的治理有一定的借鉴意义。需要指出的是,公众沟通是处理邻避问题的关键环节,但并非唯一环节。根据笔者调查,中广核已经运营的核电站非常重视与周边社区居民的利益互动。比如,宁德核电站的白茶园交由当初因建站搬迁的村民进行日常种植并参与经营,场区的卫生等工作亦优先交由该搬迁村民负责;辽宁大连红沿河核电站帮助当地村民做电商,使得当地樱桃利润明显增加,让农民确确实实获得经济的收益;鼓励周边社区高中毕业生报考核电专业,并在其毕业后优先录用成为核电站员工。

建设核电产业与周边社区的利益共同体,对于长期规避邻避冲突的风险具有基础性意义。需要指出的是,利益共同体的稳定性是动态的。从笔者对宁德核电站周边社区考察的情况看,公众利益最终体现在具体的个人所获上,个体的利益

---

① 卢曼 . 信任 [M]. 瞿铁鹏,李强,译 . 上海:上海人民出版社,2005:25.

获得感是不同的。特别是因核电站建设搬迁的村民,会由于年龄结构、受教育程度等因素的影响有不同的文化和物质利益诉求。由此观之,公众沟通是规避邻避冲突风险的技术性环节,合理的利益满足机制对于规避邻避冲突风险有基础性意义。

第六章　从邻避冲突到迎臂效应

1978 年，改革开放的序幕拉开，中国开始了由计划经济向市场经济体制的转变，带来了政治上分权改革的必要性，中国开始了由“下管二级”向“下管一级”的人事管理权的分权改革，再加之当时为了确保党政机构和官员的职责统一而实行的“岗位目标责任制”，中国的政治体制开始了从集中的“动员体制”到分权的“压力型体制”的过渡①。在这类“压力型体制”下，地方政府在处理邻避冲突时既要应对上一级政府的指示，又要面对地方公众的抗争。在我国，邻避冲突一般被定性为环境性群体性事件。在处理邻避冲突过程中，地方政府为了维稳需要，往往采取一些粗放的传统管理模式，以达到尽快息事宁人的效果。

在中国社会的发展中，建立一个能在将大多数社会运动制度化的同时将极端行为边缘化的国家社会关系，才是实现长治久安的真谛所在②。从生态政治学的角度看，环境问题既是政治问题，也是体制问题。我国的邻避冲突虽然没有明显的政治化倾向，但政府的每次应对都是对国家与社会关系的一次考验。从参与传播的角度看，实现邻避冲突到迎臂效应，建立有效邻避冲突治理机制，增长联盟首先要执行可实践的邻避信息公共机制保护公众的知情权，建立公众参与的信息基础；其次要建立全流程的邻避舆情工作机制，确保对公众意愿和态度的掌握；再次要实施全方位的邻避风险沟通机制，建立各主体间的基本信任；最后通过协商性的邻避决策参与机制，实现邻避问题的合作共治。

第一节　可实践的邻避信息公开机制

信息是人类进行思想交流和行为互动的基础元素，是重要的政治、经济、社会、文化资源。20 世纪 60 年代，“信息”随着电子技术的兴起成为热门词。数学家香农（Shannon）将信息视为用来消除随机不确定性的东西；控制论创始人维纳

---

① 荣敬本 . 从压力型体制向民主合作体制的转变 [M]. 北京：中央编译出版社，1998:27.

② 赵鼎新 . 西方社会运动和革命理论发展 [M]. 北京：社会科学文献出版社，2012:50.

(Norbert Wiener) 认为信息是人们在适应外部世界,并使这种适应反作用于外部世界的过程中,同外部世界进行互相交换的内容和名称;我国信息学专家钟义信教授认为信息是事物存在方式或运动状态,以及这种方式或状态直接或间接的表述。信息伴随人类的产生而存在,它出现在人类作用于外部世界的活动中,并通过人类主体与世界客体的作用与反作用不断循环[①]。邻避冲突是一个特殊的参与传播场域,信息是传播过程的基础要素。信息公开是公众参与的基础,公众参与是信息公开的保障,因此信息公开是邻避冲突治理机制建设的起点。

一、作为参与传播基础的信息公开

1766 年瑞典制定的《出版自由法》被学术界视为信息公开的开端。20 世纪六七十年代,随着战后经济复苏,西方国家公众的民主、权利意识逐渐增强,参与成为当时西方社会的关键词,加之信息社会的到来,西方各国掀起了信息公开立法的高潮,以迎合公众的政治参与需求。作为一项重要的法律规范,信息公共制度有着深刻的社会背景。

从政治层面看,第二次世界大战后的经济危机导致严重的社会问题,工人运动此起彼伏,政府的作用在这种境况下凸显出来,开始全面干预社会生活。随着政府职能的扩张,国家权力结构的重心由议会转向政府,以致“现在是政府控制了议会,而不是议会控制了政府”[②]。政府权力的膨胀,导致官僚主义盛行和行政效率低下,进而威胁到民主、自由和人权。当公众参与逐渐成为社会潮流,西方国家又开始限制政府权力,转变政府职能,重新重视发挥议会的作用。为了让公众参与到国家管理和公共事务中去,信息公开成为达成这一目标的前提。

从经济层面看,资本主义发展到垄断阶段后,市场开始失灵,周期性经济危机频繁爆发,导致许多严重的社会问题开始涌现。新古典学派的经济自由主义思想受到了挑战,凯恩斯 (J. Keynes) 在 1931 年出版的《就业、利息和货币通论》主张政府应对经济进行干预,认为信息不对称、交易成本、经济行为的外部效应以及交通运输约束等情况的存在使得市场机制失灵。凯恩斯主义在一段时期内发挥了积极作用,但是随着 20 世纪 70 年代西方经济出现“滞涨”,自由经济又卷土重来,进而又导致了 80 年代的经济衰退。在对市场经济规律的反复探索中,经济主体发现从政府中获得信息的重要性,信息公开逐渐成为市场经济发展的要求。

随着信息技术的发展,各国越来越重视信息的资源性作用。第二次世界大战

---

① 关保英,赵耀荣.论依法开放政务信息 [J]. 法学论坛,2006(6):111-119.

② 龚祥瑞.比较宪法与行政法学 [M]. 北京:法律出版社,1985:234.

后，日本为了振兴在战争中被摧毁的经济，制定了“技术立国”的政策，并将信息视作重要的经济资源。但是面对信息量的急速膨胀，人们很难在浩如烟海的信息中发现有价值的信息，加之信息越来越集中在拥有技术的少数人手中，导致信息壁垒，形成新的信息不对称。其中，政府依据天然的权力垄断优势，成为最大的信息占有者。信息作为权力的载体，这种政府高度垄断信息的状况必然对公众权利造成威胁。人们越来越发现信息在许多方面具有公共物品的特性，因此国家主动免费公开信息成为其基本职能之一。

信息公开是伴随着市场经济、现代政治、信息技术的发展而形成的一种政府公共服务职能。20世纪六七十年代，西方社会公众参与高涨，促使人们充分认识到信息的公共价值。从参与传播的角度看，获取信息是进行公众参与的基础。在信息不对称的情况下，政府如果能够及时公开信息，科学引导公众参与，就可能形成两者的正向合力。反之，公众参与极有可能偏离制度性轨道，形成政府与公众的对抗局面。我国近十年来邻避冲突的频繁爆发，与一些地方政府、企业暗箱操作，没有及时进行信息公开有着莫大的关系。

二、我国政府信息公开工作的进展

政府信息公开是指国家行政机关和法律、法规及规章授权和委托组织，在行使国家行政管理职权的过程中，通过法定形式和程序，主动将政府信息向社会或依申请而向特定的个人或组织公开的制度[①]。1998年中央办公厅、国务院办公厅联合发布的《关于在农村实行村务公开和民主管理制度的通知》是我国最早推行的政务公开制度；1999年9月9日，广东省人大常委会举行的《广东省建设工程招标投标管理条例（修订草案）》的立法听证会，成为我国历史上第一次立法听证会；2003年1月，广州市在全国率先实施《政府信息公开规定》；2004年3月，国务院印发《全面推进依法行政实施纲要》，把政府信息的公开作为依法行政的重要内容；2007年1月17日，国务院通过《中华人民共和国政府信息公开条例》，要求各级人民政府及县级以上人民政府部门指定具体负责本行政机关政府信息公开的日常工作。

值得提及的是，我国的政府信息公开条例的制定与2003年爆发的SARS疫情有着莫大的关系。2002年11月，广东省出现SARS疫情，直到2003年2月广州发病人数进入高峰期，未见到任何官方消息，而且新闻媒体受到上级要求不得进行有关SARS疫情的报道。2月11日，在SARS疫情出现近三个月后，广州市

① 刘恒．政府信息公开制度[M]．北京：中国社会科学出版社，2004:2.

政府和广东省卫生厅才首次召开新闻发布会,公布广东省已有感染“非典型肺炎”患者305例,死亡5例,并称疫情已经得到控制。随后,SARS疫情向全国,乃至世界蔓延。2003年4月2日,原卫生部部长张文康匆忙召开新闻发布会,声称北京只有12例病例,疫情已得到有效控制。但当时的情况是,接收病人的东直门医院已经有16名医护人员发生继发性感染,病人数目在当时完全是个迷。由于政府迟迟隐瞒SARS疫情,不主动进行信息公开,导致疫情在公众不知情的情况下快速蔓延,而SARS病毒的相关研究也被严重耽搁。在随后的全民抗击SARS疫情的过程中,中央政府亡羊补牢,要求各级政府定时通报SARS疫情,为最终取得抗击SARS疫情的胜利打下了基础。正反两方面的经验和教训,促使中国第一部关于政府信息公开的条例草案在2003年6月9日结束了在中央各部委征求意见的程序,进入修改阶段,而在国务院法制办的工作议程上,这部当年年初被定为年度二类法规的条例上调为一类法规。

我国的政府信息公开的制度化过程是在遭遇社会危机之后提速的,背后有生命的代价和血的教训。随着电子政务的发展,我国各级地方政府依托互联网建立了面向公众的信息公共媒介渠道。截至2016年6月底,政务外网已接入中央政务部门和各省及计划单列市相关单位130家;已连接31个省(市、区)和新疆生产建设兵团、314个市(地、州、盟)和2 538个县(市、区、旗),地市级和区县级覆盖率分别达到94.6%和89.5%,县级覆盖率与去年同期相比增长2.9个百分点,25个省区市及新疆兵团实现县级全覆盖;接入政务部门约14.7万家,接入终端超过184.4万台①。另据CNNIC第41次调查报告显示,截至2017年12月,经过新浪平台认证的政务机构微博达到134 827个;我国在线政务服务用户规模达到4.85亿,占总体网民的62.9%,通过支付宝或微信城市服务平台获得政务服务的使用率为44.0%。总体来看,我国各级政府已经打通信息公开的媒介渠道,公众利用网络媒介获取包括信息公开政府服务的能力也不断提升,未来主要解决的是政府信息公开可实践、有效化的问题。

三、我国邻避信息公开面临的问题

我国《环境保护法》第五十三条规定:公民、法人和其他组织依法享有获取环境信息、参与和监督环境保护的权利。法条明确要求:“各级人民政府环境保护主管部门和其他负有环境保护监督管理职责的部门,应当依法公开环境信息、完善公众参与程序,为公民、法人和其他组织参与和监督环境保护提供便利。”为了推

① 杨道玲.我国电子政务发展现状与“十三五”展望[J].电子政务,2017(3):53-60.

进和规范环境保护行政主管部门以及企业公开环境信息，维护公民、法人和其他组织获取环境信息的权益，推动公众参与环境保护，我国原环保部分别在 2007 年和 2014 年制定《环境信息公开办法（试行）》和《企事业单位环境信息公开办法》。2017 年，原环保部向社会公开征集《企事业单位环境信息公开办法》修改意见，以促进企业事业单位如实向社会公开环境信息，推动公众参与和监督环境保护。

通过对近年来我国 10 个主要邻避冲突发生前，政府、企业在执行信息公开情况的统计看（表 6.1），邻避信息公开工作仍然存在很多问题，主要表现在环境信息公开主体混乱、政府环境信息公开内容不当、政府环境信息公开限制过多等。

表 6.1　近十年我国主要邻避冲突信息公开情况

时间	地点	信息公开情况
2007 年 3 月	北京六里屯反对垃圾焚烧厂建设	海淀区政府直接宣布建设计划
2007 年 6 月	厦门反对 PX 项目	公众通过政协委员两会提案获知信息
2008 年 1 月	上海市浦东反对磁悬浮项目	上海规划局公示
2009 年 11 月	番禺区反对垃圾焚烧厂建设	广州市政府通告
2011 年 8 月	大连市反对 PX 项目	未见公示信息
2012 年 7 月	什邡市反对钼铜项目	政府公示
2013 年 5 月	昆明反对 PX 项目	信息披露不充分
2013 年 7 月	江门反对核燃料项目	项目社会稳定风险评估公示
2014 年 4 月	茂名反对 PX 项目	项目尚未立项
2016 年 8 月	连云港市反对核废料项目	公众从普通新闻中获知信息

在厦门市民反对 PX 项目事件中，公众是通过新闻媒体报道政协委员提案才知道厦门的 PX 项目已经开工建设。从笔者目前掌握的信息，已经无法查证当时厦门市政府是否在项目开工前进行过信息公开。但是可以明确的是厦门公众在新闻报道之前对 PX 项目几乎是一无所知。在番禺市民反对垃圾焚烧厂选址事件中，政府通告终出现这样的文字：违反本通告，拒绝、阻碍国家工作人员依法执行职务的，由公安机关依照有关治安管理处罚的法律、法规规定处理；构成犯罪的，依法追究刑事责任。这种强制性的信息公开修辞，完全违背协商民主和公众参与的基本原则，必然导致更强烈的反弹。从茂名市民反对 PX 项目事件和连云港市民反对核燃料项目事件看，政府公信力的缺失和公众科学意识的匮乏连政府进行信息公开的机会都无法保证。从以上简单分析可见，信息公开环节存在的问题是导致在我国邻避冲突的重要因素。

四、建立可实践的邻避信息公开机制

信息公开是现代政治、市场经济发展的要求,是保障公众知情权,引导公众参与法制化、民主化的关键环节。2018 年,6 月 6 日,国务院公开了《政府信息公开条例(修订草案征求意见稿)》(以下简称《征求意见稿》),明确将“以公开为常态、不公开为例外”的原则写入条例,规定“除法律、行政法规另有规定外,政府信息应当公开”。我国政府在信息公开的制度建设方面在不断进步,环境信息公开方面的规定也在不断完善。从我国目前邻避冲突的实践看,建立可实践的信息公开机制是当务之急。

首先,邻避信息公开的主体要明确。邻避设施的建设牵涉政府、企业两个主体,但长期以来两者在信息公开上的责任并不明确。这种责任不明确源于政府、企业两者在市场过程中的关系界限的不明确。在邻避冲突中,政府、企业被视为增长联盟,说明两者有着共同的利益取向。企业作为市场主体,在建设邻避设施过程中要通过完成项目审批等与政府产生联系。政府作为公共机构,负有监管市场,保障公众权益的责任。政府在其中应该扮演好自己的公共角色以确保公信力。因此,在邻避信息公开工作中,政府应该严格按照法律法规监督企业行为,依法按时公开环评信息,确保公众知情权;企业也应该按照法律主动公开自身需要向公众公开的信息。

其次,邻避信息公开的内容要准确,修辞要恰当。我国邻避冲突频发体现出公众对那些有潜在环境风险隐患的建设项目产生了惯性的排斥心理。随着公众环境利益意识上升,公众对于邻避信息内容的要求更加具体,以真正了解相关建设项目对他们环境利益的真实影响。如果政府公告过于简单,甚至出现强制性用语,极易引起公众对于邻避项目的盲目抵制。随着我国信息公共制度的健全,相关工作要求的细化,政府、企业应当在现有法定环境信息公开内容的基础上,结合邻避项目的类型与选址,从技术、环境影响、经济利益以及生活便利等多角度向公众阐释项目建设的信息,增加公众对建设项目的理解和信任。

再次,邻避信息公开要体现回应性。从现在政府、企业公布的邻避项目的信息看,往往是单方面公布自身履行的责任,很少关注公众对公开信息的反馈。信息公开是公众参与的基础,其价值既体现在让公众明晰政府、企事业单位的环境行为,也让公众、政府、企业之间的互动交流有明确路径。公众基于自身环境利益产生的利益诉求也是政府、企业改进自身工作的依据,进而降低政府的行政成本和企业的生产成本,实现邻避公众参与的法治化与民主化。

第二节　全流程的邻避舆情工作机制

技术的进步从时间和空间两个维度不断拓展着人的自由限度。从传播的角度看，网络媒介形式的迭代创新，进一步加快了信息的流动速度，进而改变着传统的传播权力结构。网络论坛、即时通信、移动互联等技术构建了一个高效的自传播系统，公众借助这些网络技术进行自我赋权，开始为自己的利益发声。在此情形下，传统的传播权力结构开始松动，以网络技术为本质特征的传播新结构逐渐形成。在中国的网络传播实践中，天涯论坛、博客、QQ、新浪微博、微信等成为20年来网络媒体的典型代表。普通公众通过这些新媒介渠道为自己的利益发声的过程中，促使形成了讨论公共问题的网络公共场域，即所谓与官方舆论场并行的民间舆论场。

一、舆情与舆论

在中国的古代汉语系统中，"舆"本义为车厢，引申为车。与"舆"有关的人被称为"舆人"，后被进一步引申为普通大众。所谓"舆者，众也"[①]，现代汉语中的"舆"即公众，是舆情和舆论的主体。《国语·周语上》有言："防民之口，甚于防川，川壅而溃，伤人必多，民亦如之。是故为川者，决之使导；为民者，宣之使言。"这句话体现了彼时知识分子的舆情、舆论观，直到今天这句话也被许多为政者引用自警。

从我国古典文献记载看，舆情作为一个词组曾多次出现。唐朝诗人李中所作的诗《献乔侍郎》中有"格论思名士，舆情渴直臣"；清代蒲松龄所著《聊斋志异·续黄粱》中有"伏祈断奸佞之头，籍贪昌之产，上回天怒，下快舆情。如果臣言虚谬，刀锯鼎镬，即加臣身"；清代李鸿章曾奏请在天津建"曾国藩专祠"的奏折中有"仰恳天恩，俯赐照准，以顺舆情"；袁世凯要求皇帝退位致皇室的一个密奏中有"读法兰西革命之史，如能早顺舆情，何至路易之子孙，靡有孑遗也"[②]。上述我国古典文献所记载的"舆情"大约与民意的含义相通。丁柏铨认为舆情"既可以是得到公开表达的民意，也可以是尚未得到公开表达的民意"[③]。如同民意有显在民意和

---

① 参见《左传·僖公二八年》。

② 王来华，林竹，毕宏音．对舆情、民意和舆论三概念异同的初步辨析 [J]. 新视野，2004(5)：64-66.

③ 丁柏铨．略论舆情：兼及它与舆论、新闻的关系 [J]. 新闻记者，2007(6)：8-11.

潜在民意一样,舆情也可以分为显在舆情和潜在舆情,这与当前我国的传播实践是相符的。

在我国古典文献中,“舆论”作为一个词组,最早见于《三国志·魏·王朗传》:“没其傲狠,殊无入志,惧彼舆论之未畅者,并怀伊邑。”其后见于《梁书·武帝纪》:“行能臧否,或素定怀抱,或得之舆论。”其中“舆论”即公众的言论,或公众的意见[①]。康有为总结戊戌变法时曾言:“报开两月,舆论渐明,初则骇之,继而渐知新法之益。”这句话把舆论与现代媒体结合在一起,强调在变法过程中报纸的作用。西方论著中有“Public Opinion”的称谓,我国学者一般将其翻译为“舆论”。刘建明将舆论定义为“显示社会整体知觉和集合意识、具有权威的多数人共同意见”[②]。喻国明认为舆论是“社会或社会群体对近期发生的、为人们普遍关心的某一争议的社会问题的共同意见”[③]。对照传播实践,我国已经形成官方舆论场和民间舆论场,说明舆论的主体并非仅仅是民间的公众,官方的政府同样是舆论的主体。从这个角度看,刘、喻的定义并没有将政府作为舆论的主体去看待,而是突出了“社会或社会群体”。

二、作为参与传播表征的公众舆论

通过以上分析,我们可以总体明确舆情和舆论的相互关系。舆情可以转化为舆论,舆论即显在舆情;潜在舆情主要包括未经表达的公众意见、情绪和态度。在一定情况下,潜在舆情可以通过媒介传播,转化为显在舆情,即公众舆论。舆情的主体只能是民众,是一元化的;而舆论的主体,则是多元的,公众、新闻媒体乃至官方机构,都可以是舆论的主体,不同的舆论场阈是以不同主体为主导的舆论形成的[④]。舆情与公众舆论的主体都是公众,是公众的广泛参与的媒介化结果。

如前所述,参与传播是公众在一定领域内,通过各类媒介传播信息,在实现信息近用、交互的基础上,参与决策分享权力的过程。这个定义明确了参与传播的主体是公众,公众的范围以具体事件所牵涉的利益群体为标准进行区分;公共领域是特定的,范围依据事件的影响程度为标准进行区分;媒介在此应宽泛理解,不仅指大众媒体、网络媒体;决策是指对于利益分配有影响的参与、沟通活动,既包括为争得决策权而进行的抗争参与,也包括事件主体间的协商性参与,以及为实现价值平衡而进行的合作参与;权力分享是参与传播过程中最为标志性的界定,

① 任贤良.舆论引导艺术:领导干部如何面对媒体[M].北京:新华出版社,2010:4.

② 刘建明.基础舆论学[M].北京:中国人民大学出版社,1988:11.

③ 喻国明.中国民意研究[M].北京:中国人民大学出版社,1993:277.

④ 丁柏铨.对舆情概念的认知和思考[J].编辑之友,2017(9):5-11.

所有问题的探讨都是围绕权力展开的。显在舆情，即公众舆论是公众通过媒介传播出去的信息。如果说公众舆论是公众主动参与的媒介化呈现，那么我们就可以把公众舆论视为参与传播的表征。

三、邻避冲突的舆情图式

李伟权和谢景把环境群体性事件演变过程分为冲突酝酿、凸显、升级和消减四个阶段[①]。从厦门 PX 事件、番禺垃圾焚烧事件等案例看，邻避冲突往往要持续一段时期，舆情也相应经历较为长期的过程。但从笔者采访 Z 市的邻避冲突的情况看，有些邻避项目引发的舆情来得快，同时去得也快。从中可以看出，邻避冲突因事件本身的影响范围、强度等因素而呈现出不同的舆情态势。但无论何种情况下的邻避冲突，其舆情的发展、变化都呈现出一定的规律性，即舆情酝酿期、舆情发展期、舆情爆发期、舆情平息期（见图 6.1）。本文从这个四个阶段对邻避冲突的舆情特征做以下分析：

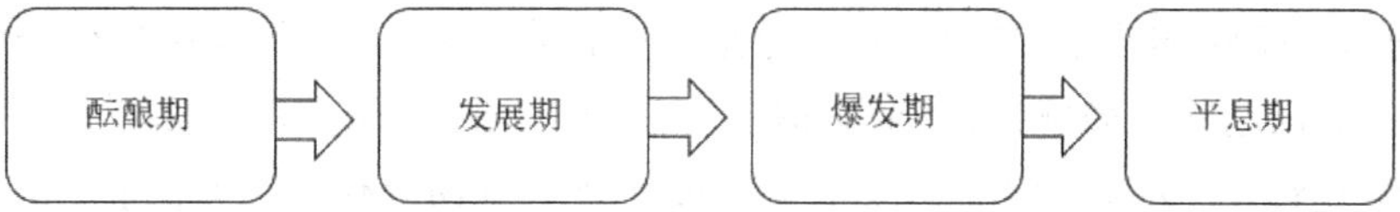

图 6.1 邻避舆情发展分期图

在邻避舆情酝酿期，邻避信息零乱地分布于公众中间。在没有任何组织和策划的情况下，邻避舆情尚不能形成公众关注热点和公众广泛参与，也很难形成公众议程，其影响力也是潜在的。在这个阶段，邻避舆情呈现出信息来源分散和传播主体分散特征，大多表现为公众对于邻避设施的意见、情绪和态度，舆情的传播也有着多种表现途径，比如微信、微博、论坛贴文等；内容也主要以图片、视频、打油诗、歌谣等带有倾向性的信息形式进行展现。以 2007 年厦门 PX 事件为例，先是当年 3 月中国科学院院士赵玉芬等 105 名全国政协委员联名签署建议厦门 PX 项目迁址的提案引起了媒体和民众的关注，此时的邻避舆情处于酝酿期。

在邻避舆情发展期，邻避信息开始有规律地在公众间传播。社群联盟中开始出现意见领袖，并且公众有了获取信息的稳定渠道，信息的浏览量、点击量、转发量呈直线式增长，相关文章也被转载，形成邻避信息聚焦。在这个阶段，邻避舆情呈现出信息来源稳定和传播主体聚合特征，传播渠道更加多元，甚至会有传统媒

① 李伟权，谢景．社会冲突视角下环境群体性事件参与群体行为演变分析 [J]. 理论探讨，2015(3)：158-162.

体跟进报道；从内容方面看,邻避信息的指向更加明确,对于邻避设施负外部性的强调更加凸显,公众间的邻避情结呈现增长趋势。在厦门PX事件中,随着工程的推进,更多的信息通过媒体、网络等渠道被披露,市民间已形成典型的邻避信息议程。

在邻避舆情的爆发期,邻避信息开始进一步聚焦。意见领袖开始有策略性地进行信息传播,以达到社会动员的目的。2007年5月下旬,厦门市民接到了一条短信,短信的内容是:“翔鹭集团合资已在海沧区动工投资(苯)项目,这种巨毒化工品一旦生产,意味着厦门全岛放了一颗原子弹,厦门人民以后的生活将在白血病、畸形儿中度过。我们要生活、我们要健康！国际组织规定这类项目要在距离城市一百公里以外开发,我们厦门距此项目才16公里啊！为了我们的子孙后代……见短信后群发给厦门所有朋友！”这条短信随即被转发近百万次,并出现跨媒体传播的情况,直接促成了6月1日至2日厦门市民以“散步”的形式,集体在厦门市政府门前表达反对意见。

在邻避舆情平息期,增长联盟开始进行大面积的危机传播,开始发布政府公告,利用传统媒体传播政府声音,甚至通过听证会、座谈会等形式引导公众参与。随着邻避问题的有效解决,邻避舆情的生命周期也即将结束,邻避信息议程的构成因素瓦解,公众对事件的关注也逐渐被其他的事物取代。在厦门PX事件中,2007年6月7日,国家环保总局副局长潘岳宣布将对厦门市全区域进行规划环评,包括PX项目在内的重化工项目都将根据规划环评的结果予以重新考量。在此之后,各种听证会、座谈会陆续召开。2007年12月16日,福建省政府针对厦门PX项目问题召开专项会议,最终决定迁建PX项目。

四、建立全流程舆情工作机制

德国学者诺依曼(Neunann)将公众舆论喻为社会的皮肤,强调其社会预警功能,有利于统治者根据舆论走向调整政策以稳定社会、维护统治。公众舆论是显在舆情,是可以通过监测予以把握与因应的。舆情同时有潜在部分,这就需要做更具体的工作予以掌握。笔者在采访Z市网信办主任时,他提到广东省部分领导在会议上也强调过潜在邻避舆情的治理势在必行。但是,目前我国各级政府在应对邻避冲突时并没有将潜在舆情纳入治理流程中,造成邻避舆情应对的被动局面,因此建立全流程舆情工作机制成为必要。

(一)邻避项目立项前的舆情调查。邻避项目立项前,政府应提前预判项目可能产生的邻避风险类别,并且组织企业按照法律规定划定邻避设施影响的公众范围。根据划定的公众范围,围绕邻避项目设定调查问题,力图通过公众的回答了解公众态度。Z 市网信办主任告诉笔者,根据其基层工作经验,政府工作人员走村入户去了解情况会有很好的效果。既能了解当地公众的想法,也能让公众获得被尊重感。另一条路径是政府将邻避项目的舆情调查工作交由专业的咨询机构去完成,通过第三方机构获得邻避舆情的第一手资料,为邻避项目的立项与否提供参考。

（二）邻避项目立项后的舆情监测。一旦完成项目立项,政府和企业就需要建立专业的组织机构,负责舆情监测网络,随时掌握公众态度的变化情况。除了组织保障,政府、企业还应积极利用大数据技术,建立基于网络大数据下的邻避舆情监测分析系统,包括邻避舆情的大数据采集、加工处理、存储、监测分析、展现和预警功能。从近十年邻避冲突的实践看,我国公众的邻避情结已经形成,任何有关邻避项目的负面信息都有可能将邻避情结转化为邻避行动。在这个过程,有关邻避项目的谣言是舆情监测的重点,严防谣言进入公众议程,并随时确保辟谣的能力,避免邻避项目的污名化现象。

（三）邻避项目建设中的舆情引导。信息公开可以避免信息不对称带来的公众疑虑,也是进行舆情引导的基础。政府、企业应主动通过新闻发布等方式定期向公众公开项目进展情况,占据主流媒体的信息阵地。重视网络新媒体的作用,与有影响力的微博、微信公众号等自媒体建立联系,通过这些自媒体传递政府声音。2017 年 Z 市连续爆发的两起邻避冲突中,Z 市网信办主动联系当地知名的自媒体负责人,向他们介绍政府的理念和态度。这些自媒体用网民喜欢的语言方式解读政府信息,在引导邻避舆情的过程中发挥了重要作用。正是通过这些民间自媒体，Z 市打通了官方舆论场和民间舆论场,建立了政府、企业和公众间一个新的沟通渠道。

从笔者了解的情况看,我国各级政府基本上已经建立了以网信办为中心的舆情治理机构,确保了邻避舆情治理的组织保证,但仍然存在机构编制的问题。以 Z 市为例,目前网信办挂靠宣传部,没有正式的人员编制名额,在工作队伍建设上存在障碍。在邻避舆情的调查、监测和引导工作上,网信办都处于关键的组织节点。因此,要切实发挥好网信办的作用,需要政府进一步理顺组织层面的关系,确保政府邻避舆情处置的专业能力。

第三节 全方位的邻避风险沟通机制

德国社会学家乌尔里希·贝克（Ulrich Beck）认为:“现代社会是一个风险社会,现代的人们正生活在文明的火山口上。”[①] 他将风险视作现代性的产物,进而对工业理性与自然理性之间的矛盾进行了反思。风险反映了现代社会中人与自然、人与人造物、人与他人之间的紧张关系状态。邻避冲突是工业主义引发的现代性危机的表现形式,是当代中国环境风险、信息风险和参与风险叠加的产物。

一、风险认知差异下的邻避冲突

美国认知心理学家保罗·斯洛维奇（Paul Slovic）对“危险”和“风险”进行了区分,认为危险是客观的,而风险以人们的感知为基础,而不是以事实为基础,风险只是一个主观的心理概念[②]。人们对于风险的认知是通过不同人造风险事件的爆发逐渐构建起来到的。这些人造风险中,核事故对于现代人类的风险认知的构建起到了很大的作用。1979 年 3 月,美国宾夕法尼亚州多芬县的三里岛核电站发生了严重的核泄漏事故,引发华盛顿、纽约先后发生大规模游行抗议示威,最终有 51 座核反应堆的建造计划被取消; 1986 年,苏联的切尔诺贝利核电站发生爆炸,辐射量相当于 400 颗美国投在日本的原子弹,致使俄罗斯、白罗斯和乌克兰许多地区遭到核辐射的污染,普里皮亚季城因此被废弃;2011 年,日本福岛核电站因地震发生核泄漏,辐射性物质通过风传播到中国、俄罗斯等一些国家和地区。这三起核事故在不同时期给现代人类心中埋下了核恐慌的种子。这类恐慌亦是人们高度怀疑工业理性、技术理性的科学程度的表现,是一种典型的风险认知。

由于立场、利益以及对科学知识的把握程度差异,不同主体的风险认知存在差异。在邻避冲突的场域中,由政府、企业、专家等主体组成的增长联盟的风险认知建立在风险分析、环境评估的基础之上,一般对于邻避设施的建设持正向风险认知,当然不排除因企业私利、政府腐败而不顾风险的情况; 由公众、NGO 组织等组成的社群联盟的风险认知一般建立在自我感受、自然理性和环境主义等基础之上,往往对于邻避设施持负向风险认知。我国近年来陆续发生的公众反 PX 项目过程中,过分夸大了 PX 项目的危害,出现了严重的污名化现象。厦门实名反 PX 项目事件之后,成都、大连、宁波、昆明、漳州、茂名等城市陆续发生了市民反 PX

---

① 乌尔里希·贝克 . 风险社会[M]. 南京: 译林出版社,2004:3.

② Slovic P. Perceived Risk, Trust, and Democracy[J]. Risk Analysis, 2010, 13(6):675-682.

项目事件。在这些邻避冲突过程中陆续出现“剧毒”“畸形儿”“白血病”“秒杀”“原子弹”等抗争性话语。这类建立在非理性认识基础上的风险认知，在历次反 PX 项目事件中被陆续强化，在公众心中形成了对于 PX 项目不可建设的刻板印象。

保罗·斯洛维奇的研究表明，专家对风险的判断一般对应于客观性统计数据，而普通民众对风险的知觉一般以风险的质性特征为基础，而不是量化特征，这些质性特征主要有：风险的未知性、恐惧性、可控性等[①]。中国科协发布的第九次中国公民科学素质调查结果显示，2015 年我国具备科学素质的公民比例为 6.20%[②]。这个数据比之 2005 年时美国公民科学素质 28% 仍然有不少差距。从这个数据可以看出，我国公众总体的科学素质水平仍然偏低，对于风险的理性认知的养成十分不利。除此之外，由于我国地方政府、企业公信力的不足，信息公开不及时，导致公众参与权、知情权的缺失，进一步导致公众风险认知向情绪化方向发展。在我国邻避冲突的治理实践中，有些地方政府、企业有意无意地消解公众知情权、缺乏风险沟通意识、处置方法简单粗暴，也强化了公众与政府间的对立情绪。

二、作为参与传播路径的风险沟通

风险的核心基质是不确定性，它并非一个可触可感的公共议题范畴，我们唯有从其他社会议题所呈现的不确定性中来认识风险以及风险文化，而围绕公共健康和公共安全所建构的环境问题则是阐释风险文化（尤其是自然风险）最有代表性的公共议题，尤其是当环境问题已经成为风险社会认知的最有代表性的话语资源，即环境问题已经不仅仅是接近自然风险的认知渠道，一定意义上也是引燃社会政治风险和经济风险的话语载体[③]。在邻避冲突的治理实践中，减少诸如邻避风险的不确定性，开展系统性的风险沟通是十分必要的环节。

美国国家科学院（The National Academy of Sciences）将风险沟通定义为个体、群体以及机构之间交换信息和看法的相互作用过程；这一过程涉及多侧面的风险性质及其相关信息，它不仅直接传递与风险有关的信息，也包括表达对风险事件的关注、意见以及相应的反应，或者发布国家或机构在风险管理方面的法规

---

① Slovic P. Perceived Risk, Trust, and Democracy[J]. Risk Analysis, 2010, 13(6):675-682.

② 中国科协发布第九次中国公民科学素质调查结果 [EB/OL].（2015-09-19)[2023-07-25]. http://politics.people.com.cn/n/2015109191c7073127608306.html.

③ 刘涛．环境传播：话语、修辞与政治 [M]. 北京：北京大学出版社，2011:4.

和措施等[①]。一般情况下,风险沟通主体间的地位并非平等,即公众往往作为信息的接受方,而政府或者相关管理机构掌握着信息资源而处于主动地位。在风险的挤压下,公众会为自身利益要求获得风险信息以确认自身在环境中的安全性。风险沟通的效果取决于掌握风险信息资源的主体是否能够公开、负责地与公众进行信息交互。在邻避冲突这个传播场域中,增长联盟应该主动创造风险沟通机会,引导社群联盟参与到沟通环节去。因此,从主体关系及信息流动方式看,风险沟通是参与传播的路径选择。

三、通过风险沟通建设公众理性

保罗·斯洛维奇等人根据前人的研究总结了15种影响风险沟通的风险认知因素(见表6.2)[②]。这15个因素既有主观因素,又有客观因素。公众风险认知的形成受公众个体特征、风险事件本身的特性及其两者间的交互关系等三个因素的影响。邻避设施作为一种人造风险,基本与这15项因素有密切的联系,很容易给予公众负向的风险认知。这就要求增长联盟在推进邻避设施项目的过程中,参考影响公众风险认知的因素进行有针对性的风险沟通,从而避免邻避冲突的发生。核电项目作为典型的邻避设施,无法确保理论上的绝对安全,也无法预知其“潜在的伤害程度”,加之业已发生的核事故催生了公众的核恐慌。2016年中核集团的一则普通新闻“王毅韧调研中法合作循环项目连云港厂址”引发连云港市民游行示威抗议,迫使连云港政府宣布暂停项目选址工作;2013年7月,中核集团计划在阳江建设的大型核燃料加工厂遭到当地市民的游行示威抗议,当地政府最终承诺撤销项目建设计划。笔者在采访中广核宣传处处长黄超时得知,日本福岛核泄漏事故后,我国公众对于核电站建设的反对情绪明显高涨,而中广核也是在这个背景下增强了风险沟通工作力度。从陆丰核电站项目的推进情况看,中广核在风险沟通工作上取得了较好的成效。

表6.2 影响风险知觉的因素

因素	具体解释
自愿性	当个体将风险事件知觉为被迫接受,要比将风险事件知觉为自愿接受时,认为风险更大。

① Covello V T, Peters R G, Wojtecki J G, et al. Risk Communication, the West Nile Virus Epidemic, and Bioterrorism: Responding to the Commnication Challenges Posed by the Intentional or Unintentional Release of a Pathogen in an Urban Setting[J]. Journal of Urban Health, 2001, 78(2):382-391.

② 谢晓非,郑蕊.风险沟通与公众理性[J].心理科学进展,2003(4):375-381.

续表

因素	具体解释
可控性	当个体将风险事件知觉为受外界控制，要比他们将风险事件知觉为受自己控制时，认为风险更难以接受。
熟悉性	当个体不熟悉风险事件，要比他们熟悉风险事件时，对风险更难以接受。
公正性	当个体将风险事件知觉为不公平，要比其将风险事件知觉为公正时，对风险更难以接受。
利益	当个体将风险事件知觉为存在着不清晰的利益，要比他们将风险事件知觉为具有明显益处时更难以接受。
易理解性	当个体难以理解风险事件，要比他们容易理解风险事件时，更难以接受。
不确定性	当个体认为风险事件难以确定，要比科学已经可以解释该风险事件时更难以接受。
恐惧	那些可以引发害怕、恐惧或焦虑等情绪的风险，要比那些不能引发上述情绪体验的风险更难以接受。
对机构的信任	那些与缺乏信任度的机构或组织有关的风险，要比那些与可信的机构或组织有关的风险更难以接受。
可逆性	当个体认为风险事件有着不可逆转的灾难性后果，要比认为风险事件的灾难性是可以缓解的更难以接受。
个人利害关系	当个体认为风险事件与自己有直接关系，要比认为风险事件对自己不具直接威胁时，其风险更难以接受。
伦理道德	当个体认为风险事件与日常伦理道德所不容，要比认为风险事件与伦理道德没有冲突的时候更难以接受。
自然或人为风险	当个体认为风险事件是人为导致，要比认为风险事件是天灾时，对风险更难以接受。
潜在的伤害程度	在空间和时间上能够带来死亡、伤病的风险事件，比只能带来随机和分散效应的风险事件更加难以接受。
受害者特性	那些可以带来确定性死亡案例的风险事件，要比那些只能带来统计性死亡案例的风险事件更加难以接受。

公众理性是公众能够对风险事件进行客观的解读，从而了解事件的本质，不轻易被无关因素所干扰，对风险事件做出相对准确的判断，并能够有效地采取适当行为以应对和处理风险事件所引发的后果①。美国管理学家和社会科学家、决策理论学派的重要代表人物赫伯特•西蒙（Harbert A.Simen）在 1947 年出版的《管理行为》中对古典经济学的“完全理性的经济人”假设提出质疑，成为“有限理性”的主要倡导者。由于记忆、思维、计算能力的有限性，个体的认知是有限的，因此公众理性并非完全理性，而是有限理性。风险沟通的目的就在于减少公众风险认知的偏差，进而丰富公众理性的内涵，减少有限理性引发的不确定性，来抵抗主体间风险认知偏差带来的关系紧张状态。

① 谢晓非，郑蕊．风险沟通与公众理性 [J]. 心理科学进展，2003(4):375-381.

四、建立全方位的邻避风险沟通机制

对于风险的了解不是孤立的个体行为，而是在社会的动态发展中形成的；人们会通过各种渠道获取和交流信息，借助验证机制和质疑机制做出判断，并与其他社会议题联系起来加以综合考量①。在邻避冲突治理过程中，减少主体间的风险认知差异，增加公众理性、公众信任，建立全方位的邻避风险沟通机制是必不可少的一环。

（一）邻避风险沟通的制度保障。邻避冲突治理需要遵循现有的法律规范，风险沟通的开展是依据相关制度规定展开的。从中央层面看，我国已经形成了较为成熟的环保法律体系。除《宪法》中与环境保护有关规定（第九条、第十条、第二十二条、第二十六条）外，还有专门的环境保护综合法《中华人们共和国环境保护法》，以及《水污染防治法》《大气污染防治法》《固体废物污染防治法》《噪声污染防治法》《环境影响评价法》等 14 个单行法。除此之外，《国家赔偿法》《政府信息公开条例》等也与邻避冲突治理密切相关。从地方层面看，地方政府和相关企业需要依据这些法律制定适合本地、本企业情况规章制度，为开展风险沟通工作建立制度保障，在进行风险沟通时做到有据可依。

（二）邻避风险沟通的受众分析。政府、企业作为风险沟通的主体，需要掌握作为沟通客体的群体属性、特征，才能够开展有针对性的工作。邻避冲突的公众范围一般受邻避设施建设的地点决定。据笔者采访了解，按照国家规定，核电站建设进行风险沟通的范围是厂址周围三十公里的居民。这就要求在核电站建设前，企业要提前对三十公里内的居民进行详细的摸底调查，详细掌握这些公众群体的教育状况、经济状况、就业情况、环境意识、地方文化等人口统计信息。美国学者雷吉娜•E•朗格林（Regina E Lundgren）将风险沟通的受众分为三个层次：基本受众分析，即分析的信息主要关涉受众理解风险沟通的能力，如阅读能力、偏爱的沟通方式和敌对程度等；中级受众分析，即在分析信息的基础上增加对受众的社会经济状况信息、人口统计信息和人文信息；综合受众分析，即受众的心理因素，如动机和风险心智模型等②。

（三）邻避风险沟通的行动执行。风险沟通可以分为单向风险沟通和双向风险沟通。其中单向风险沟通遵循“决定—宣布—辩护”的 DAD（Decide,

① 雷吉娜·E·朗格林，安德莉亚·H·麦克马金．风险沟通：环境、安全和健康风险沟通指南[M]．黄河，蒲信竹，刘琳琳，译．北京：中国传媒大学出版社，2016：9.

② 雷吉娜·E·朗格林，安德莉亚·H·麦克马金．风险沟通：环境、安全和健康风险沟通指南[M]．黄河，蒲信竹，刘琳琳，译．北京：中国传媒大学出版社，2016：97.

Announce，Defend）模式，将受众作为被动的信息接收者，很难建立与受众的信任关系；而双向沟通模式重视受众的反馈，注重与公众对话和主体间的互动，除了能够发挥出“启蒙功能、知情权功能、态度改变等功能之外，还能体现出公共参与功能”[①]。风险沟通的工作方法很多，越是直接能与目标受众沟通，效果一般越好。Z市网信办主任告诉笔者，用走村入户的方式与老百姓沟通会让他们产生被尊重感，容易建立信任；中广核主要通过科普宣传、信息公开、公众参与、舆情应对四个方面进行风险沟通，取得了不错的效果。

（四）邻避风险沟通的效果评估。风险沟通是一个带有实验性质的说服过程，执行效果具有不确定性。过程中的评估可以告诉你若想达成目标应进行哪些调整，项目结束后的评估则能让你知道应该在今后的工作中做出何种改变[②]。

进行邻避风险沟通的效果评估，要有科学合理的工作方案。首先要制定评估目标，明确阶段性的工作进展、工作优化方向和具体执行效果等；其次要选择评估人员，可以根据组织情况和实际要求，选择上级管理部门或专业评估机构；再次要选定评估时机，制定合理的评估时间，既不妨碍风险沟通工作，又能为接下来的工作提供建议；最后要对风险沟通工作进行评判，确定目标有没有达成，工作最终成功与否。

第四节　协商性的邻避决策参与机制

近十年来，我国邻避冲突的结果多是“一闹就停”，陷入零和博弈的困境。吊诡的是，大多数邻避项目都有完整合法的“环境影响评估”和“社会稳定风险评估”报告。按照我国法律法规的要求，邻避项目的“环境影响评估”和“社会稳定风险评估”是公众参与决策的结果。可以想见，这些评估的公众参与质量并不高，许多是隐瞒信息、弄虚作假的结果。国内外学术界普遍将公众参与作为邻避冲突治理的关键路径之一。从参与传播的视角看，建立协商性的邻避参与决策机制对邻避冲突治理有重要意义。

---

① Covello V T，Winterfeldt D V，Slovic P. Communicating Scientific Information About Health and Environmental Risks：Problems and Opportunities from a Social and Behavioral Perspective[M]// Uncertainty in Risk Assessment，Risk Management，and Decision Making. New York：Springer US，1987：221-239.

② 雷吉娜·E·朗格林，安德莉亚·H·麦克马金．风险沟通：环境、安全和健康风险沟通指南[M]. 黄河，蒲信竹，刘琳琳，译．北京：中国传媒大学出版社，2016：316.

一、协商民主的参与内涵

20世纪80年代,协商民主(Deliberative Democracy)理论在西方学术界兴起。哈贝马斯、罗尔斯、吉登斯、米勒等深入探求了这次民主理论转向的内在逻辑,相关研究也与政治实践更普遍地联系在一起。乔治·瓦拉德茨认为,“协商民主是一种具有巨大潜能的民主治理形式,它能够有效回应文化间对话和多元文化社会认知的某些核心问题。它尤其强调对于公共利益的责任、促进政治话语的相互理解、辨别所有政治意愿,以及支持那些重视所有人需求与利益的具有集体约束力的政策”①。

2000年以后,国内学者将协商民主理论介绍到国内,探讨其基本理论内涵,同时积极寻找国内政治发展的现实参照。协商民主强调尊重公民的利益表达,促进广泛的参与,主张政府与公众间的沟通,从而使决策更民主、更完善。协商将会给公民带来更大的自由,并使政府权力的行使更趋合法性②。国家治理现代化需要各个参与主体的能动性激活,同时要求主体间的可对话性,确保国家与社会关系的良善指向和协同共进。我国有学者将协商民主定义为“受决策影响的公民,通过自有平等的对话、沟通、交流、协商、讨论等方式参加政治生活,解决公共事务的过程”③。

从民主理论发展的路径来看,协商民主是参与民主理论的延伸和发展,它同样注重决策参与,并且以公众参与决策为其理论理想。协商民主理论告诉我们,民主不仅仅体现为自由选举,更主要的是体现为参与决策;决策的过程不是领导拍板的过程,而是民主协商的过程;民主协商不是既得利益集团“俘获”政府的共谋,也不是政府为自己已有的决策提供理由而召集举行的所谓“论证”会议,而是各利益集团就某些公共事务充分表达各自利益和意见,通过讨论协商最终产生公共政策④。

二、作为参与传播实践价值的决策参与

在理论发展的道路上,参与传播首先是作为发展传播学的理论范式出场的。

① Jorge M Valadez. Deliberative Democracy, Political Lesitimacy, and Self-Democracy in Multicultural Societie[M]. Boulder: Westview Press, 2001:30.

② 陈胜勇,何包钢. 协商民主的发展[M]. 北京:中国社会科学出版社,2006:165-166.

③ 孙存良,李徐步. 国家治理视野下的协商民主研究[M]// 余小英. 协商民主与国家治理研究. 北京:中央编译出版社,2015:87.

④ 燕继荣. 国家治理及其改革[M]. 北京:北京大学出版社,2015:214.

在反思、批判线性的现代范式以及依赖范式基础上，参与传播范式强调民主、民权，主张使发展的主体公平地拥有发展的选择权、参与权、决策权和受益权，并通过建立合理、有效的发展机制，实现资源公平合理的配置和管理，最终实现社区的可持续发展。在讨论参与和发展关系问题上，参与传播重点强调赋权概念，而赋权的结果便是参与，所以原初的理论内涵中就强调了公众的参与权、决策权。随着发展传播理论的式微，参与传播范式也经历了一段暗淡的时光。

参与传播首先要挑战的是传播者本位的思想。随着互联网的兴起，网络技术赋权使得公众在传播领域获得极大的参与空间，参与传播迎来了新的发展空间。美国学者詹金斯从文化批判的视角，将传播中的参与进行了较为宽泛的理解。欧洲学者卡彭铁尔认为信息的近用、交互并非实质意义上的参与传播，只有公众能够参与决策过程，并且能够分享决策权力才是实质意义上的参与传播。他进而将媒介参与分为最小媒介参与和最大媒介参与，而最大媒介参与指的是受众与专业媒体人员共同决定传播内容。我们在此不去比较参与传播内涵的界定，但是参与决策真正体现了参与作为权力分享机制的价值。

参与意味着权力的分配和转移，而权力最终通过信息的流动来实现。权力和阻力是社会的治理机器，但只有在共同的意义上，他们才会为真理做出贡献，即“事情永远不会成功”，而不是在阴谋论中，反抗是为了让权力完美地发挥作用[①]。邻避冲突形成了一个参与传播场域，初始的公众的抗争参与为后期的合作参与创造条件。邻避冲突的治理主要体现在制度化、程序化特征的公众合作参与环节。合作参与即公众按照法律规定参与到“环评”“稳评”，以及同政府、企业就牵涉其利益的问题展开座谈、听证的决策过程。这正是参与传播理论所追求的实践价值。

三、我国邻避决策参与的现实困境

邻避冲突治理效果主要取决于邻避设施决策过程控制的科学性、合理性和公开性程度。决策的科学性意味着涉及邻避项目的技术系统是否成熟，技术风险是否可控等；决策的合理性主要是邻避项目的选址是否充分考虑到对当地的环境利益、居民的健康利益和经济利益产生不可控的负面影响；决策的公开性是指邻避设施的决策过程是否按照法律规定落实有关公众参与的要求，并且能够切实将民意融入项目建设中，以确保公众对于公开、公正和公平的要求落到实处。从近十年邻避冲突的实践看，我国邻避决策参与主要面临以下三个现实困境。

---

① Hunt Alan, Wickham, Gary. Foucault and Law: Towards a Sociology of Law as Governance [M]. London: Pluto, 1994:83.

（一）政府、企业垄断邻避项目决策权。由于邻避项目的敏感性,我国地方政府为减少所谓麻烦,往往采取闭合式决策,与企业共同垄断邻避项目决策权,将公众参与排除在决策过程之外。多数情况下,项目已经经过专家论证,企业已经开始投资建设,政府才匆匆进行信息公开。这些公开的信息,更多是官方八股文风,并且三言两语了事。这种命令式的话语自然会引发公众不满,加之我国地方政府的公信力普遍匮乏,邻避冲突很难避免。在这种情况下,政府不但垄断邻避项目的决策过程,还会为自己的这种行为寻求合理化解释,通常的做法是斥责公众对于邻避设施充满"无知"的想象,将邻避设施附近的居民的抵制行为说成"无理取闹"或"自利行为",而自己则以人民群众利益代言人的身份,理所当然地继续垄断公共政策①。

（二）决策过程中公众参与的形式化。在邻避决策过程中各利益主体的地位是不平等的,政府、专家、企业掌握政治资源、技术资源和市场资源,处于绝对的优势地位,而公众和社会组织仅有道德资源,处于劣势。邻避冲突发生后,政府囿于舆论、维稳压力被迫召开座谈会、对话会等进行公关式沟通。政府、企业凭借媒体资源对公众进行宣教,将理应双向平等的沟通变成了单向的风险可接受性操控。政府和企业的官僚主义、市场主义导致邻避决策过程的说教化、形式化。这让公众无法获得尊重感,利益亦无法得到切实保障,最终又把公众推向反面,继续充当邻避项目的反对力量。

（三）风险认知差异导致邻避决策参与的情绪化。由于立场、利益以及对科学知识的把握程度差异,不同主体的风险认知存在差异,进而导致邻避项目的污名化现象。戈夫曼将污名化（Stigmatization）定义为"某个体因为带有某种被其所在社会视作侮辱的属性,而遭受侮辱的现象"②。我国近年来陆续发生的公众反PX项目过程中,用"剧毒"、"畸形儿"、"白血病"、"秒杀"、"原子弹"话语对PX项目进行污名化修辞,严重夸大了PX项目的危害。这类建立在非理性基础上的情绪化的风险认知,在历次反PX项目事件中被陆续强化。对于邻避项目的刻板印象一旦形成,公众就无法保证在理性基础上参与到邻避决策环节中去。

四、建立协商性的邻避决策参与机制

协商民主要求各主体间的平等状态,追求决策的程序化和民主化。我们可以将协商参与者分为这样几种类型:作为公共权威机构的政府、多元利益格局中的

---

① 张乐.邻避冲突解析与源头治理[M].北京:社会科学文献出版社,2017:137.

② 汤景泰,星辰.技术污名化的传播机制:基于系列邻避事件的分析[J].现代传播(中国传媒大学学报),2018,40(2):49-55,74.

个体、不同文化背景中的族群以及治理过程中的机构或团体参与者①。建立协商性的邻避决策参与机制，需要邻避主体沿着协商民主的思路，合理化自身定位，以合作为导向，为科学决策、民主决策创造条件。

从政府层面看，邻避决策需要重视民意。邻避项目的立项决策应建立在广泛搜集信息的基础之上，完全交由市场、专家或者依靠政府自身的判断是无法满足科学决策要求的。除了考虑经济效益、技术风险之外，政府组织舆情调查要认真分析公众对于邻避项目的风险认知，并通过信息公开、风险沟通鼓励公众的决策参与和监督。严格按照法律规定进行“环境影响评估”“社会稳定风险评估”，在邻避项目建设的源头就重视公众参与，尊重民意。摒弃传统管制思维，用宽容、开放的心态为邻避决策环节的公众参与创造条件，避免决策过程“操纵民意”“走过场”等嫌疑，同时也注意区分民意的真伪。

从企业层面看，应通过沟通引导参与。企业是邻避决策的执行者，同时也邻避决策的参与者和受益者，理应承担相应的社会责任。作为掌握沟通资源的一方，企业要通过主动沟通引导公众参与。首先要主动公开与企业相关的邻避信息，确保信息的透明、全面、客观，为建立公众理解和信任搭建基础；其次要建立科普宣传的长效机制，确定有效目标受众进行科普互动沟通，缩小邻避主体间的风险认知差距；再次要通过主流媒体设置议程，建立自身公信力；最后要通过组织工业旅游等活动，发挥建成项目的示范效应，拉近企业与公众间的心理距离。

从公众层面看，明确决策参与的权利和义务。参与邻避决策是公众的权利，但同时也附带参与决策的责任。由于公众群体的庞大，真正参与到决策环节的是公众代表。这些公众代表首先应保持自身独立性，不为政府的政治权威、专家的技术权威以及企业的资本权威所迷惑，真正站在公众立场说话；其次应具备一定程度理解邻避项目风险的能力、理性分析的能力，避免用“零风险”等不切实际的要求给政府、企业施压，确保决策参与的理性；再次应在参与决策之前尽可能充分掌握邻避项目的相关情况，以及当地居民对邻避设施的基本态度，确保参与决策过程的民意基础。

除了上述三个主体之外，专家、社会组织同样在邻避决策中发挥着重要作用。其中，专家应在技术要求方面保持独立性，同时能够向公众通俗解释邻避设施的技术情况，帮助企业做好科普沟通；社会组织应积极发挥自身的专业能力、组织能力，并积极参与到决策过程中，既要为维护公众利益发言，也要引导公众参与的科学化、合理化。

---

① 陈家刚. 协商民主与国家治理：中国深化改革的新路向新解读 [M]. 北京：中央编译出版社，2014:66.

第七章　结论与展望

本论文在梳理国内外关于邻避冲突研究的基础上,引入参与传播理论,分析其学术发展脉络及在地价值,以此为理论视角分析了我国邻避冲突中公众参与的类别、现状、特点和规律,并专门针对中广核在应对邻避问题时开展的公众沟通工作进行了案例研究,最终总结出可实践的邻避信息公开机制、全流程的邻避舆情工作机制、全方位的邻避风险沟通机制和协商性的邻避决策参与机制,为我国邻避冲突治理提供新闻传播学角度的思考。

一、主要研究结论

（一）参与传播是国家治理研究的新向度。参与传播理论将参与纳入传播学视野,并将其视为分享权力的过程,对近用、交互和参与三个概念进行了辨析；强调决策对于参与传播的理论价值,并以此作为参与传播的质量的评判标准。在国家与社会的关系框架内,参与传播有关公众参与的理论阐释可以作为国家治理实践研究新的切入口。

（二）公众参与是我国邻避冲突治理的关键环节。邻避冲突是一个参与实践、传播场域和治理典型。在邻避冲突中,公众参与首先表现出强烈的抗争性,即邻避抗争参与；同时又隐含着公众与政府合作的机会,即邻避合作参与。竞合之间,政府、企业可以通过信息公开、舆情工作、风险沟通和决策参与四个方面,引导公众参与向法制化、有效化方向发展,为解决我国邻避冲突困境创造可能。

二、主要创新点

（一）参与传播理论研究的深化。市场经济的发展和网络技术赋权推动了参与性社会的到来,同时推动了参与传播理论突破发展传播学的范式界定,迎来了新的发展机遇。本文重新审视了参与与政治学、社会学中的民主、空间、艺术、发展及媒介概念的关系,并从权力、技术、身份、组织和质量五个维度探讨了对参与传播理论的理解,并尝试总结了参与传播概念,从理论层面初步回应了当代传播领域的日趋丰富的参与实践。

（二）邻避冲突治理研究的传播学视角。本文从参与传播理论视角出发，将邻避冲突视为一个参与传播场域。在这个场域中，公众参与呈现出高度的媒介化、网络化。参与意味着权力的分享，传播是主体间互动的过程，参与传播是公众在一定领域内，通过各类媒介传播信息，在信息近用、交互的基础上，参与决策并分享权力的过程。参与传播为我国邻避冲突治理研究提供了新的传播学视角。

三、论文局限性

（一）研究方法较为单一，量化研究不足。本文主要采取了质化的研究方法，在理论思辨的基础上，辅之以社会调查、学术采访和第二手资料的使用。虽然笔者围绕我国邻避冲突到核电站进行实地考察，对一些地方政府领导、企业领导、公众代表进行了深度采访，但是仍然未能做到对实践数据资料的充分把握，无法进行相对科学的量化研究。

（二）研究结论相对理想化。本文虽然试图使用包括传播学、政治学、社会学、心理学等学科的知识对邻避冲突议题进行多学科审视和交叉研究，也搭建了一个思路清晰、逻辑合理的内容结构，但是囿于对政治学、社会学、心理学知识掌握的局限，短期内较难进行更深层次的思考，加之我国公众参与的现实障碍过多，得出的结论相对理想化。

四、未来研究展望

（一）参与传播理论研究的再深化。本文对参与概念进行学术脉络梳理，但是至今为止关于参与的内涵并没有定论。笔者曾当面与美国学者亨利·詹金斯、欧洲学者尼科·卡彭铁尔讨论参与的界定，两位学者给出了不同的理解，也再次说明了参与概念的不稳定性。随着网络时代的媒介参与内容的不断丰富，参与传播理论具备继续拓展、深化的需要和机会。

（二）邻避冲突议题仍有深入研究价值。我国已经进入邻避冲突高发期，单单城市垃圾处理就是一个长期困扰城市治理的公共议题。邻避冲突是一个“易结不易解”的难题，在我国的治理实践中并没有理想的治理经验。邻避冲突是我国各级政府提升自身治理能力绕不过去的坎，也是锻炼自身治理“筋骨”的试验场。目前，我国研究邻避冲突治理的学术专著只有四本，研究质量也参差不齐，因而相关的学术研究仍有深入下去的价值。

参考文献

一、中文部分

（一）书籍

1. 爱德华 • L. 伯内斯 . 舆论的结晶 [M]. 胡百精，等，译 . 北京：中国传媒大学出版社，2014.

2. 伯特兰•罗素 . 权力论 [M]. 吴友三，译 . 北京：商务印书馆，2014.

3. 戴维•赫尔德 . 民主的模式 [M]. 燕继荣，译 . 北京：中央编译出版社，1998。

4. D. 米勒，V. 波格丹诺 . 布莱克威尔政治学百科全书 [M]. 邓正来，等，译 . 北京：中国政法大学出版社，1996.

5. 丹尼斯 • 贝尔 . 后工业社会的来临 [M]. 高铦，等，译 . 北京：新华出版社，1997.

6. 福柯 . 空间、知识、权力 [M]// 包亚明 . 后现代性与地理学的政治 . 上海：上海教育出版社，2001.

7. 亨廷顿 . 变化社会中的政治秩序 [M]. 王冠华，等，译 . 上海：上海人民出版社，2008.

8. 亨利 • 詹金斯 . 融合文化：新媒体和旧媒体的冲突地带 [M]. 杜永明，译 . 北京：商务印书馆 .2012.

9. 简 • 梵 • 迪克 . 网络社会——新媒体的社会层面 [M]. 蔡静，译 . 北京：清华大学出版社，2014.

10. 卡罗尔 • 佩特曼 . 参与和民主理论 [M]. 陈尧，译 . 上海：上海人民出版社，2012.

11. 卡尔 • 科恩（Carl Cohen）. 论民主 [M]. 聂崇信，等，译 . 北京：商务印书馆，1988.

12. 罗伯特•B. 登哈特 . 公共组织理论 [M]. 扶宋茂，等，译 . 北京：中国人民大学出版社，2003.

13. 卢曼 . 信任 [M]. 翟铁鹏，李强，译 . 上海：上海人民出版社，2005.

14. 雷吉娜•E. 朗格林，安德莉亚•H. 麦克马金 . 风险沟通：环境、安全和健康风险沟通指南 [M]. 黄河，蒲信竹，刘琳琳，译 . 北京：中国传媒大学出版社，2016.

15. 林文刚 . 媒介环境学：思想沿革和多维视野 [M]. 何道宽，译 . 北京：北京大学出版社，2007.

16. 洛克 . 政府论 [M] . 叶启芳，瞿菊农，译 . 北京：商务印书馆，1964.

17. 卢梭 . 社会契约论 [M]. 何兆武，译 . 北京：商务印书馆，1980.

18. 罗德里克•马丁 . 权力社会学 [M]. 丰子义，张宁，译 . 北京：生活•读书•新知三联书店，1992.

19. 马克思，恩格斯 . 马克思恩格斯全集（第 42 卷）[M]. 北京：人民出版社，1972.

20. 马克斯韦尔 • 麦库姆斯 . 议程设置：大众媒介与舆论 [M]. 郭慎之，等，译 . 北京：北京大学出版社，2008.

21. 马克•波斯特（Mark Poster）. 第二媒介时代 [M]. 范静哗，译 . 南京：南京大学出版社，2005.

22. 迈克尔 • 里杰斯特（Michael Regester）. 危机公关 [M]. 郭惠民，译 . 上海：复旦大学出版社，1995.

23. 尼古拉 • 尼葛洛庞蒂（Nicholas Negroponte）. 数字化生存 [M]. 胡泳，等，译 . 海口：海南出版社，1997.

24. 齐美尔 . 货币哲学 [M]. 陈戎女，译 . 北京：华夏出版社，2011.

25. 乔尔•S. 米格代尔 . 社会中的国家：国家与社会如何相互改变与相互构成 [M]. 李杨，等，译 . 南京：江苏人民出版社，2013.

26. 让 - 诺埃尔 • 卡普费雷 . 谣言：世界最古老的传媒 [M]. 郑若麟，译 . 上海：上海人民出版社，2008.

27. 斯蒂格勒 . 技术与时间 [M]. 裴程，译 . 南京：译林出版社，2000.

28. 托克维尔 . 旧制度与大革命 [M]. 上海：商务印书馆，2012.

29. 沃尔特•李普曼 . 公共舆论 [M]. 上海：上海人民出版社，2006.

30. 乌尔里希•贝克 . 风险社会 [M]. 南京：译林出版社，2004.

31. 沃勒斯坦 . 发展是指路明灯还是幻象？ [M]. 黄燕堃，译 . 北京：中央编译出版社，2000.

32. 约瑟夫•奈 . 美国霸权的困惑：为什么美国不能独断专行 [M]. 郑志国，等，译 . 上海：世界知识出版社，2002：45-47.

33. 约翰•罗尔斯 . 政治自由主义 [M]. 万俊仁，译 . 南京：译林出版社，2002.

34. 伊丽莎白·诺尔 - 诺依曼 . 沉默的螺旋：舆论：我们的社会皮肤 [M]. 董璐，译 . 北京：北京大学出版社，2013.

35. 包亚明 . 现代性与空间的生产 [M]. 上海：上海教育出版社，2002.

36. 陈胜勇，何包钢 . 协商民主的发展 [M]. 北京：中国社会科学出版社，2006.

37. 陈玲 . 制度、精英与共识：寻求中国政策过程的解释框架 [M]. 北京：清华大学出版社，2011.

38. 蔡定剑 . 公众参与：风险社会的制度建设 [M]. 北京：法律出版社，2009.

39. 陈家刚 . 协商民主与国家治理：中国深化改革的新路向新解读 [M]. 北京：中央编译出版社，2014.

40. 陈胜勇，何包钢 . 协商民主的发展 [M]，北京：中国社会科学出版社，2006.

41. 陈广胜 . 走向善治 [M]. 杭州：浙江大学出版社，2007.

42. 陈家刚 . 协商民主 [M]. 上海：上海三联书店，2004.

43. 陈力丹 . 舆论学：舆论学导向研究 [M]. 北京：中国广播电视出版社，1999.

44. 陈卫星 . 传播的观念 [M]. 北京：人民出版社，2004.

45. 单杰 . 主客体理论批判 [M]. 北京：中国人民大学出版社，1989.

46. 邓小平 . 邓小平文选（第 2 卷）[M]. 北京：人民出版社，1994.

47. 冯刚 . 意识形态相关问题研究 [M]. 北京：光明日报出版社，2014.

48. 龚祥瑞 . 比较宪法与行政法学 [M]. 北京：法律出版社，1985.

49. 高清海 . 高清海哲学文存（第 4 卷）[M]. 长春：吉林人民出版社，1997.

50. 郭庆光 . 传播学教程 [M]. 北京：中国人民大学出版社，1999.

51. 郭湛 . 主体性哲学：人的存在及其意义 [M]. 昆明：云南人民出版社，2002.

52. 胡泳 . 众声喧哗：网络时代的个人表达与公共讨论 [M]. 桂林：广西师范大学出版社，2008.

53. 胡钰 . 新闻与舆论 [M]. 北京：中国广播电视出版社，2001.

54. 黄浩荣 . 公共新闻学：审议民主的观点 [M]. 台北：巨流图书出版公司，2005.

55. 贾西津 . 中国公民参与：案例与模式 [M]. 北京：社会科学出版社，2008.

56. 刘恒 . 政府信息公开制度 [M]. 北京：中国社会科学出版社，2004.

57. 刘毅 . 网络舆情研究概论 [M]. 天津：天津人民出版社，2007.

58. 刘金平 . 理解·沟通·控制：公众的风险认知 [M]. 北京：科学出版社，2011.

59. 刘涛 . 环境传播：话语、修辞与政治 [M]. 北京：北京大学出版社，2011.

60. 李宏，李民 . 传媒政治 [M]. 北京：中国传媒大学出版社，2005.

61. 李洁 . 传播技术建构共同体：从英尼斯到麦克卢汉 [M]. 广州：暨南大学出

版社，2009.

62. 李良荣 . 宣传学导论 [M]. 北京：高等教育出版社，1999.

64. 李希光 . 畸变的媒体 [M]. 上海：复旦大学出版社，2003.

65. 刘建明 . 基础舆论学 [M]. 北京：中国人民大学出版社，1988.

66. 丘昌泰，黄锦堂，等 . 解析邻避情结与政治 [M]. 台北：翰芦图书出版有限公司，2006.

67. 秦志希，饶德江 . 舆论学教程 [M]. 武汉：武汉大学出版社，1994.

68. 荣敬本 . 从压力型体制向民主合作体制的转变 [M]. 北京：中央编译出版社，1998.

69. 任平 . 交往实践中的哲学：全球化语境中的哲学视域 [M]. 昆明：云南人民出版社，2003.

70. 孙立平 . 博弈：断裂社会的利益冲突与和谐 [M]. 北京：社会科学文献出版社，2006.

71. 孙存良，李徐步 . 国家治理视野下的协商民主研究 [M]// 余小英 . 协商民主与国家治理研究 . 北京：中央编译出版社，2015.

72. 陶东明，陈明明 . 当代中国政治参与 [M]. 杭州：浙江人民出版社，1998.

73. 王佃利 . 邻避困境：城市治理的挑战与转型 [M]. 北京：北京大学出版社，2017.

74. 王锡锌：公众参与和中国新公共运动的兴起 [M]. 北京：中国法制出版社，2008.

75. 汪明修 . 公共行政学：理论与社会实践 [M]. 台北：五南图书出版有限公司，1997.

76. 王维国 . 公民有序政治参与的途径 [M]. 北京：人民出版社，2007.

77. 王治河 . 福柯 [M]. 长沙：湖南教育出版社，1999.

78. 翁秀琪 . 大众传播理论与实证 [M]. 台北：三民书局，1992.

79. 吴飞 . 新闻专业主义研究 [M]. 北京：中国人民大学出版社，2009.

80. 薛晓源，周战超 . 全球化与风险社会 [M]. 北京：社会科学文献出版社，2005.

81. 于建嵘 . 抗争性政治：中国政治社会学的基本问题 [M]. 北京：人民出版社，2008.

82. 余谋昌 . 当代社会与环境科学 [M]. 沈阳：辽宁人民出版社，1986.

83. 俞可平 . 论国家治理现代化 [M]. 北京：社会科学文献出版社，2014.

84. 燕继荣 . 国家治理及其改革 [M]. 北京：北京大学出版社，2015.

85. 袁祖社 . 权力与自由：市民社会的人学考察 [M]. 北京：中国社会科学出版社，2003.

86. 袁方，刘应杰，张其仔 . 中国社会结构转型 [M]. 北京：中国社会出版社，1998.

87. 张乐 . 邻避冲突解析与源头治理 [M]. 北京：社会科学文献出版社，2017.

88. 赵汀阳 . 年度学术（治与乱）[M]. 北京：中国人民大学出版社，2007.

89. 赵永康 . 环境纠纷案例 [M]. 北京：中国环境科学出版社，1989.

90. 张康之 . 合作的社会及其治理 [M]. 上海：上海人民出版社，2014.

91. 张康之 . 走向合作的社会 [M]. 北京：中国人民大学出版社，2015.

92. 赵鼎新 . 西方社会运动和革命理论发展 [M]. 北京：社会科学文献出版社，2012.

93. 周丽旋、彭晓春 . 邻避型环保设施环境友好共建机制研究——以生活垃圾焚烧设施为例 [M]. 北京：化学工业出版社，2016.

94. 郑一卉 . 美国的公共新闻运动 [M]. 北京：北京语言大学出版社，2012.

95. 支庭荣 . 大众传播生态学 [M]. 杭州：浙江大学出版社，2004.

（二）期刊论文

1. 白红义 . 环境抗争报道的新闻范式研究：以三起邻避冲突事件为例 [J]. 现代传播（中国传媒大学学报），2014.

2. 曹现强，张福磊 . 空间正义：形成、内涵及意义 [J]. 城市发展研究，2011.

3. 陈凡，陈玉林 . 技术概念与技术文化的建构 [J]. 科学技术哲学研究，2008.

4. 陈瑞华 . 通过法律实现程序正义：萨默斯“程序价值”理论评析 [J]. 北大法律评论，1998.

5. 杜健勋 . 环境正义：环境法学的范式转移 [J]. 北方法学，2012.

6. 张晋升 . 从交互主体性看议程设置理论的实践意义 [J]. 暨南学报（哲学社会科学版），2002.

7. 丁未 . 新媒体与赋权：一种实践性的社会研究 [J]. 国际新闻界，2009.

8. 邓若伊 . 网络传播与“意见领袖”理论调适 [J]. 当代传播，2011（3）.

9. 范少虹 . 论“邻避冲突”中的政府依法行政 [J]. 暨南学报（哲学社会科学版），2013.

10. 高佳 .“媒介化社会”中社会各领域的变迁 [J]. 视听，2017（12）.

11. 郭小安 . 网络抗争中谣言的情感动员：策略与剧目 [J]. 国际新闻界，2013.

12. 关保英，赵耀荣 . 论依法开放政务信息 [J]. 法学论坛，2006.

13. 郭巍青，陈晓运．风险社会的环境异议：以广州市民反对垃圾焚烧厂建设为例 [J]. 公共行政评论，2011.

14. 黄汇娟．邻避情结与邻避治理：番禺垃圾焚烧厂设置的个案分析 [J]. 广东开放大学学报，2012.

15. 韩鸿．参与式影像与参与式传播：发展传播视野中的中国参与式影像研究 [J]. 新闻大学，2007（4）.

16. 韩鸿．参与式传播：发展传播学的范式转换及其中国价值：一种基于媒介传播偏向的研究 [J]. 新闻与传播研究，2010（1）.

17. 黄庐进．自我概念下的社会身份理论及其拓展 [J]. 求索，2012.

18. 何艳玲．中国式邻避冲突：基于事件的分析 [J]. 开放时代，2009（12）.

19. 何艳玲．对“别在我家后院”的制度化回应探析：城镇化中的“邻避冲突”与“环境正义”[J]. 人民论坛•学术前沿，2014.

20. 黄小勇．公共决策的公众参与困境及其管理策略 [J]. 国家行政学院学报，2010.

21. 金艳荣．重大决策社会稳定风险评估功能浅析 [J]. 长白学刊，2013.

22. 路超君，罗宏，吕连宏．化工园区环境风险可接受性研究 [J]. 安全与环境工程，2010.

23. 李晓晖．城市邻避性公共设施建设的困境与对策探讨 [J]. 规划师，2009.

24. 路超君，罗宏，吕连宏．化工园区环境风险可接受性研究 [J]. 安全与环境工程，2010.

25. 李永展．邻避设施冲突管理之研究 [J]. 台湾大学建筑与城乡研究学报，1999（9）.

26. 刘佳佳，黄有亮，张涛．邻避设施选址过程中公共参与方式选择研究 [J]. 建筑经济，2013.

27. 卢坤建．回应型政府：理论基础、内涵与特征 [J]. 学术研究，2009.

28. 李伟权，谢景．社会冲突视角下环境群体性事件参与群体行为演变分析 [J]. 理论探讨，2015.

29. 刘颖．反全球化运动：新社会运动理论的视角 [J]. 欧洲研究，2005.

30. 刘琼．网络动员的作用机制与管理对策 [J]. 学术研究，2010（8）.

31. 李晓晖．城市邻避性公共设施建设的困境与对策探讨 [J]. 规划师，2009.

32. 娄胜华，姜姗姗．“邻避运动”在澳门的兴起及其治理：以美沙酮服务站选址争议为个案 [J]. 中国行政管理，2012.

33. 毛绵逵，李小云，齐顾波．参与式发展：科学还是神化？[J]. 南京工业大学学报(社会科学版),2010.

34. 裘伟廷 ."网络社会"概念刍议 [J]. 宁波广播电视大学学报,2005(01).

35. 丘昌泰 . 从"邻避情结"到"迎臂效应":台湾环保抗争的问题与出路 [J]. 政治科学论丛,2002.

36. 乔艳洁,曹婷,唐华 . 从公共政策角度探析邻避效应 [J]. 郑州航空工业管理学院学报(社会科学版),2007.

37. 丘昌泰 . 公共设施中邻避情结的成因与因应:以民营电厂为例 [J],政治学报,2004.

38. 邱鸿峰 . 环境风险的社会放大与政府传播:再认识厦门 PX 事件 [J]. 新闻与传播研究,2013(8).

39. 孙静 . 互动与博弈:城市社区"邻避"冲突的情感认知模式:基于 HY 变电站事件分析 [J]. 华中师范大学学报:人文社会科学版,2013(S1).

40. 孙卫华 . 表达与参与:网络空间中的大众政治模式研究 [J]. 新闻大学,2016.

41. 汤京平 . 邻避型环境冲突管理的制度与策略:以理性选择与交易成本理论分析六轻建厂及拜耳投资案 [J]. 政治科学论丛,1999.

42. 汤汇浩 . 邻避效应:公益性项目的补偿机制与公民参与 [J]. 中国行政管理,2011.

43. 汤京平,翁伟达 . 解构邻避运动:国道建设的抗争与地方政治动员 [J]. 公共行政学报,2005(14).

44. 田亮,郭佳佳 . 城市化进程中的地方政府角色与"邻避冲突"治理 [J]. 同济大学学报(社会科学版),2016.

45. 汤景泰,星辰 . 技术污名化的传播机制:基于系列邻避事件的分析 [J]. 现代传播(中国传媒大学学报),2018.

46. 陶鹏,童星 . 邻避型群体性事件及其治理 [J]. 南京社会科学,2010.

47. 王馥芳 . 警惕技术权力这把"双刃剑"[J]. 党政视野,2016.

48. 王刚,毕欢欢,焦继亮,等 . 环境邻避运动参与主体的诉求指向及思维向度 [J]. 南京工业大学学报(社会科学版),2017.

49. 王来华,林竹,毕宏音 . 对舆情、民意和舆论三概念异同的初步辨析 [J]. 新视野,2004(05).

50. 王佃利,徐晴晴 . 邻避冲突的属性分析与治理之道:基于邻避研究综述的分析 [J]. 中国行政管理 .

51. 王娟,胡志强 . 公众技术风险认知的实证研究:北京公众对建设垃圾焚烧厂的风险认知调查分析 [J]. 工程研究,2012.

52. 谢晓非，郑蕊 . 风险沟通与公众理性 [J]. 心理科学进展，2003.

53. 相丽玲，王晴 . 信息透明度制度范式的演进及其法理基础 [J]. 情报科学，2014.

54. 袁建军，金太军 . 参与民主理论核心要素解读及启示 [J]. 马克思主义研究，2011.

55. 俞可平 . 当代西方政治理论的热点问题 [J]. 理论参考，2003.

56. 杨道玲 . 我国电子政务发展现状与“十三五”展望 [J]. 电子政务，2017.

57. 于建嵘 . 自媒体时代公众参与的困境与破解路径：以 2012 年重大群体性事件为例 [J]. 上海大学学报：社会科学版，2013.

58. 张效羽 . 环境公害设施选址的困境及其化解：以宁波市镇海 PX 项目争议为例 [J]. 行政管理改革，2012.

59. 曾繁旭 . 环境抗争的扩散效应：以邻避运动为例 [J]. 西北师大学报（社会科学版），2015（3）.

60. 周颖洁，张长立 . 试析西方组织理论演变的历史逻辑 [J]. 现代管理科学，2007（5）.

61. 周亚越，周鹏飞，俞海山 . 邻避设施选址决策中的供需分析 [J]. 浙江社会科学，2016.

62. 周永坤 . 权力结构模式与宪政 [J]. 中国法学，2005.

63. 钟慧玲，李伟，张冠湘 .“邻避” 冲突事件网络舆情演化研究 [J]. 情报杂志，2016.

64. 张瑾 . 邻避冲突的国家治理 [J]. 江苏行政学院学报，2017.

（三）学位论文

1. 何筱媛 . 新媒体环境下我国邻避型群体性事件的信息传播机制研究 [D]. 上海：上海交通大学，2014.

2. 连水新 . 当代中国“新媒介运动”的理论与实践：一种公民社会的进路 [D]. 武汉：武汉大学，2009.

3. 刘宇 . 从臣民到公民 [D]. 天津：南开大学，2010.

4. 杨秋波 . 邻避设施决策中公众参与的作用机理与行为分析研究 [D]. 天津：天津大学，2012.

5. 张斌 . 环境正义理论与实践研究 [D]. 长沙：湖南师范大学，2009.

6. 张向和 . 垃圾处理场的邻避效应及其社会冲突解决机制的研究 [D]. 重庆：重庆大学，2010.

二、外文部分

1. W Beck，et al. The Social Quality of Europe[M].The Hague：Kluwer Law International，1997:267-68.

2.Bullard D. Environmental Justice for All Unequal Protection：Enviromental Justice and Communicates of Color [M]. San Francisco：Sierra Club books，1994.

3.Broadbent J. Environmental Politics in Japan：Networks of Power and Protest [M]. Cambridge University Press，1998.

4.Carpentier N. Media and Participation：A Site of Ideological-Democratic Struggle [M]. 2011.

5. Crowfoot J E，Wondolleck J M. Environmental disputes ：community involvement in conflict resolution[M]. Washington DC：Island Press，1990.

6.Dryzek J S. the Politics of the Earth：Environment Discourse [M]. New York：Oxford University Press，2005.

7.Hunt Alan，Wickham Gary. Foucault and Law. Towards a Sociology of Law as Governance [M]. London：Pluto，1994:83.

8.Holbrook S. The Story of American Railroads [M]. New York：Crown Publishers，1947.

9.Howell D J. Scientific Literacy and Environmental Policy ：the Missing Prerequisite for Sound Decision Making[M]. Westport：Quorum Books，1993.

10.Joseph S Nye Jr. Bound to Lead：The Changing Nature of American Power [M]. New York：Basic Books，，1990:34.

11. Jorge M Valadez. Deliberative Democracy，Political Lesitimacy，and Self-Democracy in Multicultural Societie[M].Boulder：Westview Press，2001.

12.O' Hare M H，Bacow L，Sanderson D. Facility Siting and Public Opposition [M]. New York：Nostrand Reinhold Company，1998.

13.Popper Frank. Art，Action and Participation[M]. London：Studio Vista，1975:11.

14.Ruskin J. The Seven Lamps of Architecture [M]. London：Smith，Elder & Co. Publishers，1849.

15.Bernard Stiegler. Technics and Time：The Fault of Epimetheus [M]. Stanford：Stanford University Press.1998:82.

16.Vig N J，Kraft M E. Environmental Policy in the 1990 s：Toward a New Agenda [M] //The NIMBY Syndrome：Facility Siting and the Failure of Democratic discourse. Washton DC：CQ Press，1990.

17.Alfonso Gumucio Dagron，Making Waves：Stories of Participatory communication for Social Change[M]. New York：The Rockefeller Foundation，2001：143-146.

18.Besfamille M，Lozachmeur J M. NIMBY and Mechanism Design under Different Constitutional Constraints [J]. International Tax & Public Finance，2010.

19.Syeane Bowman，Chris Wills. We Media：How Audience are Shaping the Future of News and Information [J]. 2003.

20.Bessette G. Involving the Community：a Guide to Participatory Development Communication.[J]. Penang Malaysia Southbound，2004.

21.Covello V T，Winterfeldt D V，Slovic P. Communicating Scientific Information About Health and Environmental Risks：Problems and Opportunities from a Social and Behavioral Perspective[M]// Uncertainty in Risk Assessment，Risk Management，and Decision Making. New York：Springer US，1987.

22.Devine-Wright P. Public Engagement with Large-scale Renewable Energy Technologies：Breaking the Cycle of NIMBYism[J]. Wiley Interdisciplinary Reviews Climate Change，2011.

23. Dinkla Söke. From Participation to Interaction. Towards the Origins of Interactive Art[M]// Lynn Hershman Leeson（ed.）. Clicking In：Hot Links to a Digital Culture. Seattle：Bay Press，1996：279–290.

24.Debord Guy. For a Revolutionary Judgment of Art（excerpts）[M]// Ken Knabb（ed.），Complete Cinematic Works：Scripts，Stills，Documents. Oakland：AK Press，2003：215–217.

25.Devine-Wright P. Public Engagement with Large-Scale Renewable Energy Technologies：Breaking the Cycle of NIMBYism[J]. Wiley Interdisciplinary Reviews Climate Change，2011.

26.Gao X，Ji B，Yan D，et al. A Full-Scale Study on Thermal Degradation of Polychlorinated Dibenzo-p-dioxins and Dibenzofurans in Municipal Solid Waste Incinerator Fly Ash and Its Secondary Air Pollution Control in China [J]. Waste Manag Res，2017.

27.Hung H C，Wang T W. Determinants and Mapping of Collective Perceptions of Technological Risk：the Case of the Second Nuclear Power Plant in Taiwan[J]. Risk Analysis，2011.

28.Henri Lefebvre. The Production of Space[M]. Donald Nicholson-Smith，Oxford：Blackwell LTD，1991.

29.Innes，Judith E. Consensus Building：Clarifications for the Critics[J]. Planning Theory，2004，3（1）:5-20.

30.Kraeusel J，Möst D. Carbon Capture and Storage on Its Way to Large-Scale Deployment：Social Acceptance and Willingness to Pay in Germany [J]. Energy Policy，2012.

31.Kraft M E，Clary B B. Citizen Participation and the Nimby Syndrome：Public Response to Radioactive Waste Disposal[J]. Western Political Quarterly，1991.

32.Laurent-Lucchetti J，Leroux J. Lindahl prices Solve the NIMBY Problem [J]. Economics Bulletin，2010.

33.S Livingstone. On the Mediation of Everything：ICA Presidential Address 2008[J]. Journal of Communication，2009，59（1），1-18.

34.Leroy D H，Nadler T S. Negotiate Way out of Siting Dilemmas[J]. Forum for Applied Research & Public Policy，1993.

35.Meyer E A，Shaw S，Dweck J，et al. Criteria Regs Reduce NIMBY Safety Fears[J]. Oil & Gas Journal，2006.

36.Michael Dear. Understanding and Overcoming the NIMBY Syndrome[J]. Journal of the American Planning Association，1992.

37.Mumphrey A J，Wolpert J. Equity Considerations and Concessions in the Siting of Public Facilities [J]. Economic Geography，1973.

38.Mcgurty E M. From NIMBY to Civil Rights：The Origins of the Environmental Justice Movement [J]. Environmental History，1997.

39.Matheny A R，Williams B A. Knowledge vs. NIMBY：Assessing Florida’s Strategy for Siting Hazardous Waste Disposal Facilities [J]. Policy Studies Journal，2010.

40.Mitchell，R. C，R. T. Carson. Property-Right，Protect，and the Siting of Hazardous-Waste Facilities [J]. American Economic Review，1986（76）：285-290.

41.Nelson N，Wright S. Power and Participatory Development：Theory and Practice.[J]. Chinese Medical Equipment Journal，2010.

42.Pong-Wai Lai，Lai-Yan Woo，Kin-Che Lam，Wai-Ying Lee，Tung Fung. Research Monograph：Siting and community Response to Locally Unwanted Lan Uses：A Literature Review [J]. Centre for Environmental Policy and Research Management，Department of Geograghy and Resource Management，The Chinese

University of Hong Kong, 2007.

43.Pomper D. Recycling Philadelphia vs. New Jersey: The Dormant Commerce Clause, Postindustrial "Natural" Resources, and the Solid Waste Crisis [J]. University of Pennsylvania Law Review, 1989.

44.Pol E, Masso A D, Castrechini A, et al. Psychological Parameters Tounderstand and Manage the NIMBY Effect [J]. Revue Europeenne De Psychologie Appliquee, 2006.

45.Robert W Lake. Planners' Alchemy Transforming NIMBY to YIMBY: Rethinking NIMBY[J]. Journal of the American Planning Association, 1993, 59(1).

46.Rabe B G. Beyond Nimby : Hazardous Waste Siting in Canada and the United States[J]. Journal of Health Politics Policy & Law, 1994.

47.Shuai J, Han K, Xu X. Risk-based Inspection for Large-scale Crude Oil Tanks [J]. Journal of Loss Prevention in the Process Industries, 2012.

48.Siddall W R. No Nook Secure: Transportation and Environmental Quality [J]. Comparative Studies in Society & History, 1974.

49.Saha R, Mohai P. Historical Context and Hazardous Waste Facility Siting: Understanding Temporal Patterns in Michigan[J]. Social Problems, 2005.

50.Slovic P. Perceived Risk, Trust, and Democracy[J]. Risk Analysis, 2010, 13 (6): 675-682.

51.Slovic P. Perception of Risk from Radiation [J]. Radiation Protection Dosimetry, 1996.

52.T. Pelekasi, M. Menegaki, D. Damigos. Externalities, NIMBY Syndrome and Marble Quarrying Activity [J]. Journal of Environmental Planning & Management, 2012.

53.Troy W Hartley. Environmental Justice: An Environmental Civil Rights Value Acceptable to All World Views[J].Environmental Ethics, 1995, 17.

54.Vittes M E, Iii P H P, Lilie S A. Factors Contributing to NIMBY Attitudes[J]. Waste Management, 199

55.Yang P J, Yusuf Shahid, Saich Tony. China Urbanizes: Consequences, Strategies, and Policies[J]. American Journal of Chinese Studies, 2009.

附录 1

参与传播:国家治理研究的新向度①

——瑞典乌普萨拉大学尼科·卡彭铁尔教授访谈

摘要 本文通过对尼科·卡彭铁尔教授的学术访谈,探讨了参与传播的基本概况,及其与新媒介、公众参与、政治传播及国家治理的关系等议题。卡彭铁尔教授认为,参与传播强调传播过程的受众参与,打破了传者本位的思维定式,是当代传播理论的一个重要发展。随着互联网的崛起,公众较之以前在信息、知识和娱乐生产中扮演更重要的角色,并且更深入地参与到社会对话中。参与不但关注国家与社会关系议题,也关注文化教育机构与公众关系议题。“少一些统治,多一些治理”是21世纪政治改革的主要特征,亦可从参与传播的向度去考察。国家治理是多元主体的参与过程,遵循权力平衡逻辑。从这个角度看,参与传播理论有助于拓展国家现代化背景下我国传播学的研究视野。

关键词 参与传播;政治传播;公众参与;国家治理

Participatory Communication as a New Research Direction in State Governance Studies

—An Interview with Professor Nico Carpentier, Uppsala

---

① 本学术访谈发表于《国际新闻界》2018年第7期,系国内介绍参与传播理论的重要文献。

University, Sweden.

Abstract By interviewing with Professor Nico Carpentier, this article discusses general situation of participatory communication and the relationship between participatory communication and new media, political participation, political communication and State governance. In his opinion, participatory communication is a significant development in contemporary communication theories and emphasizes the people's participation in communicative processes. It reverses the stereotypical centering of media producers. With the growth of the internet, more than before, the public has the possibility to take a key role in the production of information, knowledge and entertainment, and can also become more involved in societal dialogues. Participation raises issues not only about the relationships between the state and its citizens, but also about the relations between cultural and educational institutions and the citizenry. "More of governance, less of ruling" features a major political reform in 21th century, and this too can be analyzed from a participatory communicative perspective. State governance is a process that involves multiple subjects, which also rebalances the logics of power. From this perspective, participatory communication theory helps extending the horizon of communication studies in the context of national modernization.

Key Words participatory communication, political communication, political participation, state governance

尼科·卡彭铁尔是瑞典乌普萨拉大学信息与传媒学院讲席教授，兼任比利时布鲁塞尔自由大学传播学系副教授和捷克查理大学高级讲师。2011 年出版（*Understanding Alternative Media*），2017 年出版《话语的物质节点：冲突中的塞浦路斯与社区媒体参与》（*The Discursive-Material Knot. Cyprus in conflict and community media participation*）。

2016 年 12 月，暨南大学新闻与传播学院与国际媒介与传播研究协会（IAMCR）参与传播研究部联合主办了“参与和传播”为主题的中欧博士生研修班。在此期间，笔者对本次研修项目召集人尼科·卡彭铁尔教授进行了访谈。

公丕钰：您目前为止已经出版了 15 本学术著作，最早著作研究的是艾滋病议题（Van Hove，Erik，Carpenteir Nico，Knops Nicole，1995），最新的与参与传播相关。我知道您的研究始于政治学,后来转向了传播学,能简单介绍一下您的学术研究经历吗?

尼科·卡彭铁尔:我经历了一个稍微不寻常的教育轨迹。在比利时引进学士、硕士教育制度之前,我曾在比利时安特卫普的两所大学学习过,后来这两所大学合并。那时,我们先要用两年时间修得学位候选人资格,然后再用两年的时间拿到毕业证书。我先是修得了应用经济学候选人资格,然后是政治与社会科学候选人资格,同时还辅修获得哲学候选人资格。后来,我获得国际关系专业政治与社会学硕士学位。当时,安特卫普的大学还没有媒介与传播学硕士教育,但政治与社会科学设置了一些媒介和传播学的研究课程,这样我就以比利时的非传统媒体和社区媒体为主题完成了硕士论文。后来,我留校成为一名研究员,做健康与性相关的社会学研究。接下来,我成为一名助教,教授研究方法,并更多地把社会学和政治学、媒介与传播学结合起来开展研究。后来,我攻读了政治与社会学博士学位,并运用以政治哲学为基础的话语理论研究电视谈话节目的参与过程。我想这种社会科学和人文科学的混合研究让我的学术成果颇具特色,这些训练也帮助我保持和发展了混合研究的习惯。

在传播中分享权力

公丕钰:本次研修班的主题是"参与和传播",能谈一谈您对参与传播的理解吗?

尼科·卡彭铁尔:西方的研究确实强调参与的重要性,不仅是媒介与传播学,政治学、社会学、人类学和博物馆学等学科都有涉及。宏观地看,参与研究有两个传统。第一个方法是将参与视作很宽泛的概念,我称之为社会学路径。在这里,参与概念主要指"参与某个过程",比如你看电视新闻报道时,你就是在参与电视文化和政治;你参观博物馆时,你就在参与文化;你去参加音乐会或节庆活动时,你就成为文化交流过程的一部分。联合国教科文组织(UNESCO)将"文化参与"界定为文化生产,而且也将参与文化活动本身纳入其中。第二个方法将参与进行了更为限制性的定义,将其视为在正式或非正式决策过程的权力分享,从而有利于更为平衡的权力关系。这就是关于参与的政治学研究路径,也是我所使用的方法和定义。举一个媒介与传播研究之外的例子,比如医疗机构和病人之间的关系可以是参与性的,属于第二个传统。在达成共识的前提下,病人有适当的知情权,并且可以与医生讨论,共同制定治疗方案。与医生自己做决定不同,这是一个参与过程。在媒体行业中,媒体组织及其工作人员(新闻记者、编辑等)行使选择传播内容的权力。当他们与受众分享这个权力,并引导受众一起进行新闻生产,这个过程就变成了参与性的。一个典型的例子就是分布在欧洲、北美洲、拉丁美洲、非洲、亚洲国家的社区媒体。在这类媒体中,普通人不但自己生产内容,并且积极参与到媒体的组织管理中。总体来看,参与有两个传统:一个是成为过程的一部分,另一个是关于分享权力。我的研究属于第二个传统。

参与传播本身也倾向于使用第二个传统,将参与视为分享权力。社区媒体研究表明,不仅媒体专业人士,普通人也能够经常参与到媒体生产的全过程,这就是在传播中分享权力。因此,参与传播是指普通人(或非精英群体)参与媒体生产和传播活动的过程。在参与传播中,普通人可以(共同)决定传播什么,但并不排斥专家和专业人士的参与,它主张普通人和记者以相互尊重的方式一起工作。这类似于我前面提到的医生与病人合作对抗疾病,彼此分享权力的例子。

另外,我们应该承认有不同的参与强度,或者说权力分享有多种方式。当记者在传播过程中有强烈的话语权而普通人只扮演次要角色,这是一种最小化参与;当普通人和记者平等地分享权力并成为合作伙伴,这就是一种最大化参与。参与传播意味着社会能够参与决定传播什么和如何传播。参与传播允许个人表达自己的想法,这给了他们对话的权力和被倾听的权力,也就是传播权。这对于那些权力有限,容易被遗忘或忽视的弱势群体来说特别重要。我相信对于他们来讲,清楚地表达自己的想法并让别人倾听是很重要的。只有这样,社会权力才可以更加平等地分配。举例来说,少数族裔通常处于弱势,他们易于被忽略甚至被压制和羞辱。作为社会的一个组成部分,他们的声音应当被人们听到。因此,他们应当有权发出自己的声音,表达自己的感受,但这种发声和表达总是要以和平的方式进行。

公丕钰:参与传播是当今发展传播学研究的一个热点。作为发展传播多元范式的一种,参与式传播的基本原则、操作方法和发展走向一直是20世纪70年代以后发展传播实践和学术研究的一个重要主题(Jan Servaes,1999;White,1999)。那么参与传播源自何处?它是一个西方概念吗?在中国语境下,参与传播意义何在?

尼科·卡彭铁尔:参与传播不是西方概念,而是一个全球化概念,已经有几十年的历史。参与传播并不局限于欧洲,阿根廷、哥伦比亚和巴西等拉丁美洲国家的研究人员在这个方面甚至做了更多工作。发展传播理论对于西方发展模式的批评是参与传播的理论来源之一,这也说明上述地区都是参与传播理论的发源地。当然由于有各自特殊的文化背景,不同地区的概念会有所差异。我认为不要简单地把参与传播看作一个西方概念,更不能将西方概念看成是优越的。东方不必刻意模仿西方,否则只会产生一系列的刻板印象。在彼此尊重的基础上,区域之间的对话很重要,这对于理论同样适用。我曾经将这些学术交流称为"桥台"(SQRIDGES),即学术桥梁和广场的合称(N.Carpentier,2014)。单纯的模仿从来不是最好的办法,但是我们仍然能够从其他地区学到有用的知识。这就需要我们彼此学习、取长补短,并积极改变、适应,进行理论的在地化。当然,我们界定地方理论时也应该考虑全球化,对二者进行综合考察。

将参与传播纳入中国语境可以开辟研究中国问题新视角,通过权力可视化研究丰富中国知识,做到其他研究方法做不到的工作。每个社会都有不同的权力斗争形式,这不是一个简单的个人和国家之间的关系问题,而是更为复杂的问题。参与传播并不给予国家和个人特权,而是聚焦于不同群体、组织和阶级及其内部的决策过程及他们与国家的关系。参与传播旨在了解人类网络的传播方式,研究权力系统,关注水平或垂直的权力关系,而非用一种线性的方式观察权力。参与传播分析这些过程的目的是通过决策权的归属来优化权力关系和传播角色关系,也就是说决策权的分配是真正重要的。

公丕钰:从国家与社会关系的视角看,参与传播似乎更强调社会在传播过程中的角色,这个概念对于传播学理论有何意义?

尼科·卡彭铁尔:从历史上看,传播学研究和政治学研究有一个有趣的相似之处。在传播学研究中,我们曾经聚焦媒介与受众之间的线性关系。政治学研究也曾聚焦国家与公众之间的线性关系。20世纪五六十年代,包括之前一段时期,西方的媒介与传播研究关注媒体(尤其是电视)对受众的影响,但却在很大程度上忽视了对媒体语境和媒介生产的研究。随着学术活动的开展,很多观点发生了变化。很显然,不仅是参与传播更加重视语境的重要性,其他领域的参与研究同样重视。作为一个交叉学科的研究领域,参与传播将传播视为一个系统而非一个传者到受者的简单线性过程。

当然,互联网是一个人们深度参与传播的例子。但互联网是一个庞大而复杂的系统,我们不应该将参与局限于互联网领域。参与传播有着悠久的历史,从使用邮政服务到使用视听媒体,都有许多先例。举个例子,在20世纪八九十年代,比利时就有一个实验音乐作曲家和声音艺术家网络,由于他们生产的是前卫音乐,不能通过主流媒体或主流唱片公司发表。因此,他们建立了自己独特的生产和销售系统。他们在家庭工作室做自己的音乐,并通过常规的邮寄渠道分销录音磁带。这就是一个参与传播系统,外人无法看见,而当我们以传统的线性传播的眼光看时很难理解。在这里我想说,将参与传播引入传播理论,就是把传播看作一个复杂的形式集群而非简单的模式，并且它展示出人类传播多样性的重要意义。

当然，与政治学相似，参与传播强调权力的重要性。政治权力一般指的是政府的权力，但参与传播中的权力概念意味着多层次、多主体的存在，包括媒体、政府、医疗系统、教育系统和社区等在传播过程中的权力位置。此外，权力是多向度的，它是社会斗争和冲突驱动的一系列社会关系，这也意味着特殊主体的权力地位会随着时间的推移而变化。我要再次强调社会的复杂性，我提到的斗争至为关键，斗争并不意味暴力。斗争意味着分歧，比如大街上有人喊“我想要更多的食物”，这也是一种斗争。冲突存在于社会的各个层面，这个概念与权力和斗争一样也不是自动或单单指向暴力。这些关于权力、斗争和冲突的不同观念归因于我们是不同的个体，有不同的利益、感受和思维方式。当意见相左时，我们有时会表达意见和感受，而这并不必然意味着会诉诸暴力。但是，我们要承认，暴力是人们处理冲突的一种方式，当然也是一种非常有问题的方式。在个人和社会层面，对话、讨论和仲裁是和平处理差异和分歧的手段。参与传播以更积极和建设性的方式看待这些议题，但它也承认即使努力争取，和谐和共识永远是在不完美的状态。现实生活中，我们常常不能达成一致，有时这种失败是结构性的，而社会中的一些特定群体也往往处于不利位置。因此，我的观点是社会作为一个整体需要这些弱势群体的参与，允许和平抗争以提高他们的表达权并改善他们的处境。

互联网增加了参与传播的可能性而非必然性

公丕钰：Russo，A.，Watkins，J.，Kelly，L.，Chan，S.（2008）认为基于社会化媒体的参与传播为公众参与包括博物馆规划等文化生产提供了空间和机会。您如何看待互联网技术对于参与传播研究的影响？

尼科·卡彭铁尔：作为一个技术平台，互联网为参与传播提供了机会。在互联网发明之前，人们生产媒体内容耗费了大量的时间和精力，但也有像廉价便携式相机这类的技术简化了媒介生产过程。互联网同样是简化了媒介生产和分销过程，为传播提供了充足的机会。在这个意义上，互联网增加了传播的参与形式。然而，有些事情我们要清楚，参与传播的技术运用并不局限于互联网，比如电影、电视、电台和杂志，包括其他非传统传播形式的使用表明不同的技术都可以用于参与传播以均衡社会权力关系。参与媒介理论有着悠久的历史，德国剧作家贝尔托·布莱希特（Bertolt Brecht）在 20 世纪二三十年代就写过有关广播的著作，强调广播技术将信息的传递模式变为传播模式。

另外,我们应该注意的是机会和可能性并不等同于现实,即一件事情可能发生并不意味着必然发生。不是互联网导致参与传播,而是要看人们以何种参与方式使用它。在许多情况下,互联网也只是作为一个信息的分销渠道,或者广告的目标受众平台。互联网作为整个媒介生态的一部分,是一个多功能的应用平台。它不必然是参与性的,或是免于受控,而是在一定程度上受组织和国家的管制。以Facebook为例,谁控制它呢?显然,用户无法控制,因为Facebook不是用户的。Facebook不是一个参与型组织,因为用户对于Facebook的运作只有极其有限的发言权。它是一个公司,目的是赚钱。但事情又比较复杂,作为社会化媒体组织,它仍然可以成为人们为某一特殊目的而斗争的网络,或作为用户表达歧见以争取社会变革的平台。即使这样,如前所述,Facebook也不是一个参与型组织。因此,我认为参与传播并不存在于像Facebook这样的社交媒体中,但人们可以通过Facebook这样的社交媒体来表达,传播自己的声音。

还有其他的例子说明互联网的参与性并不是必然的。例如,作为一个主流的公共服务媒介,英国广播公司也不是一个参与型组织,但它大量使用互联网发布其产品。他们用自己的网站发布新闻,但仍然用非常传统的方式制作新闻。你的确可以评论一个新闻作品并且和其他读者互动,但是你不能与英国广播公司记者合作撰写新闻。英国广播公司专业人士可以阅读甚至考虑读者的反馈,但他们基本上完全控制新闻生产。虽然英国广播公司已经建立了一个非常强大的网络,但在大多数情况下他们的网站不是参与性的。当然也有例外,在20世纪90年代,英国广播公司尝试进行参与传播,实施社区媒体计划。社区媒体计划专注于授权普通人,于1992年开展了一个名为视频国家的项目,将相机分发给一群普通人,让他们拍摄自己的生活,并在英国广播公司电视台播出。虽然该计划在21世纪初被取消,但这些作品仍然出现在2000年后的英国广播公司的网站上。过了几年,视频国家项目投资减少,网站也受BBC大裁员行动的影响于2011年关闭。

公丕钰:在中国,互联网的发展给公众带来了前所未有的公众参与空间,有时会对政府形成强大的舆论压力,甚至会推动公共政策的改革。您认为这一类的公众参与属于参与传播的范畴吗?如果是,是不是说明中国的互联网属于一种参与传播媒介呢?

尼科·卡彭铁尔:是或不是。有一种倾向将互联网看作整体,并假定只有一个互联网逻辑。正如我前面提到的,互联网有各种各样的使用方式,但仅有一些是参与性的。我们需要敞开思维,着眼于特定的决策过程,分析权力如何分布,并分析权力在审查之下如何通过传播实践重新分配。我的文章《超越参与阶梯:一个参与媒体过程的批判分析工具》(N Carpentier，2016）阐释了如何分析参与实践的诸多细节。我认为应该避免对互联网泛化的认知，正像笼统地谈论电视、广播和报刊一样是没有意义的。换句话说，互联网可以用于相互矛盾的目的，利于监督或加强监控，用于参与或用于压迫。上述分析隐含的观点是没有一个单独的因素能够控制整个媒体技术，21 世纪没有无所不能的傀儡大师。行动者有各自的目标，并且都有把这些付诸实践的多种方法。

关于第二个问题，如果要评估中国或世界其他国家针对互联网采取各类政治举措，我们就需要谈谈参与强度了。当普通人这些非特权行为主体参与到决策过程中，那么问题来了：他们能决定多少？我们可以设想，如果人们简单地被告知或参加会议，但没有任何发言权，这仅仅是接近，而非参与。我们还可以设想，普通人可以表达他们的意见和感受，也可以讨论事情并被权力所有者倾听，但这些普通人仍然没有任何影响决策结果的权力，这仅仅是互动，仍然没有参与。我们还可以设想，普通人可以讨论并能对决策产生一些影响，但没有最终的决策权，这是一个最低限度参与。我们还可以设想，所有行动主体在地位平等的基础上共同决定，这就是最大限度的参与。

接下来，我们来厘清三种情况。首先，我们不能混淆不同强度的参与实践。比如，协商不是参与过程，而是互动过程。其次，虽然接近、互动与参与不同，但对于开放的治理来说，接近政治进程、与政治系统互动仍然非常重要。政府需要倾听公众的意见，比如医疗改革过程中的协商对于公众权利的实现至关重要。因此，我的研究结论是接近、互动是参与的前提和必要条件，但它们非参与本身。最后，参与传播理论认为不纠缠于所谓“公众参与”的驳杂声明有助于我们分析和评价社会中、公众间，以及国家和媒体间的权力关系。

参与传播与公众参与、政治传播的关系

公丕钰：那么，您怎么看公众参与和参与传播的关系呢？

尼科·卡彭铁尔：这是一个很难回答的问题，因为关于公众参与有各种各样的理解。前面我已经提到过有些人把参与看作参与到某个过程，而一些人则视其为分享权力。社会学研究方法和政治学研究方法的不同也影响了制度化政治中的公众参与研究。我们经常发现社会学讨论公众参与时，会将包括政治意识、政治约谈、政治表达以及公共言行等各种各样的活动、态度和情感标签视为参与的方式。相比之下，(H. N. Norman，V. Sidney，1975）在其经典论文《美国的参与：政

治民主和社会平等》中关于参与的定义更为谨慎,将其视为“旨在影响政府人员行为和决策的行动”。我相信包括我在内的大多数参与传播研究者倾向使用这类更为限定性的定义,将参与视为分享权力。换句话说,当公众参与使用狭义上的参与时就与参与传播趋向接近。

其次要谈一下公众参与概念中“政治”的定义。我们可以参考比利时政治理论家 Chantal Mouffe 的研究中关于“政治”和“政治的”两者区别的见解。她在《论政治》中写道:“‘政治的’指的是人类关系中固有的对抗性维度,而不同类型的社会关系中的对抗方式和表现多种多样。‘政治’指的是实践、话语和机构的集合,而在‘政治的’因素影响下这个集合有潜在的冲突,人们在其中寻求建立稳定秩序并实现人类的共存。”(Chantal Mouffe, 2005)从广义上讲,参与传播倾向于“政治的”,因为它着眼于传播过程的权力、斗争和冲突的作用。或者换句话说,参与传播对“政治的”维度的传播感兴趣。公众参与常常聚焦政府领域以及公众与国家之间的关系,此时的公众参与指向“政治”。但话又说回来,事情并不总是如此,当公众参与使用更为宽泛的“政治的”定义时,它就非常接近参与传播了。

公丕钰: 如前面所说,互联网拓宽了中国公众参与政治的空间。网络公众参与是当前中国政治传播关注的热点议题,这似乎也与参与传播有天然的联系。您如何看参与传播与政治传播的关系?

尼科·卡彭铁尔: 要回答这个问题,就要再看一下政治传播的定义。政治传播理论有许多渊源和面向。政治传播专注于权力、意识形态以及政治党派使用媒体和传播的方式,但有些情况下政治党派并不是政治传播注意的焦点。当“政治的”(而不是政治本身)用于利益领域,那么政治传播隶属于参与传播。当政治传播研究社会中的权力斗争,比如研究斯图亚特·霍尔所谓“斗争的象征”,那么它接近参与传播。同时,政治传播和参与传播有一个显著的差异,参与传播倾向于研究参与本身或政治进程的参与匮乏,而政治传播并不以此为研究焦点。

我们可以用一个比喻,把传播学看作一个独立的房子或城堡,里面有许多房间,而政治传播和参与传播彼此相邻。每个房间是传播学的一个分支或子领域。它们有各自的研究重点、思维方式和分析方法。政治传播与参与传播有明显的区别,也有很清晰的关联。这种复杂关系也意味着这两个子领域可以各自发展,彼此独立,但他们仍然在传播学框架内开展研究。

公丕钰: 在欧洲,目前政治传播主要的研究领域有哪些?

尼科·卡彭铁尔: 在欧洲,政治传播是传播学研究的一个重要分支。它的研究重点之一就是我前面提到的“政治”本身。政党和政治家利用传播说服人们投票给他们,并支持他们的政治计划,这些仍然是政治传播重点关注的领域。当然,选民不应该被看作政治传播的被动接受者。有时选民的确会接受政党传播的信息，但同样也可能抵制或拒绝这一类的传播。现在政治家和选民之间的传播关系被公认为是一个动态的关系，公众在传播过程中扮演积极的解读角色。虽然这个观点的演变经历了相当长的时间，但后来我们还是承认公众可以成为传播能动的主体。

另一个重要的研究主题是民族主义和民粹主义。政治传播与政治制度、意识形态密切相关。民族主义和民粹主义是明显的意识形态议题，在欧洲的政治景观中越来越突出，理应受到欧洲学者的更多关注。例如，20 世纪 90 年代的南斯拉夫解体就是经由一系列民族主义议题引发的，造成了巨大的流血事件。21 世纪以来，民族主义在欧洲加速复兴，右翼民粹主义政党发展势头越来越猛。西方的研究者们对这些变化给予了极大的关注。美国总统特朗普的胜选将民粹主义和民族主义带到一个全新水平，许多学者在关注这些意识形态事件。

第三类研究非常多样化，因为政治传播研究的是广义上的政治。首先，新社会运动和政治激进主义已经是西方政治传播长期以来的研究议程，研究者持续关注两者在“政治”（人们与政府互动）和“政治的”（诸如争取政治认可）中的作用。但是我们也越来越多地看到其他社会领域政治性研究被政治传播接纳，比如文化研究、博物馆研究等学术领域的相关研究。

国家治理研究的新向度

公丕钰：近年来，治理成为中国的政治话语体系中的重要概念。俞可平（2013）认为治理体制是一种工具理性，并总结了统治与治理的五个区别，认为治理的主体是多元的，主张治理的协商价值。相较于统治，治理概念强调多元主体的参与，治理是否与参与传播之间有一种关联，您如何看？

尼科·卡彭铁尔：从统治到治理的转变非常关键，因为这影响政治领导功能的运转方式，至少在欧洲语境下是这样的。统治意味着领导者的专制，而治理意味着开放和更多的对话空间。在不同的条件下，治理的定义也不尽相同。在我看来，中国的治理是指更多的对话和对不同声音的接纳，而这些反过来可能会促进更多的公众参与。

治理和参与传播之间有明确的联系。在此之前，我要说明一下西方政治理论中的民主定义。显然，民主模式很多，且相互差异很大，但它们都共享一个核心思想，即民主总是由参与（与人民分享权力）和代表（把权力委托给政治领袖）两个部分组成。不同的民主模式之所以不同正是因为他们以不同的方式平衡参与和代表。人们往往有权选举他们的代表,但在这样做的同时也把他们的权力委托给这些代表。这就在代表与参与之间产生了一种特殊的平衡。真正的问题是代表与参与之间的平衡点在哪里?代表的范围和程度是什么?在所谓的代议制民主制度中,权力通过选举委托给政府。选举之后,虽然普通人仍然可以反对政府做出的政治决策,但人们已经没有那么多的权力去左右政府的决定。民主是斗争和冲突的场所,也是妥协的场所。西方民主一个主要特征就是统治者的权力是被委托的。从参与传播的角度看,权力委托是一个产生风险的过程,因为如果把所有的权力委托给政治领袖就意味着你不能再参与。例如,如果你将权力委托给一个数十年没有选举规则的议会,民主制度将不复存在。所以,代表和参与是一枚硬币的两面,但两者间平衡是动态的。

让我们回过头来看治理的本义。治理概念意味着没有一个最终的权力中心,政府以更为开放的态度对待普通人的意见、感情和声音。但同样的问题又来了:参与和代表之间的平衡在哪里?特殊的治理制度如何处理权力委托和权力分享之间的平衡?治理可能会允许一定程度的参与,但事实果真如此吗?参与的程度如何?作为一种研究方法,参与传播是分析这些争议的有益方法,因为它强调参与的重要性,并寻求更多最大化的参与方式。最大化参与的好处之一就是可以更多地利用社会资源。如果权力完全集中,我们就会错过人民的智慧和力量,同时也难以做到对多样性的尊重。历史已经证明,专制难以长久、缺乏效率,因为独裁者不能充分利用社会资源,也不能满足多元化的需求。简单地说,独裁难以凑效,因为一个人或一群人不可能知道一切。知识是集体性的,而集体智慧是必要的和有用的。

公丕钰: 有些中国学者将“good governance”翻译为“善治”,并以之体现国家与社会最佳的关系状态。在中国人看来,北欧国家是民主社会主义的典范,您如何评价欧洲的治理情况?

尼科·卡彭铁尔: 首先,我同意“善治”是非常重要的概念。对我来说,善治之所以重要是因为它建立了领导者、国家和社会之间的连接。治理是一个更加分散和网络化的领导形式,避免了权力集中在某一个人的身上。我相信没有人能在21世纪独占全部的决策权。这也意味着国家与社会的关系不是单向的。国家是社会的一部分,不在社会之外,也不高于社会。虽然一些政治理论和实践试图将国家与社会割裂开来,但我认为要谨慎对待这类观点。我更愿意把国家看作社会的一部分。这意味着国家和国家的每一部分都与社会的其他部分进行互动。

现在来回答你的问题。我认为一个国家的价值在于实现其改善所有国民生活质量的目标。善治致力于实现上述目标而非在国家内部制造分裂，或是让一些人享有超过他人的特权，或是制造可能导致战争的国家间对立。历史告诉我们，在扩张性的帝国主义驱使下，欧洲的民族国家观念导致了欧洲国家与其他国家的战争。我不会把欧洲“民族国家”的实践作为善治最可接受的例子，特别是当我们将善治视为创造和促进幸福的话。有许多因素阻碍社会幸福，例如贫困、歧视以及权力匮乏，而重新认识这些问题、资源的再分配可以有助于消除这些因素。关键是我们不要把国家视为上帝，或者简单地把国家与社会割裂开来，而是要把国家看作我们自己的一部分和社会幸福的保护者之一。你可能已经猜到，我的确将共同决定的能力视为增加社会幸福探索的重要内容。

上述这些意味着我不认为应该将欧洲国家视为楷模。世界上每一个国家和地区都应该找到自己的道路和方法来增进社会幸福。在欧洲，民主革命的深化，或者所谓的民主和民主化正遭遇各种各样的阻力，而我担心它可能已经停滞了。我们又看到了那些利用选举进行全面控制的传统型政治家的出现。在欧洲，在或隐或现的民族主义驱动下的排斥政治已经越来越强势，而无处不在的资本正在全球范围内掠食。还有社会经济不振和安全匮乏的双重恐惧，让我有时怀疑这是否让欧洲失去了信心。

有时我也在反思，代议制民主的危机已经让人们感到无所适从，因为许多人觉得他们不再被政治家所代表。人们寻求代议制民主危机的解决方案，但这些解决方案却只能通过代议制民主来实现。这是欧洲政治与西方政治的核心矛盾。我想这就是民粹主义得势的原因。民粹主义回应了许多人对变化的渴望。虽然我也相信民粹主义所提供的答案存在严重问题，但我绝对不认为这种可能削弱了民主的渴望本身是错误的。当然，并非每个欧洲国家都是完全一样的情况。斯堪的纳维亚国家也遇到了一些我刚才描述的问题，但这些问题从表面上看发展要慢得多。例如北欧的福利制度，即使受到威胁，依然相当强大，特别是在挪威和瑞典。

公丕钰：在治理语境下，您对中国政治发展中的参与文化建设有何建言？

尼科·卡彭铁尔：我认为有必要在社会中建立、推广和保留一些更具参与性的文化。无论一个社会存在何种程度的参与，我们都不能自满。更何况，我们也不能保证现有的参与程度会得到保留。同时，我们应该提升参与水平，而不仅仅将参与限于国家、政府和公众之间的关系中。参与原则还应在教育系统中更多地实施。我们需要学生参与学校的管理和领导，与教师、学校主管共同决定学校如何运作。这个想法源自法国哲学家让·雅克·卢梭（Jean-Jacques Rousseau）的观点即：在参与中学会参与。当然，我们也可以在其他方面更多地去参与。比如参与可以从家庭的饭桌上开始,我们可以让孩子参与决定早餐吃什么、何时吃、如何吃、如何分工等等,学习共同决策和参与,从而建立一个更民主的家庭关系。如果我们想推动政府与公众关系之外的参与实践,我们就必须认真考虑这些情况。

此外,我们也要考虑像博物馆这类文化机构的作用。博物馆是故事的传播者,或者说它生成了关于文化的叙事。但是谁决定这些呢?几年前,爱沙尼亚国家博物馆做了一个实验,允许普通人策划一个展览。博物馆工作人员邀请博物馆所在城市爱沙尼亚塔尔图的居民,向他们发送关于展览的建议,计划让普通居民决定展览的内容。通常,馆长是博物馆工作人员,但现在普通人成了“馆长”。最终,两个展览建议被选中,普通人“馆长”随后与博物馆工作人员一起策划、组织和搭建这些展览。我认为这些都是给普通人赋权的好例子,而且也没有将专业人士排除出去。我并不否认学校校长、博物馆馆长以及媒体组织首席执行官的重要性。相反,我认为我们非常需要他们,但不能所有事都由他们自己决定。我们需要他们把普通人视为合作伙伴,鼓励人们并使用参与逻辑。正是因为微观层面的实现,才能确保宏观层面的有效性。一个国家可以鼓励这些微观层面的变化,引导参与的增长。包括互联网在内的媒介技术和组织可以通过赋权于民,进一步扩大参与程度。

注释 [Note]

1. 参与传播的英文表述为“Participatory Communication”,国内亦有学者将其翻译为“参与式传播”。2014年,由瑟维斯(Jan Servaes)、玛丽考(Patchanee Malikhao)著,张凌翻译,陈先红校审,武汉大学出版社出版的《发展传播学》(*Communication for Social Change*)一书将“Participatory Communication”翻译为“参与传播”。目前,参与传播方法广泛用于社区传播研究中,形成了较为系统的理论内涵,在国际学术界有稳定的学术共同体,已经成为当代传播理论的一个重要分支。从国内传播学界对于传播理论名称的命名习惯看,参与传播便于与政治传播、环境传播、科学传播等传播学分支进行区分和自我定位。因此,笔者使用“参与传播”的译法。

2. 在捷克、匈牙利、波兰、斯洛伐克和斯洛文尼亚等一些德语国家的学术传统中,讲师指的是次于正教授,等于或高于副教授的学术头衔。https: //en.wikipedia.org/wiki/Docent#Sweden.

3. 本文尊重尼科•卡彭铁尔教授的意见将 Alternative Media 翻译为非传统媒体而非另类媒体或替代性媒体。

4. 发展传播理论在亚、非、拉等第三世界国家的实践是参与传播理论的来源之一，详情可参阅电子科技大学政治与公共管理学院韩鸿教授发表于《新闻与传播研究》(2010 年第 1 期)的论文《参与式传播：发展传播学的范式转换及其中国价值》。

引用文献 [Reference]

1.E. Van Hove，N. Carpentei，N. Knops. Jongeren，Seks en AIDS Herbekeken.[M]. Leuven/Apeldoom，Grant，1995:159.

2.N. Carpentier. Media and Participation，a Site of Ideological-Democratic Struggle. [M]. Bristol: Intellect，2010:15.

3. 韩鸿 . 参与式传播：发展传播学的范式转换及其中国价值 [J]. 新闻与传播研究 .2010(1):40-49.

4.N. Carpentier，On Walls，Squares，Bridges and Sqridges A Framework to Think About North-South Dialogues in Communication and Media Studies[J]. Journal of Latin American Communication Research，2014:1-15.

5.A.Russo，J. Watkins，L. Kelly，& S. Chan. Participatory Communication with Social Media[J]. Curator：The Museum Journal，2008，51(1)：21-31.

6.N. Carpentier. Beyond the Ladder of Participation，an Analytical Toolkit for the Critical Analysis of Participatory Media Processes[J]. Javnost - The Public，2016，23(1):70-88.

7.S. Verba，N. H. Nie. Participation in America：Political Democracy and Social Equality[J]. American Journal of Sociology，1975，81(1):24.

8.C. Mouffe. On the Political[J]. Economy of Migration European Economic Review，2005，5(2):284-295.

9. 俞可平 . 论国家治理现代化 [M]. 北京：社会科学文献出版社，2014.

附录 2

善用沟通的力量①

——中广核集团文化宣传中心新闻宣传处处长黄超访谈

近年来,新媒介技术孕育的信息平权运动和环境污染催化的环境正义运动充分体现在邻避设施负外部性所引发的群体性事件上。据我国社会科学院的统计,2016年上半年,规模较大的环保类群体性事件至少有52起,其中千人以上规模的就有12起。自1987年大亚湾核电站开工建设以来,我国的核电项目建设走过了30年的历史。核电站是典型的邻避设施,目前大亚湾核电站归属的中广核集团(简称中广核)共有6个在建和运营的核电基地。近年来,中广核坚持公开透明的理念,将公众科普从事件化引向常态化,在公众沟通方面主动作为,创新了一套核电项目建设舆情引导的机制方法。为更加深入了解中广核在公众沟通方面的经验,笔者于2017年6月22日在深圳中广核总部采访了中广核新闻宣传处黄超处长。

良性沟通始于公开

公丕钰: 核能被看作清洁能源,但核电站却属于邻避设施。中广核是我国核电企业的代表,在核电设施的选址上有什么标准?

黄　超: 核电行业是一个比较特殊的行业,它和PX建设、垃圾焚烧场等容易产生“邻避”现象的项目选址还不一样。相对来说,在我国发展核电是国家战略,

① 本访谈围绕中广核集团应对邻避冲突的具体措施展开,较为详细地介绍当前我国核电站建设和运营过程中的环境保护措施、公众沟通工作等。

核电站的建设也是国家重大项目，需要国务院常务会议审核通过，所以它层次是非常高的。从选址上看，我们国家现在在建、在用的核电站基本都在沿海。一方面是因为国内经济发展的梯度转移，由于我国的沿海地区经济发展较快，首先成为最缺电的地区，所以我国的第一个核电站就出现在广东。另一方面是因为核电站与火电站都需要用水来冷却，所以海水资源成为核电选址的考虑因素。我国的核电站选址是非常严格的，要考虑防震、气象条件、人口密度，要靠近电力负荷中心，还要考虑周边的航线等等，所以我们选出一个核电站的厂址是非常不容易的。我们国家这么大，海岸线也很长，符合这个标准的并不多。如果按照中国的标准去选址，日本的核电站厂址一个都不合格。我们的要求是特别高的，所以如果核电的这个选址因为公众的反对而项目下马的话，可以说影响是非常大的，所以核电行业一直是国家在管控。

公丕钰：我国核电发展已经有 30 年的历史，总体来看还是比较顺利。2016 年 8 月，连云港发生了公众抗议中法合作核循环项目选址事件。感觉这中间的公众沟通存在问题，您如何看？

黄　超：2010 年之前，核电行业相对来说比较封闭。比如国家要上一个项目，核电企业主要是和政府去谈，公众对项目影响不是很大，而且那个时候公众对核电也不是特别关心。2011 年的福岛核事故成为分水岭。在新媒体迅速传播下，福岛核事故带来的影响给公众很大的震撼。虽然之前有 1986 年的切尔诺贝利事件，但过去这么多年，大家已经逐渐淡忘。所以，福岛核事故之后，公众的反核情绪、恐惧心理就大幅度提升，对核电行业产生了很大的冲击。面对这个形势，我们开始重视考虑公众的感受和心理，而不像以前主要是把精力放在与政府沟通上。从现在来看，以前跟公众的沟通是缺失的，必须彻底改变这种局面，把与公众进行有效沟通作为核电建设的关键一环。

公丕钰：你们的网站设计得很"绿色"，所有在运核电站都建立了"核电站核与辐射安全信息公开"平台，可以查到很多公众关心的信息和数据，中广核为何要主动公开这些信息？

黄　超：这些年，我们从工作理念实现了从宣传到沟通的转变。以前的宣传是从本位主义出发的，主要以"我"为主，自说自话。如果事情比较重大，也会向社会公布情况，但更多的是以"我"为主。近年来，你会发现，这样的方式是行不通的，必须与公众互动沟通。你只有把情况客观地告诉公众，赢得他们的理解和支持，才可以顺利推进项目。所以，我们的目标是建立双向高效的沟通格局。在具体工作中，我们从去神秘化开始，将"透明"作为突破口。核电行业的门槛相对较高，就算是非核能领域的院士参观了我们核电站，对核电的了解也可能是表层的，因为一些专业原理是非专业人士很难理解的,更不用说普通公众了。所以,我们从“透明”入手,让公众对企业有信心,从而对核电有信心,这是我们的一个思路。

“透明”主要是两大部分。一方面是企业运营方面的透明。核电行业本身是很透明的,但是之前这个透明主要是在行业内部透明。比如按照工作程序,某个阀门是先要关闭的,但工人做完实验之后忘记把这个阀门关掉了,这就要按照国际核事件分级表定一个运行事件。我们核电行业中有0级事件,这个级别的事件对安全是丝毫没有影响的,但需要记录下来作为一个经验反馈,防止其他人犯同样的错误。现在,我们规定所有的0级事件都是要向公众公开,也就是把我们核电的生产、运营、管理等情况晒出来给大家看。可能一开始,公众反响很强烈,但是现在就慢慢习以为常。另一方面就是信息的公开透明。在中广核的官网上,你可以查到实时的辐射数据、环境影响指标等。慢慢地,你会就发现公众对你的理解是在逐步上升的。其实,大部分人都是核电小白,对核电存在各种误解,但有时你又发现人人都可以像一个专家去评论核电如何危险。其实这是因为核电基础科普这块做得不够,这也是我们近年来重点突破的地方。

公众沟通是一套科学体系

公丕钰:2017年,中广核的公众沟通工作被南方舆情数据研究院选为“粤治”优秀案例,说明你们在这方面取得了很大进展,能否谈一下中广核在这方面的具体经验?

黄　超:总体来看,我们在公众沟通上基本上有一个规程,即前期的科普、全程的舆情监控以及信息的公开。这个规程是我们按照国家要求在实践中逐步摸索出来的。目前,中广核在核电项目开发中设置了工程设计、现场施工、设备采购、执照申请和公众沟通五条工作主线,并且建立了咨询、沟通、回应、发布、监督五个全面提升透明度的工作机制。按照国家规定,现在所有的核电项目在国家审批之前,要先做一个专项的公众沟通。如果公众沟通工作没有按标准完成,国家根本不会批准这个项目。前期投入再多,如果公众沟通这一关翻船的话,所有的工作就打水漂了。在工作中,我们也真正认识到公众沟通的重要性,所以集团还专门成立了这个公众沟通的领导小组,设立了公众沟通处,主要负责新项目的公众沟通。

公众沟通实际上是分了四大方面的工作,包括科普、信息公开、公众参与、舆情应对。我们前面提到了核电开发的四条线,即工程设计、现场施工、设备采购、执照申请。现在我们把公众沟通单独拎出来作为第五条线，而事实上我们把它作为第一条线来对待。因为有国家制度的要求，公众沟通是需要前置的。另外，为了提升透明度，我们将监督纳入咨询、沟通、回应、发布环节，真正希望公众来对我们进行监督。只有这样，我们才可以进一步提升我们安全管理的水平。

公众沟通是难度很高的工作，因为我们面对的公众是不确定的，并且数量庞大。我们发现核电站选址五公里、十公里范围内的人对核电的支持度是非常高的，但是三十公里、甚至一两百公里范围外的人却纷纷反对。因为因核电需要搬迁的公众是直接的受益者，所以现在的局面往往是周边老百姓热烈欢迎项目能够尽早开工，远处的却成为反对力量。核电项目的公众沟通是极具挑战性的，经过逐步摸索，我们把沟通对象进行分层。第一个层面是政府。每个核电项目审批要通过政府，所以与政府部门沟通是第一步。第二层面是意见领袖、社团组织等等。在新媒体环境下，他们的影响力是很大的，赢得他们的理解和支持会事半功倍。第三个层面是青少年。我们是希望通过与青少年这个群体的互动来带动他们的家长、老师对核电的科学认知和理解。第四个层面是周边社区。虽然从经验上看，周边社区的公众比较支持核电，但是仍然需要采取措施稳定这个群体。一旦他们反对的话，核电项目肯定是搞不下去的。当然，这四个分层不一定非常合理、完善，但至少我们有了一个工作方向。

公丕钰：我在你们官网上看到一个向全国招募网友到大亚湾核电站免费拍婚纱照的消息，点击量很大。能不能具体讲一下你们如何在这四个层面开展沟通的？

黄　超：在不同层面，我们有不同的举措。比如我们会以报告、内参的形式向政府介绍情况，通过新闻发布、参加展会与媒体、公众交流信息。在社区沟通方面，我们建立了定期通报机制，向周边的村镇及时通报公众关心的信息。我们也会及时担负起社会责任，支持社区的基础设施建设，包括康体中心、老年活动中心、学校和图书馆等。比如辽宁大连红沿河核电站的同事，在樱桃上市季，帮助当地公众做电商，让当地的农民确确实实获得经济的收益。在此之前，虽然当地的樱桃也不是特别愁卖，但是中间环节使得农民获利不多，现在有了电商渠道，获利明显增加，周边的老百姓对我的同事赞誉有加，自然对核电项目保有好感。

在青少年这块，我们专门开设微博、微信等与他们交流。现在，我们在建和运营的核电基地都和周边学校进行了合作，一起编写核电知识教材，并且要排课、组织考试。上完课程后，我们还要请老师和同学到核电基地来参观，组织征文比赛等一系列活动，激发孩子对核电的兴趣。我们在深圳中学还建了一个科普基地，学生可以在里面做各种实验。除此之外，我们每年都通过新媒体召集全国各地的网友到中广核的核电基地参观。包括你提到的我们向全国招募30对夫妻来拍婚纱照,截至今天报名差不多有2600对左右。这个消息出来不到半天,我们公众号的阅读量就突破十万。

在意见领袖、社团组织这个层面,我们成立一个核安全咨询委员会,做得比较成功。大约是20世纪80年末,我们就建立了大亚湾核电站核安全咨询委员会,最初主要是面向香港的,委员会的成员全部是香港的知名人士,包括立法会议员、媒体界人士等,比如凤凰卫视的邱震海、何亮亮等都曾担任委员职务。这些委员每年两次到核电站考察,听取报告,然后回到香港去开新闻发布会,向公众介绍大亚湾核电站的运行情况。2010年,我们在安全咨询会上向委员报告了一起0级事件,当时就有一个委员把这个材料带回去交给了香港的亚洲自由电台。接下来,该媒体报道说大亚湾核电站发生了核泄漏。普通公众根本就不理解0级事件是什么概念,听到核泄漏这个词就已经非常恐慌了,根本不会去关心到底是发生了什么事情。实际上,这个0级事件是当时核电站里面有一个核燃料组件出现了微小的裂纹。这在核电领域是很常见的,而且国际上有非常成熟的处理方法,对环境完全没有影响,也不会有安全问题。当时的香港媒体说核泄漏不安全,又说我们隐瞒了信息。实际上,这个信息一发生就跟香港特区政府通报过了。当年的十月,大亚湾核电站进行大修,工作人员要更换核燃料。在这个环节,必然会产生员工受照射的辐射剂量增加的情况,但这个剂量肯定是在国家规定安全范围之内,不会对健康有影响。我们的工作人员也不会拿自己的生命健康开玩笑,他们身上都有剂量表,如果报警马上就会退出来。我们在网站上公布了这个辐射剂量后,香港媒体就有人把它抓出来,说这个剂量大幅地升高,又炒作了一把。在此之后,我们决定把核辐射信息全面公开,专门开设一个信息公开平台,包括向大陆所有公众公开。现在,我们要求所有的核电基地在第一台机组投运的时候就设立专门平台公开信息,所有0级及以上的运行事件都会在网站公开,并且每月会更新环境监测数据和辐射剂量等基本数据。这个效果是比较明显的,至少香港媒体不会一见到0级事件就随意炒作了。另外,大亚湾核电基地信息会及时报告给广东省环保厅,然后环保厅通报给香港保安局,香港保安局再把这些信息公开给香港媒体。所以说,香港媒体是有足够的渠道去获取这些信息的,香港普通公众现在也相对理性了许多。

去年,我们公布了一个0级事件,香港媒体很客观地进行了报道。国内有个媒体转载了一下,结果被某网站把标题改了一个字,成了“大亚湾核电站发生核事故”,引起了一定程度的恐慌。我们及时找到该网站要求他们更正,舆情也逐渐消退。按照国际核事件分级表,4级以上的才叫事故,3级以下都叫事件。到目前为止，我国没有发生过 2 级以上的事件，应该说我们的安全记录是非常好的。通过这次核辐射信息公开尝试，我们发现香港方面效果非常好，内地也在逐步地改善。

公丕钰：您刚才提到了 0 级事件，这方面的国际标准是什么，现在中广核做的是否符合相关要求？

黄　超：在 0 级事件这类信息的发布上，我们的标准完全与国际同步，甚至会更加公开。一般程序是我们发现事件后，立刻进行定级，随即向国家主管部门报告，而且我们文件有明确规定，事件定级之后要在两个工作日内向社会公布。如果事件发生在节假日，必须在 72 小时内公布。国家的法规要求相关事件在 15 个工作日内公布，我们已经远远超过这个标准了。国家环保部在制定公共沟通的指引时，还曾吸纳过我们的经验。

公丕钰：2016 年，中广核在北京、深圳、香港、澳门、伦敦等 10 个城市组织了 24 场新闻发布会和媒体沟通会。这种高频次的新闻发布是基于什么考量？

黄　超：以前我们也召开新闻发布会，向媒体公布信息通稿。2014 年，中广核在香港上市后，实际上就变成一个公众的公司，需要更多地向社会去公开信息。以此为契机，我们把新闻发布会作为一个重要的公众沟通手段，进一步规范新闻发布规则，加大发布频次。2014 年我们召开了 14 次新闻发布会，2015 年 11 次，2016 年 24 次，基本上每一个月有两场新闻发布会。其实从 2013 年开始的，我们每年在 1 月份的时候，集团公司会开新闻发布会，会向媒体来讲述过去一年核电项目的安全运行、工程建设，还有社会责任履行的情况。集团的新闻发布会开完之后，6 个在运的核电基地陆续地召开发布会。我们的出发点是通过年度新闻发布会机制，让周边的公众和媒体能够了解我们公司安全生产方面的情况，让大家放心。去年 8 月份，我们让公司核电领域的八个新闻发言人公开亮相，并且向媒体发布他们的联系方式，这在我国的央企里应该是首家这样做的。

主动开放赢得信任

公丕钰：每年的 8 月 7 日是中广核的公众开放日。为什么是 8 月 7 日，这一天主要做哪些工作？

黄　超：我们的 8·7 公众开放日在行业内影响力是比较大的。1987 年的 8 月 7 号是大亚湾核电站开工的日子，由于大亚湾核电站在我国的核电发展史上有着划时代的意义，所以我们从 2013 年开始，就把 8 月 7 号定为公众开放体验日。当然，我们不止在这一天才向公众开放，平时只要有团体预约，我们都会有专门的人员负责参观接待。每年的“8・7公众开放体验日”会有一个主题,在这一天我们6大核电基地同步开放,会邀请专家、社会组织、舆论领袖和普通网友集中参加活动。其间,我们会组织公众论坛、发布白皮书,带大家深入核电站一线去实地考察,体验核电站的日常工作情况。2013年首届活动,有个大学生网友自带测量仪器,在我们公开日现场测量核辐射情况,结果发现大亚湾核电基地的数据比深圳、南京市区的还要低。这个情况被媒体报道后,反响还是很好的。福建宁德核电站去年组织网友一起出海打渔,然后把鱼送去化验,现场确认辐射剂量来打消公众疑虑。我们希望通过这种公开的固定活动让公众知道核电站是开放的,核电是一个透明的行业。这个活动举行了两年之后很有成效,国家核安全局、国家能源局、国防科工局在2015年就将其提升为一个全行业的品牌活动,要求所有核电企业和监督站一起参与。我们统计了一下从1987年到2016年8月7号,我们六大核电基地累计参观人数突破50万人。2017年8•7公众开放日主题就是前面提到的拍婚纱照活动。我们尝试利用核电站特有的碧海蓝天的自然资源,把美好的感情代入进来,达到情感营销的效果。

公丕钰:中广核的项目已经走出国门,对于这种极易引起邻避冲突的核电项目,中广核如何应对由此引发的境内外的舆论挑战?

黄　超:这几年的舆情很大一部分来自境外。去年与英国签署核电投资协议之前,有些西方媒体大放厥词,称该项目威胁英国的国家安全。随着各方面信息的披露,实际上是某东亚国家聘请公关公司运作的,意图通过制造舆论阻碍我国核电走出去的步伐。以前我国是核电销售市场,是其他核电强国赚钱的对象。现在,我国核电技术可以和美国、法国、日本、俄罗斯等国同台竞争了,有些人就会千方百计地阻击我们,甚至使出各种阴招。所以,我们面对的舆论环境是很复杂的。

现在,中广核建立了比较完善的舆情监测体系。我们在境内、境外都有自己的监测机构,也会请第三方帮助监测。我们现在基本能够迅速掌握国内外舆情,确保了信息监测的及时性、准确性。2015年,有微博说大亚湾核电站发生爆炸,香港可见蘑菇云。这明显是个谣言,大亚湾核电站的微博很快就澄清了,并在第一时间报案。当时,正赶上我国政府开展治理网络谣言,警方接警后马上立案处理,拘留造谣者。警方后来也就此正式对外发布了消息,很多媒体跟进报道,起到了一定的震慑效果。我们也专门就此事进行了总结,要坚决用法律手段去维护自己的合法权益。

我们也很重视新媒体的使用,各基地都开了微信、微博。我们还会通过微博、微信与一些网络“大V”进行沟通。我们最近搞了一个新媒体的培训,找了几个知名的网络“大V”过来讲课。他们自己说反核不牵涉政治,几乎没有什么风险,已经成为一些人获取知名度的一种手段。我们曾经尝试与内地、香港的几个反核的强硬分子沟通，根本不可能，因为这些人背后有自己的利益。

公丕钰：这些年，中广核在陆丰、惠州、苍南核电建设中都做了大量的公众沟通实践，实际工作中是否也存在一些困惑？

黄　超：我国公众现在的公共意识、环保意识都已觉醒。将来公众沟通会越来越重要，这个工作的深度、广度也要继续拓展才行。按说公众沟通工作应该是由政府牵头来做的，但实际上企业充当了主力，相关的费用也是由企业来承担。陆丰核电的公众沟通工作做得不错，后来将经验移植到惠州、温州苍南这些地方，并进行了完善。其实，一些温州市政府的人最初对核电站也很陌生，并且也很担心的。于是我们就请他们参观大亚湾核电站。参观完之后，他们说看到基地里面有上万员工，员工家属带着小孩子在里面生活，还有员工在海里游泳、钓鱼，就让他们觉得很安心了。

在具体工作中还是有许多困惑。比如去年在浙江苍南，发生过一个事情。按照国家规定，公众沟通的范围是厂址周围三十公里，但是国家又要求相关公告要在项目所在的地级市范围发布。也就是说，苍南县这个项目的公告要向整个温州市发布。后来，我们发现经过沟通的三十公里范围内很平静，结果一百多公里之外的人出来反对。可以看出来做过公众沟通的地方效果是很明显的，但企业也不可能无限制地投入将沟通范围无限扩大。从中可以看出国家的一些规定存在冲突的地方。其实，国际上应急撤离的范围最大的也就是厂址周边五十公里的范围，五十公里范围外即使发生核事故也几乎不会有影响了。长远来看，教育科普是做好公众沟通的基础。我们曾经尝试通过教育主管部门把核电的常识放到教材中去，但是并未得到积极的响应。在法国，政府是从国家层面组织科普的，而我们现在基本上是企业孤军奋战。企业当然是有义务、有责任去开展这个科普，但是企业的力量是有限的。

公丕钰：国外的核电建设在公众沟通上是什么情况，有什么值得借鉴的地方？

黄　超：在英国，他们公众沟通做得很细致，要做到挨家挨户访问。他们还给每家寄送调查问卷，而且要确保每家都能收回来，然后逐家去分析。在英国的体制下，议员的影响力很大，所以像内阁大臣就要和当地这些议员建立密切联系。如果这些议员能够支持核电的话，那么核电工作就会顺利很多。在俄罗斯，他们会对核电周边这些村镇的大学生进行定向培养，毕业之后从事核电工作。如果家里有人学核电，就会对这些有更深入的了解，从而影响家人，促使社区跟核电融为一体。这些模式都是值得国内借鉴的。

我们的公众沟通工作算是起步阶段,是形势倒逼企业必须去做这个工作。现在也有提议把利益共享机制做得更加完善一些,比如,把核电厂的股份拿出一小部分,使得公众与企业成为利益共同体。我们也会定期通过国资委等国家主管部门,请他们推荐一些对环保比较关注、比较客观的网络“大V”参加我们的公众论坛。我们也会联系一些我们自己关注的网络“大V”,也有一些是他们主动联系。我们对于社区代表没有设置标准,也不提什么要求,把这个选择权完全交给社区。我们现在也开始尝试赞助周边一些贫困学生,与一些学校结成互帮互助的对象,组织志愿者与社区居民进行各种形式的交流、互动。我国核电厂所在地区,相对比较落后,如果当地的孩子大学毕业回到核电厂来工作,算是相当不错的一份职业。现在,包括红沿河、阳江核电站,都有当地的村民在里面工作,他们看见核电站的日常运作,知道我们对安全的重视程度,就会更加安心了。总体来看,公众沟通需要政府、企业、公众充分交换信息,减少对抗性因素,寻找合作共治的可能,最终实现“邻避冲突”到“迎臂效应”的转化。

附录 3

邻避冲突的政府处置①

——Z 市网信办主任访谈

近年来，Z 市因新建一些工业项目接连爆发邻避冲突，引发海内外舆论关注，给当地政府带来很大压力。2017 年，Z 市在 3 天内爆发了 2 次邻避冲突事件，最终导致项目停工下马。在这两次邻避冲突过程中，Z 市政府相关部门采取措施，避免了冲突升级。为详细了解 Z 市应对邻避冲突过程中采取的具体措施，笔者于 2017 年 6 月 13 日赴 Z 市采访了该市网信办 C 主任。

公丕钰：统计显示，中国环境群体性事件保持年均 29% 的增速，其中"邻避"现象较为凸出。Z 市这些年也发生了一些"邻避"现象，能简单介绍一下基本情况吗？

C 主任：Z 市位于是珠三角地区，居民的维权意识很强。2016 年 7 月 3 日的 LB 事件曾引起了中央、省的高度重视。由于我们一直坚持政法、公安、网信几个部门同步处置、网上与网下结合的原则，LB 事件没有引发舆情。在今年的 3.17 事件中，Z 市政府主要领导很关注事件是怎么发展起来的。当时，项目建设的信息发布后，当地群众没有任何不满的迹象。但是到了 3 月 16 日晚，在微信上突然传出了反对这个项目的声音。大量网民在第二天上午 10 点钟开始聚集，并且在短时间内就把许多人给吸引起来了。以前，访民上访是需要经过精心组织的，并且要有牵头人。但在这个事件中，我们发现并不存在很明显的牵头人，行动非常分散，但建微信群的速度非常快。事后统计，这次事件共发现微信群和 QQ 群 800 多个，但发挥核心作用的有 20-30 个左右。这些群的群主发挥了关键作用，有个

---

① 本访谈系作者就避冲突治理问题对 Z 市网信办负责人的访谈，内容展现出我国地方政府在邻避冲突治理过程中的共性问题，有一定的参考价值。

群主一个人就建了10多个的群。

公丕钰:这个群主是什么身份?有什么社会背景吗?

C主任:在事件发生当天,我们也找到了这个群主,发现他是一个做生意的当地居民。LB事件首先是从微博上先发起的,然后再通过微信、QQ群的传播,经过了大约一个星期的酝酿。可以说,在LB事件中,微博是主阵地。但在3.17事件中,微信发挥了传播主渠道作用,在几个小时之内就把信息传播开去。我们从17号开始,把关注重点放在微信上面,到18号的时候,我们发现已经没有人再建微信群了。3.19事件那天,又有网民要组织抗议,号召群众到到LC大酒店门前聚集。我们反应比较迅速,很快就化解了当天的群众聚集事件。由于我们处置得力,3.17和3.19事件没有引起媒体的大规模关注,避免了Q市那类失控的局面。可以说,Q市的邻避冲突"起火"的点非常多,抗议群众聚集地点多变,又有很多视频传出来,导致了被动的局面。

公丕钰:3.17,3.19事件都涉及了环保问题,群众抗议的主要目标是什么?

C主任:我觉得这些邻避事件多是集中在环境保护方面,包括垃圾焚烧厂的建设等。其实,3.19涉及的那个项目是符合所有的环评标准的,我个人觉得不应该停。但3.17事件的确有选址的问题。3.17事件涉及的工业废弃物处置中心不仅处置SH市的,还包括FS市等周边地区的。加之项目选址离居民区太近了,自然会引发附件居民的反对。我们市目前在做的工业垃圾焚烧的项目,仍然处于一个选址的状态。这类项目的选址是要考虑很多因素,包括周围3公里内有多少的居民、居民的态度如何等等都要统计出来,然后再进行环评公示。

公丕钰:如何才能让邻避项目周边的居民同意建设方案呢?

C主任:我觉得这是一个方法论问题。我认为要让居民同意,一定让他们充分参与到项目的环评、建设、监测、分红各个阶段。只有这样才可能使得项目推进向好的方向发展。当然,宣传一定要做,主动普及知识,但是核心是要解决参与问题。我们现在开展很多项目,就是前期带群众去看。后期项目运作后,要确保让附近的居民随时可以监测到环境数据,包括让居民进到工厂里去检测。只要投入必要的精力,做好这些工作,居民就会更信服的。

我们也注意到一些垃圾焚烧场,为了节省成本,本来是要焚烧到800度,但是烧到600度左右就不烧了,就会产生这个二噁英。这跟企业的诚信有关,也违背了政府的承诺。这样的话,企业、包括政府的公信力在居民心目中就减弱了。让居民参与监测不止是环保局的责任,企业更要主动。建好环境监测站之后,我们应该形成一种机制,即发现不合格就要立即停掉生产或者是采取相应的处理措施。一定要让居民有知情权和参与权。

公丕钰:在这类事件中,有没有一些社会组织在里面发挥作用?

C主任:2016年的LB事件就发现有社会组织参与其中,包括一些境外组织。这是我们之前没有预计得到的。这些境外组织通过网络采访的方式找到了聚众牵头人,让他把现场的情况、人数、图片发给香港的报纸。香港的媒体报道后,接续引起了境外媒体的传播。当时在现场,我们发现了三个有宗教组织背景的人员。他们在微信群里发布口号、安排队伍上街的顺序等等。这很明显是有组织的。

LB事件酝酿超过一周,估计境外的组织早已盯住这个点了。LB事件发生在7月3日,但政府在7月1日就公布停止这个项目,包括进村入户进行宣传停建事宜,但是到了7月3日当天人群又慢慢聚集起来。这里面,一定是有组织参与了这个事件。这个事件发生的快,消退的也快。我个人认为处置邻避事件前期一定要重视,尽量在事件的酝酿期进行预防性处置,不给境外组织参与的机会。3.17事件中,当地的行业组织还对其组织内部人员进行了解释工作,算是帮了我们的忙。

公丕钰:群众抗议一般是什么形式?主要在哪些地方?

C主任:群众聚集的地点,一般是两个地方。一个是项目开展的地方,一个就是城市的地标。至于抗议的形式,开始其实就是起哄,群众聚集后,慢慢形成了口号。3.17事件发生的当天晚上,我亲自到了现场。本来在视频里看起来很多人参与,但在现场的人数并不多,根本没有视频那么轰动。群众的口号也简单,只有两个字"抗议"。LB事件中,人群开始是在镇中心聚集,后来慢慢地转到当地地标。聚集起来后,群众开始起哄,渐渐开始喊口号。我个人认为,口号对于集体行动意义重大。对于政府来讲,不适当处置就可能有违法事件发生。

公丕钰:你们是如何做进村入户工作的,效果如何?

C主任:我们这边入村入户工作主要是居委会、村委会去做。我曾在基层工作过,这个工作方式还是很有效的。大家聚在一起时候,居民、村民一般是不会听你讲什么,还可能有人高喊情绪化口号。入户时,虽然村民口头上坚持自己的观点,但他们从心里上会感觉不同。对于一些有违法行为的村民,也只能按照法律规定处理。总体来看,进村入户就是为了消解村民的误会,让他们了解了信息,获得被尊重的感觉。

公丕钰:类似这些邻避项目落地之前,你们一般要做哪些工作?

C主任:在这类项目启动前,我们要做一个社会风险的防范与化解工作。包括从公众引导角度出发做好宣传内容、宣传范围、宣传方式的规划。目前,我们网信办要全程参与项目的选址、建设、投产全过程。在以前,网信办不参与这些环节,只是在出了问题后才让网信办介入。我们现在要求全程介入,并且也邀请专家参与进来提出意见。

我们自己也制定了一系列文件,要求凡涉及群体利益,有可能引发社会矛盾的项目都要经过网络舆情的风险评估环节。环评是国家要求的,但这个文件是我们自己根据中央和省的文件要求制定的。我们地方跟省、跟中央又有所不同,文件要做的很具体才可以应付复杂局面。比如,有些部门觉得修一条路是很简单的事情,通过环评、拨款就建了,没有考虑到网络舆情。实际上,我们发现现在地方修路也可能引发舆情。根据以前的经验,如果我们预计有些项目触及群众利益,可能引发群众反对,就要提前征求群众的意见。。

公丕钰:现在,政府的舆情评估有没有成熟的机制吗?

C 主任:我们现在已经开始做舆情评估的标准。这个工作也是需要专家团队的参与,我们几个人的评估肯定不行。除此之外,在具体工作中还要发挥舆情分析师的作用,以及政府各层面的支持等。

在中央、省级的文件上有总体的要求,我们要结合具体实践去制定细致的方案。前一阶段,省领导在讲话中要求网信办一定要参与到各地的项目建设当中,提醒我们"你不参与进去,不参与评估,出了事情还是找你"。我们就按照文件和领导的要求去探索更好的做法。

在 3.17 事件中,项目是经过环保局批准立项的,也是经过了群众意见征集。事后,当地政府部门拿出一份文件,上面记录有 90% 的群众是同意建设的。Z 市领导就问为什么这么多人同意,最后发生群众抗议,这些数据是怎么来的。最终我发现是基层工作欺上瞒下,为发生这次群体事件埋下了炸弹。应该说现在环评是很严格的,要经过社会环评、公告,网上公示等。如果前期偷偷摸摸地做,最后到了项目上马才出公告,显然是不行的。信息公开是没有错的,不能偷偷摸摸,不然损失会更大。

公丕钰:谣言是否也在这些事件发挥了什么作用?

C 主任:谣言的作用是很大,对事件起了一个催化剂的作用。我们在处置这些事件发现很多信息是网民自己的猜测。无论你如何解释,有时候他们还是怀疑地方政府工作存在所谓猫腻。这些谣言有些是猜测、疑虑,有些却纯属恶搞。在 LB 事件中,就有人把湖北省打人事件的视频嫁接过来,说 LB 政府工作人员打人。

我们必须清楚,这类谣言澄清起来没有传播的快。那些有组织的谣言,会放大项目的危害性,引起更多人的关注。我们也发现,这些人在视频制作上非常专业,设计、发布各个环节都很会把握时机。在处置这些事件时,一旦发现谣言,我们是坚决打击。找到传播来源后，一定要依法追究责任。我们发现这些带头造谣的人多是被公安拘留过的，在许多事件过程中都有类似行为。比如我们就遇到一个吸毒的人员，发现他借机会泄愤、造谣、传谣，故意找政府的茬。我们很清楚，一般的居民会去为了自身利益反对邻避项目，但不会去主动造谣。

公丕钰：目前，Z 市的政务自媒体发展是什么情况，作用如何？

C 主任：官方自媒体可能没有社会自媒体的粉丝量高，但权威性上还是最高的。涉及到重大事情时，群众还是要看 Z 市发布的公告。今年 5 月 1 日，Z 市高新区要建一个垃圾预处理中心。我们发现反对声音主要来自附近一个叫 H 的楼盘。实际上，这个垃圾预处理中心离这个楼盘有 5 公里，而且只是一个预处理的中心，不会进行焚烧、填埋。这个垃圾预处理中心与当地一个镇更近，并没有出现反对的声音。后来，还是 Z 市通过官方媒体发布的通告，也就没有群体聚集事件发生。我们在处置邻避舆情的过程中，发现新媒体的表现方式也很重要。最初，我们的政务自媒体只是把公告贴上，实际效果并不明显。后来，我们就用动漫、动画等形式来呈现政府信息，效果就很明显了。另外，我们还请了当地的社会自媒体大 V，请他们用自己的方式将政府工作展示出来。这样效果非常好，也增加了政府信息工作的效能。

附录 4

邻避冲突的合作治理①

——宁德核电站白茶园负责人周祖荣访谈

2008 年，福建省宁德福鼎市秦屿镇备湾村 66 户、232 位村民因核电站建设整体搬迁至 11 公里外的太姥山镇巨口村。为回馈备湾村村民，宁德核电特别保留了 260 多亩茶园，帮助成立荣发园林服务有限公司（荣发公司），请了他们种植茶树，解决了部分村民的就业问题。经过十多年的发展，如今的荣发园林由当初 20 人员工、30 万元投资、只种植茶园的小公司，发展成为拥有多艘工程器具、保洁车辆，年营业收入 500 多万元的企业。新闻报道显示，目前原备湾村村民一户人家就有 2—3 人在荣发公司就业，户均年收入十多万元，村民生活相比搬迁之前有了巨大的变化。笔者于 2017 年 7 月 29 日在宁德核电基地采访了备湾村原村干部、荣发公司负责人周祖荣。

公丕钰：宁德核电站最初建设时是什么情况，备湾村村民有什么反应？

周祖荣：宁德核电站是 2004 年开始选址，当时村民也不知道这事，村干部也不知道核电是什么。最初，他们先建了一个观测塔，后来又建了一个施工便道。当时政府告诉我们这是个大项目，会给村民带来很多就业，就让我们宣传，但是我们当时也不知道宣传什么。

2005 年，项目的规模就越来越大了。宁德市委市政府也非常重视这个项目。太姥山镇党委、政府和我们村委会也一起开始做征地宣传工作。当时我是村长，就带着村干部开始每家每户做搬迁动员。当时工作开展得非常困难，特别是中老年群体非常反对。因为他们不知道将来靠什么来养活自己，这些都是可以理

① 本访谈选择了中广核集团在宁德核电站建设和运营过程中的村民代表作为访谈对象，比较全面地展现了政府、企业和村民在邻避冲突中合作治理情况。

解的。

公丕钰: 当时村民最关心的是什么?

周祖荣: 当时村民最关心的是征地补偿问题。按照当时的政策,土地补偿款是非常低的。除此之外,村民也有各种各样的疑问。作为村长,我是很理解村民的心情,因为你对未来的生活一无所知。后来,出现了几个所谓“刁民”,他们与大亚湾等地方土地补偿数额进行了比较,认为相差很大。然而,我们这里的地与大亚湾没得比。

土地是农民的命根子。村民土生土长在这里,已经非常习惯这里的生活。他们“日出而作,日落而息”,特别是那些年纪大的人安土重迁,更不愿意搬迁。后来,核电站组织村民代表和镇上一些老干部到大亚湾参观考察,我们才知道大体怎么回事。但是,搬迁工作依然非常艰难,当时我要带头,身体整个儿都累垮了。

公丕钰: 后来搬迁工作是怎么解决的?

周祖荣: 2008 年,福鼎市指挥部领导和宁德核电站领导建议我们要成立一个组织机构,解决之前搬迁工作一盘散沙的局面。这种情况下,我们这些因搬迁失地的农民组织成立了荣发公司。这个公司的成立促成了搬迁工作,最终我们村实现了整体搬迁。

至于荣发公司,当时领导们是希望所有的村民出资成立公司,但是几乎没有人响应。最终,让我牵头,包括我在内的 4 个思想比较开通的村民出资 30 万成立了荣发园林服务有限公司。宁德核电站的领导也承诺只要宁德核电站在,荣发公司就在。可以说,荣发公司是在宁德核电站的大力支持下,才陆陆续续发展起来的,也吸纳了越来越多的村民进来。现在,核电站的一期的工程差不多已经完成,估计以后荣发公司的工作量会固定下来。现在,公司又面临改制的问题,宁德核电站要求每家每户都要有股份。这就让我感到问题很多,要知道当初是我们 4 个人出资建成了这家公司。现在你让所有的村民进来参股,这对我们是不公平的。我对下一步公司的发展也是存在很多疑问。

公丕钰: 白茶园现在经营情况怎么样?

周祖荣: 白茶园是没有利润的。我们生产出来的茶不是拿出来卖,而是每年交给宁德核电站 450 斤。每年宁德核电站拿出 109 万,让我们负责 200 亩白茶园的管理。但是,我们有 24 个员工,工资福利、劳保、车辆、油钱、工具、农药、化肥全部包括在这 109 万元里。一年 5300 多个工人,现在来看,这些钱是不够的。

我们每个工人每天工资是 106 块,还是太低了,要知道村民在外面打工一天也要赚 150 块。宁德核电站要求我们形成稳定的工作队伍,要求穿着统一的服装。但是茶园的工作是季节性的,没法成立稳定的工作队伍。宁德核电对我们管理很细,要求白茶园用的农药要用生物农药。我们生产出来的茶叶,一年检测两次。要知道450斤白茶需要3000斤新茶,这就需要在采茶期雇佣工人,这又是一笔开支。

公丕钰:您觉得核电站到底给你们带来了什么?

周祖荣:这个怎么说呢?很矛盾。从大局方面看,核电站对国家是有好处的,带来了很多变化,农民致富有了更多的途径。但是我们村民搬到新的楼房里后,特别是老人生活还是不习惯。以前,他们住在村子里,随随便便这一天的生活就对付过去了。在新楼房里,他们就要面对水费、电费、买菜等情况,配套不是很全面,还是不适应。现在,我们算是失地、失海的人了。以前我们是渔村,有的家庭因为有渔船国家每年也有补贴。现在这些全部没有了,渔业也跟着没有了。

公丕钰:核电站建立前后,村民的收入有什么差别?

周祖荣:总体来讲还是往好的方面发展。国家要发展核电站总有一个地方,我们地方吃点亏也算顾全大局。现在宁德核电站按每人每月50元的标准对我们村民进行补贴,一直补贴20年。宁德政府也会给予少量补贴。本来这个白茶园也算是一个支持,但是现在又要改制,要搞什么公开招标。明年开始,宁德核电站要求我们除了每年上交450斤白茶针之外,还要增加500斤牡丹(白茶的次级产品)。我觉得这活没法干了。备湾村目前有70户人家,276口人。我们要确保每户有一个劳动力到公司就业,确保每家都有3000元钱的稳定收入。这对于我们来说,也是有很大压力的。

另外,核电站对我们荣发公司管理很严格,买5块钱的水也要开发票。每年这109万要按11%的税率征税,这样我们又少了10多万。为确保白茶园的茶叶质量,我们要比外面的茶园投入更多的成本才能够达到要求。我觉得自己像个夹心饼干,既要面对核电站,又要面对备湾村的村民。

公丕钰:备湾村村民的生活水平现在与附近的村民相比是什么情况?

周祖荣:和他们相比,房子比他们的漂亮。但毕竟人家是本地人,有土地。不像我们搬迁过去的,什么也没有,就靠这些补助和白茶园的工作。你要知道现在我国推行了土地确权政策后,农民可以凭借这些确权的土地进行贷款,我们就没有这个条件了。如果我们现在还有渔船,我们也可以通过这些做抵押贷款。现在对我们来讲,白茶园经营没有什么利润。

公丕钰:未来你有什么计划,白茶园是不是还要搞下去?

周祖荣:其实,经营白茶园这个做法还是可以的。但是现在赚不到钱,还要进行改制,让每一户村民都要入股。本身这个白茶园的质量是不错的,我曾经建议请认证机构来论证。如果通过有机茶的认证,就可以大大提高白茶园的知名度。

现在我们生产出的茶名叫“和茶”，未来也可以做成一个品牌。这种做法全世界独一份，核电站生产出顶级的茶，这对于核电站有多好的影响啊。

公丕钰：去年苍南核电站引起了温州人的抗议，咱们这里离温州不远，这些有没有对备湾村的村民产生影响？

周祖荣：总体来说，我们这边的工作做得还是很好。温州有一段闹得非常厉害，当地的补偿也高。我们也担心村民去比较，好在大家也没有做出过激的反应。我们这个白茶园也发挥稳定作用啊，你确保村民每天都有工作干。所以，白茶园必须要弄好，不然对稳定也产生影响。白茶园是宁德核电站重点经营的品牌项目，是核电系统的标杆。我本人也很想把白茶园继续经营好，也配合核电站拍了很多宣传片。

公丕钰：您对包括备湾村在内附近的村民的未来怎么看？

周祖荣：我对未来还是看好的。现在宁德核电站又在搞一些旅游项目，我也参加了其中的一些工作。现在来看，一些旅游项目也有了起色，这样我们村民的就业范围就扩大了。毕竟我们这些村民也是为国家做出过贡献的，相信国家也不会亏待我们。

后　记

2015年9月，36岁的我辞去海关工作，以博士研究生的身份回到阔别九年的暨南园。母校的风景依然，只是在与熟人寒暄时，自己多少会感受到些异样。我理解这种因身份变迁和时空挤压带给对话主体的短暂的不适感，毕竟公务员、博士生、家庭、孩子、大龄、学术、就业和前景等话语符号纠缠在一起时容易让人产生疑惑。

3年的读博生涯，这些疑惑不时现身。只是时间宝贵，自己并没有过多理会，而是随身带着它去图书馆看书，去爬梳资料，去操场跑步，去中国台湾、瑞典访学，直到完成了这篇以“邻避冲突治理”为主题的博士毕业论文。现在，这篇博士毕业论文终于要付梓出版，虽然仍觉内容有许多不尽如人意的地方，但还是鼓起勇气向那段读博生涯做个交代。

2006年硕士毕业后，我被南方报业集团录用，准备先当记者，计划40岁左右再去高校做老师。可惜造化把我先“弄”到了海关，而今天我终又顺了初心当上了大学老师。这次职业转型要感谢我的博士研究生导师刘家林教授，他知识广博、治学严谨、著述丰厚，从博士入学之初的谆谆教诲，到论文写作过程中的悉心指导，让我充分感受到一位真师者的风范，也正是他的激励和宽容让我能在自己感兴趣的学术领域探索；要感谢张晋升教授，正是他2014年冬天在天津的一席话让我有了逆造化而行的动力，并在我读博、做博士后期间都给予我全力的帮助；要感谢杨先顺教授，正是他多次让我在困惑不已时发现柳暗花明，并因此坚信生活的谦逊、善意和儒雅会让生命更为平和笃定。

特别向 Nico Carpentier 教授致谢，本书所用的参与传播理论正是源于一次对他学术采访的启发，而采访又结下了去瑞典乌普萨拉大学访学的善缘，进而又明确了自己未来一段时期要研究的学术领域。UU（Uppsala University）访学之旅是3年博士生涯最特别的岁月，与 Yiming Chen、Siddharth、Kirill、Göran 、Christian、Vaia、Eva、Daniel、Makkus 等朋友的交流既让我体味了北欧的文化风情，也进一步打开了自己的学术视野。

读博三年，博士后工作两年，自己是匆匆过客，家亦成了暂住的中转站。感谢我的父母，从沂蒙山野一路走来，他们的爱总是饱含无穷且向上的力量催人走正道、行大路；感谢我的岳父、岳母对我的支持和付出，感谢我的女儿公美涵对我的牵挂和依恋，正是他们给了我前进的动力和致远的安心。感谢两个姐姐，无论我在人生道路上做出何种选择，始终让我感受着同胞亲情的温暖和力量。

毫无疑问，最需要感谢与致敬的是我的爱人胡振宇。从海关辞职意味着一次人生冒险，稳定突然变成巨大的不确定，她是最坚定的支持者；39岁的高龄博士再选择做博士后，又一次将自己置于不确定的人生轨道，她同样是最坚定的支持者；到今天成为一名大学老师，面对我的后进带来的一些踯躅，她仍然是最坚定的支持者。人生就是在路上，每一次选择都是一场冒险，能一起栉风沐雨的人最是值得。

2022年7月，博士毕业已近四年，做大学老师也近两年。修缮论文成书的日子，总有些文字能够把人带回过去，重新审视“昨日之我”，也让人不自觉重新界定“今日之我”。本书能够顺利出版首先要感谢暨南大学新闻与传播学院的资助，同时本书亦是广东省哲学社会科学“十三五”规划项目“参与传播视域下我国邻避冲突治理机制研究——以中广核核电项目为考察对象”（项目编号：GD17CXW02）的最终成果。天津大学出版社编辑黄莹女士为本书的出版进行了精心的设计和校对，在此表示感谢。

本书部分内容已经以期刊论文的形式公开发表。鉴于水平和能力所限，本书必然不乏缺点或谬误，敬请专家学者不吝赐教。

公丕钰

二〇二二年仲夏于天津